Anne van Stappen

Ne marche pas si tu peux danser

Préface de Madeleine Chapsal

jouvence
EDITIONS

La CNV aux Éditions Jouvence

Quand la girafe danse avec le chacal, Serena Rust, 2008
Spiritualité pratique, Marshall B. Rosenberg, 2007
Le couple, chemin d'écoute et de partage, Jean-Philippe Faure, 2007
Être parent avec son cœur, Inbal Kashtan, 2006
Enseigner avec bienveillance, Marshall B. Rosenberg, 2006
Les mots sont des fenêtres (ou des murs), Marshall B. Rosenberg, 2005 (nvelle éd.)
Nous arriverons à nous entendre! Marshall B. Rosenberg, 2005
Éduquer sans punitions ni récompenses, Jean-Philippe Faure, 2005
La Communication NonViolente au quotidien, Marshall B. Rosenberg, 2003

les Clés de la CNV

Catalogue gratuit sur simple demande
Éditions Jouvence
France: BP90107 – 74161 Saint Julien en Genevois Cedex
Suisse: CP 184 – 1233 Genève-Bernex
Site Internet : **www.editions-jouvence.com**
Mail : info@editions-jouvence.com

« *Ne marche pas si tu peux danser* » est une phrase extraite de la chanson de Marshall B. Rosenberg, *Never walk if you can dance,* reproduite avec l'autorisation expresse de l'auteur.

ISBN 978-2-88353-738-5

© Photo de l'auteur: Michel van Bellinghen
Illustration de couverture : Fotolia.com @ Piccaya
Maquette de couverture: Dynamic 19, Thonon-les-Bains (74)
Mise en page: atelier weidmann, Versoix (Suisse)

Préface

Alors que j'interviewais François Mauriac, qui avançait en âge, l'écrivain m'avait chuchoté de sa belle voix blessée : « *Il y a de moins en moins de place en moi pour le roman, désormais je n'arrive à lire que des mémoires, des livres d'histoire…* »

J'étais fort jeune et j'en fus surprise ! Or voilà que je ne suis pas loin d'en penser autant : voir s'agiter en eaux troubles, si ce n'est polluées, ces doubles fantomatiques de leur auteur que sont les personnages romanesques m'ennuie plus que cela ne m'apporte…

Comment se fait-il alors que j'aie pu lire d'une traite, puis relire avec autant de plaisir, le roman d'Anne van Stappen : *Ne marche pas si tu peux danser* ?

En m'interrogeant, je découvre que ce qui me retient dans cette histoire – presque sans histoire – c'est un insolite non-dit qui court d'une page à l'autre du livre : « En toute circonstance, les êtres humains font de leur mieux ! » Chacun de nous chercherait le meilleur pour lui-même, éventuellement pour autrui…

Une telle proposition peut sembler absurde et totalement irréaliste dans un monde explosant de faits divers atroces, de guerres suicidaires, de combats sans issue…

Or Françoise Dolto, grande analyste du cœur humain, concluait à peu près la même chose à partir de sa clinique : « *Dans la situation où il se trouve, chacun, même le criminel, fait de son mieux afin de s'en sortir, d'évoluer, de se sauver.»*

Et c'est cela même qu'illustrent avec bonheur et réussite les principaux personnages de *Ne marche pas si tu peux danser.*

Parmi ceux-ci, Valentina, une femme d'âge mûr, laquelle voudrait être en paix avec son passé; puis cet homme, Miguel, qui ressentait amour et passion pour elle, mais qui partit d'un jour à l'autre. Ou encore la fille de Valentina, Sophia – l'héroïne du récit – qui a du mal à s'entendre avec son ami Sébastien... et à se faire entendre. James, surprenant, à l'humour caustique et fin observateur de la condition humaine, occupe une grande place dans la vie de Sophia. Celle-ci, en manque de masculinité dans sa vie, s'appuie sur Mattéo, son logeur, psychologue à la retraite, qui a vécu moult drames. Pour Sophia, le vieux Mattéo incarne plus que la sagesse: une façon de bien vivre avec soi-même et les autres, la meilleure manière de danser sa vie... C'est déjà par son écoute qu'il les aide: celui qui peut se confier à une oreille attentive, formuler son désarroi, ses besoins, même s'il ne résout pas sur-le-champ ses problèmes, se sentira déjà mieux.

Mais c'est aussi par les maximes, les sentences, les dictons, les aphorismes, tirés de son propre fond et de celui d'une sagesse séculaire que Mattéo sert de guide à ceux qui l'approchent. Comme s'il leur mettait un fil d'Ariane dans la main, il les convie à sortir de leur caverne intérieure où règnent le doute, le découragement, l'insécurité...

Nous avons tous désiré rencontrer un être de la dimension de Mattéo; pour beaucoup, nous avons consulté nos anciens, nos médecins du corps ou de l'âme et la plupart du temps nous avons été déçus. Car la réponse ne vient pas d'eux mais réside en nous-même. C'est celle qu'a trouvée Mattéo pour se sauver du désespoir. Il dit et prouve qu'on peut apprendre à se guérir soi-même...

D'ailleurs, David Servan-Schreiber, l'auteur de *Guérir* et d'*Anticancer*, a aimé ce livre; c'est lui qui me l'a fait connaître, ainsi que son auteur. Aux yeux de David comme aux miens, cet ouvrage, qui se veut roman, est avant tout une leçon de vie.

Pour commencer, il s'agit de communiquer avec nos vrais sentiments, d'arriver à discerner en nous-même notre désir primordial et d'Oser être soi. Ensuite, le reste se fait presque tout seul...

Tout peut même finir par s'arranger! Comme pour les personnages du roman, une conclusion qui, déjà, satisfait le lecteur. Autre bénéfice: au fil des pages, nous nous apercevons que nous pouvons utiliser pour nous-même, sur l'heure, ce qui nous est dit là, comme en se jouant...

C'est ce qu'Anne van Stappen met en pratique dans sa vie. C'est la manière dont certains personnages agissent dans le roman: grâce à eux, nous découvrons la richesse et la puissance d'une approche qui enseigne comment désarmer les conflits, avec l'autre ou avec soi-même: le processus de la Communication NonViolente®.

Comprendre et accueillir l'autre sans me nier, me faire comprendre sans agresser, observer sans évaluer...

Un monde nouveau s'ouvre alors devant soi, dans le rapprochement avec autrui et la tendresse... Accueillir avant de réagir...

Cela ne va pas sans volonté, sans faire l'effort de se dépasser. Mais nous en sommes capables: que d'énergie consommée à souffrir! Et puis, que préférons-nous: avoir raison ou être heureux?

Concernant l'amour – cette panacée si l'on en croit le consensus actuel –, il est loin d'aller de soi! Être en couple, nous dit Anne van Stappen, est sans doute ce qu'il y a de plus vivifiant, de plus délicat... et de plus difficile. Les raisons ne manquent pas: par exemple, pour maintenir l'harmonie, faire plaisir, donner de soi pour être aimé, nous abdiquons certaines parties de nous-même. Chacun s'éteint peu à peu sans s'en apercevoir... Et l'on finit par en vouloir à l'autre de ce que l'on s'est imposé à soi-même!

À propos des relations, le sage Mattéo ajoute : « *On est d'autant plus libre qu'on se rend compte qu'on est lié.* »

Les personnages de *Ne marche pas si tu peux danser* incarnent avec émotion et pittoresque les scènes de la vie que nous jouons chacun tous les jours. Des messages de sagesse ponctuent ce récit palpitant qui nous emmène dans plusieurs pays du monde. La profondeur et l'humour se tissent entre les lignes de ce roman qui respire le souffle d'une pensée venue du cœur et de l'âme.

Le tout est un régal !

MADELEINE CHAPSAL
août 2008

À Marshall et Valentina Rosenberg

À Alia et Antoine, mes enfants

« Le Monde de Sophia »

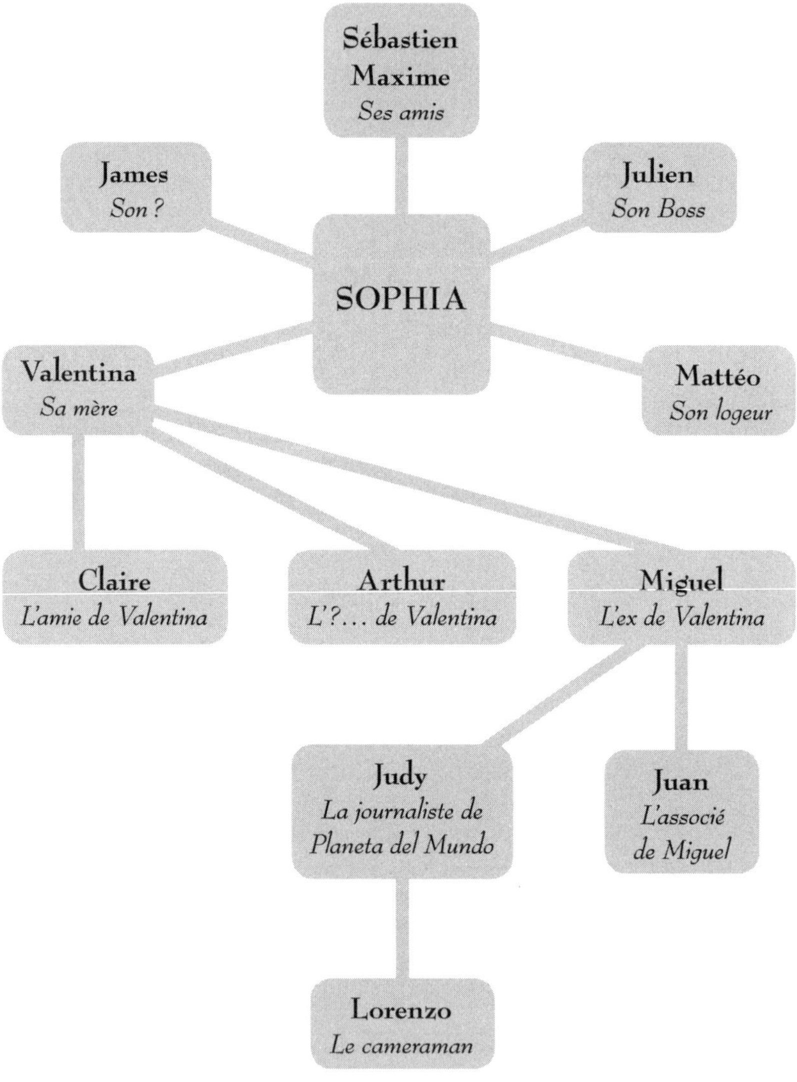

un

Étincelle de vie

Papa est à l'hôpital… Papa est en voyage… Papa est mort… Un gosse peut l'annoncer, l'admettre… Mais *Papa est en prison…* comment dit-on ça, en langage d'enfant ? Six syllabes, en soi ce n'est rien, mais comment laisse-t-on venir aux lèvres ces quatre mots dont l'assemblage est pure barbarie ? Comment ajouter à son cartable d'écolier ce poids de honte qui courbe la silhouette ? Comment éviter que ne surgisse le spectre d'un voleur ou d'un meurtrier ? Y a-t-il autre issue que le silence, pour ne pas transformer l'image de papa en celle d'un méchant ?

Sophia scrute avec douceur les yeux ternes de la fillette. Celle-ci refuse de parler. Dans le registre, la jeune femme a trouvé un prénom, une photo et quelques notes… « *Lucie. Père incarcéré depuis huit mois. Coups et blessures ayant presque entraîné la mort.* »

La petite est entrée dans une sorte d'aphasie depuis le jour où son chien a été confié à la SPA.

— Lucie, comme la lumière… Il est joli, ton prénom ! Moi je m'appelle Sophia. Comme la sagesse… Mais je ne suis pas si sage que ça, tu sais…

L'enfant reste prostrée. Les minutes passent. Sophia, agenouillée à sa hauteur, lui caresse les cheveux.

— J'ai une idée ! Je vais chercher James, lance-t-elle soudain. C'est mon meilleur ami ! Tu verras. Il te plaira, mon ami James.

Lucie ne bronche pas.

— Tu hésites ? Tu es si triste que tu ne sais plus ce que tu veux ?

Rien. Sophia aimerait tant lire un signe dans le regard éteint.

— Attends-moi ! Je n'en ai pas pour longtemps !

La petite a-t-elle acquiescé ? Ou bien a-t-il suffi d'un frémissement de ses paupières pour que la jeune femme imagine voir une étincelle de vie ?

En quittant la maison d'accueil, Sophia s'interroge. Et si c'était une erreur, un engagement irréfléchi, insensé ? Cramponnée à la poignée de la porte, elle ferme les yeux. Inspire longuement. Demeure immobile. Longue silhouette emmitouflée dans un manteau noir. Ses cheveux blonds, animés par le vent, lui fouettent le visage.

Peu à peu, la rumeur de la rue, le frôlement des passants, les coups de klaxons, les bruits de la ville la rassurent. Une main bouge enfin pour dompter sa crinière, ce qui l'aide à reprendre ses esprits. Elle s'éloigne du portail, comme on prend la fuite, ou plutôt comme lorsqu'une averse vous surprend et que vous ne voulez pas attendre que cela s'arrête pour quitter l'abri d'un porche et tant pis si vous êtes trempé en une minute.

Sa voiture est stationnée loin du foyer. Il faut qu'elle se dépêche. À 18 heures, les enfants quittent la salle de jeu. Et si elle ne tient pas sa promesse, si un adulte de plus n'est pas fiable, la petite Lucie s'enfoncera dans son mutisme comme dans du sable mouvant…

Sophia aimerait au moins la sortir de sa torpeur. Surprendre une lueur dans le regard vide. Elle connaît ce qui ronge la fillette : la honte, l'incompréhension, la peur, l'abandon… Des mots glacials… Des termes d'adultes, qui n'ont aucune place dans le cœur cabossé d'un môme. Non ! Là, ils se transforment en tempêtes rugissantes, en forêts sombres, en chemins gelés…

Cela, elle le sait bien. Attention ! Ce n'est pas le moment de se laisser envahir par ses états d'âme…

□

Dans les files de voitures, tout énerve Sophia. Ah, si sa Mini pouvait se transformer en hélicoptère, histoire de s'échapper de ce maudit trafic ! L'impatience la dévore. Vite, amener James à la petite fille, pour la voir enfin sourire. Après un savant gymkhana entre quelques véhicules trop lents à son goût, elle passe un feu à l'orange, accélère en longeant le commissariat de la rue de Livourne et évite de justesse de renverser un policier en faction. Coup de sifflet. Regard dans le rétroviseur. C'est pour elle !

La jeune femme se gare. Prête à hausser le ton pour se défendre. Comme à chaque fois qu'elle a tort. C'est plus fort qu'elle. Mais là, ça pourrait mal tourner… Ses colères finiront par lui jouer un mauvais tour… Il faut qu'un de ces quatre elle demande à Mattéo, le propriétaire de son immeuble, de lui filer la botte secrète de son calme olympien. Elle baisse la vitre et monte sa garde, mûre pour l'affrontement. La stature imposante d'un flic bourru apparaît à la portière, œil mitrailleur, postillons vindicatifs – heureusement emportés par le courant d'air du croisement de rues –, inévitable calepin prêt à consigner l'infraction.

— Madame, vous réalisez que vous avez failli m'écraser ? Votre permis s'il vous plaît.

— C'est que… enfin, tout va bien ! Il ne vous est rien arrivé. Laissez-moi partir. J'ai un travail urgent qui m'attend !

— Moi aussi, j'ai du travail, surtout avec des gens comme vous !

— Je vous ai frôlé, d'accord, mais si vous étiez sur le trottoir…

À l'entendre, c'est de sa faute à lui s'il a failli se faire écraser !

— Vous n'allez pas vous en tirer si facilement, ma petite dame. Vous conduisez de façon tout à fait irresponsable et en plus vous vous emportez ! Vos papiers, s'il vous plaît.

La tension monte. Sophia est sur le point de faire un esclandre. Juste à temps, elle se remémore une phrase de Mattéo : *« Une compréhension sans pression amène à la solution ! »*

Comme elle vénère la sagesse de son logeur, un psy à la retraite qui a compris des tas de choses, elle choisit de se fier à son bon sens. Même si, pour elle, la psychologie est un truc étrange, fait pour des gens *qui vont mal.* Ce qui n'est pas son cas ! À part de légers différends avec son petit ami Sébastien, tout lui sourit. Elle a la pêche quasi en permanence ! Cela dit, elle adore bavarder avec Mattéo ! Chaque fois qu'elle le voit, elle se sent une meilleure personne. Plus intelligente aussi. Pas de la tête… non, non, du cœur… Le vieil homme la passionne quand il lui apprend sa façon de voir la vie. Parfois aussi, quand elle a des soucis, il l'apaise, en lui disant ce qu'il a capté de ce qu'elle vit. Dans le jargon psy, on appelle ça *l'empathie.* C'est quand on tente de comprendre les besoins de l'autre et qu'il se sent compris.

Mattéo prétend qu'on peut être empathique avec n'importe qui, même avec son pire ennemi. Il suffit de l'écouter avec bienveillance. Pas si facile ! Alors, si on n'y arrive pas, c'est déjà bien de rester neutre. Pas la peine de l'approuver ou de le trouver sympa… Tant mieux ! Ce flic est franchement antipathique.

« Bon, je vais tester le conseil de Mattéo : me mettre dans la peau de l'autre, même s'il m'emm… »

— Monsieur l'agent, quand vous voyez une femme distraite au volant, vous êtes inquiet ? Vous aimeriez qu'on ait conscience des risques que courent les piétons ?

— Ce serait la moindre des choses !

— Chacun serait plus en sécurité si on respectait le code de la route, c'est ça ?

— Effectivement. Vous vous déplacez parfois à pied ?

— Heu... oui !

— À vous voir au volant, on ne dirait pas...

— Je suis pressée... J'ai un rendez-vous important, avec une petite fille... Son papa est en prison.

— Si vous continuez, c'est vous qui allez vous y retrouver, en prison. Et c'est quoi, votre affaire de petite fille ?

— Trop long à expliquer... Elle dépérit et refuse de parler. J'en suis malade, murmure Sophia. Tenez, voilà mes papiers...

Leur échange vient de prendre une autre tournure. Sans uniforme ni papiers d'identité. L'image d'une petite fille désemparée s'est glissée entre eux.

— OK, OK, circulez, c'est bon pour une fois ! Mais pensez aux piétons et levez le pied !

Ébauche de sourire. Sophia file sans traîner. On ne sait jamais, s'il changeait d'avis...

« Génial, ça marche ! Faut que je le dise à Mattéo, songe-t-elle en s'efforçant de contrôler sa vitesse. »

Dix minutes plus tard, la voilà devant l'ancienne maison de maître où elle habite depuis la fin de ses études. Le portail grince, les escaliers craquent. Elle appelle James et cavale aussitôt avec lui dans la rue. Mattéo surgit sur le pas de la porte.

— Ah, Sophia, vous voilà ! Je voulais vous avertir que...

— Je n'ai pas le temps, Mattéo ! Les enfants de vos prisonniers m'attendent. Je passerai chez vous plus tard ! Allez viens, James !

Comprenant qu'on ne va pas se balader, le labrador se fait prier et supplie le vieil homme du regard avant de grimper dans la voiture. Sophia repousse le museau implorant, ferme le coffre et démarre en trombe.

deux

Rencontre insolite

Il existe un endroit au-delà du bien et du mal
et c'est là que je veux vous rencontrer.
Rumi

Un brouillard dense réduit la visibilité à quelques mètres. Comme chaque mercredi, Mattéo se rend au cimetière d'Ixelles, pour un rendez-vous sacré avec ses proches.

En sortant de chez lui, il accomplit son incontournable rituel : une halte chez le marchand de journaux pour parcourir les grands titres et les commenter avec le boutiquier. *La Libre Belgique* annonce des glissements de terrain en Équateur, *Le Soir* évoque le surpeuplement carcéral…

Les quotidiens en poche, il progresse d'un pas lent mais déterminé vers le cimetière. Sa démarche allie raideurs et ondulations, paradoxe étrange dévoilant la réalité de l'âge et la souplesse d'un lâcher-prise face aux écueils de la vie. De son regard d'aigle émane un subtil mélange d'ouverture et d'intériorité. Quelques mèches blanches caressent le col du loden vert élimé dans lequel il se sent si bien.

Le brouillard augmente mais une clarté se fait en lui. Il a trouvé le lien entre deux chapitres du livre qu'il écrit en ce moment. Une citation du poète Rumi : « *Il existe un endroit au-delà du bien et du mal et c'est là que je veux vous rencontrer.* »

Alors qu'il approche de la sépulture familiale, le vieil homme distingue une forme allongée sur le sol. Un clochard s'est endormi entre des blocs de pierre. En voyant les cadavres de pinard joncher le sol, Mattéo hésite. Son cœur s'emballe. Habitué à la chose, il tousse deux fois pour rétablir son rythme cardiaque. Un grognement le fait sursauter… Un chien hargneux sort la tête d'un semblant de sac de couchage et montre les dents. Contrarié d'être extirpé du sommeil, le SDF ouvre un œil et l'invective :

— Qu'est-ce que tu fous là à me mater, le vieux, casse-toi. Y a assez de place ailleurs !

— Excusez-moi de vous déranger, mais vous faites la sieste sur *ma* tombe…

— Ah oui ? Ben c'est pas écrit dessus…

— Non, mais vu mon âge, ça ne saurait tarder…

Un peu tremblant, Mattéo commence à enlever les fleurs mortes de l'hortensia blanc qu'il a planté au printemps.

— T'en as pour longtemps ? grogne le clochard. Putain, même chez les morts on n'est pas tranquille… On se fait rembarrer de partout !

— Vous aimeriez qu'on se mette à votre place ?

— Arrête avec tes airs mielleux, dit l'homme en crachant par terre. Qu'est-ce que tu peux comprendre à des gens qui finiront dans la fosse commune ?

— Dans ce monde pourri, difficile de croire à la bienveillance ? continue Mattéo interpellé par l'amertume du clochard.

Pas de réponse. Le vieillard se redresse avec difficulté ; la position courbée le fait souffrir. Il s'assied sur le bord du caveau, reprend haleine, sort un biscuit de sa poche et le lance au chien. Celui-ci l'attrape au vol et guette l'arrivée du suivant.

— Des gens qui ont tout, même un tombeau, c'est pas juste… ajoute-t-il calmement, malgré sa tachycardie.

Le chien part lever la patte sur un coin de pierre tombale.

— Je connais bien ce cimetière, poursuit Mattéo. J'y viens depuis des années. Là-bas, au fond, il y a un monument abandonné. Vous y serez plus à l'abri. On annonce de la pluie.

— Hé, file-moi tes journaux !

— Les nouvelles ne sont pas bonnes. Cataclysme en Amazonie, troubles ethniques en…

— M'en fous ! C'est pour le froid !

— Ah bon ! J'en aurai d'autres mercredi prochain, sauf si…

— Sauf si tu déménages dans le coin ?

— Exact…

Un sourire s'esquisse sur le visage ravagé du clochard. L'atmosphère s'allège. Mattéo se lève et poursuit :

— Ça fait longtemps que vous êtes à…

— … la rue ? Sais plus…

— Pas évident, j'imagine…

— De plus en plus simple, quand on n'a plus d'attentes…

« Lui non plus », songe le vieil homme en contemplant les noms gravés…

Silence. L'agressivité est retombée. Un jardinier bedonnant pousse une brouette grincheuse.

— Bon, je vous laisse. Qui sait, à mercredi… pour les journaux…

— Salut, le vieux !

— Mattéo, au cas où on se reverrait…

En quittant le cimetière, le vieil homme se promet :

« Il faut que je raconte cela à Sophia. Elle qui aime les imprévus… *Un endroit où je veux vous rencontrer…* »

trois

Secrets de famille

Le silence est d'or,
mais certains mots guérissent.

— Émile, je suis contente de vous voir. Voulez-vous bien m'accompagner au grenier ? J'ai entendu des bruits ces dernières nuits et je n'ai plus fermé l'œil !

— Des bruits ? marmonne le jardinier en faisant gronder les « r » de son accent borain. Eh bien, Madame Grandville, feu votre grand-père m'a un jour raconté qu'il y avait eu des craquements étranges sous les combles, par une nuit de pleine lune…

— Ne m'inquiétez pas avec vos histoires, Émile ! Allez voir ce qui se passe !

— Vous savez, parfois… dans les vieilles maisons… des âmes réapparaissent pour faire un tour chez les vivants…

— Arrêtez… Il y a plus de cinquante ans que je vis ici et c'est la première fois que j'entends quelque chose…

Émile grimpe par la trappe d'accès.

— C'est au fond à gauche, au-dessus de ma chambre, insiste Valentina au pied de l'escalier.

L'anxiété creuse les rides qui entourent finement ses yeux vert émeraude. Dans une attente où surgissent des souvenirs d'enfance, elle se frotte le menton et prend appui sur la rampe. La station debout est devenue pénible. Au fil des années, sa passion pour les chevaux lui a quelque peu tassé la colonne. Mais elle garde une allure digne. Son insatiable activité créatrice contrecarre la moindre tentative d'emprise du temps sur elle. Un rouge à lèvres à peine accentué, un pull en cachemire rose échancré, une jupe en flanelle soulignent une coquetterie affichée en toutes circonstances.

— C'est qu'il y en a du bazar !

— Alors ?

— Je ne vois rien... Les Esprits, c'est quand même rare qu'on tombe dessus !

— Émile, pour l'amour du ciel !

— Oh là là !

— Qu'y a-t-il ?

N'y tenant plus, Valentina le rejoint.

— Voilà d'où provenaient vos bruits, dit-il en exhibant la dépouille d'un oiseau. On dirait un corbeau, mais c'est un choucas. Assez rare !

— Faites voir. Brrr !

— Je m'souviens d'un dicton qu'on racontait dans le temps : « *Choucas dira ce qu'on ne dit pas.* »

— Trêve de boniments, tâchez de trouver comment il a pu pénétrer ici.

Émile inspecte les lieux et repère un filet de lumière derrière de vieilles garde-robes.

— Des tuiles ont bougé. C'est par là qu'il a dû se faufiler !

— Quand pouvez-vous les replacer ?

— Il faudrait déménager ces caisses. C'est que vous en avez du...

— ... bazar. Oui, je sais, vous l'avez déjà dit. Mon grand-père tenait à ces vieux meubles. Ce qui venait de son épouse était sacré pour lui. Et moi...

— Bon, je vais dégager.

Émile déplace des cartons libellés avec soin par une écriture du temps passé. *Trousseau de fiançailles*, *Vaisselle d'Edmée Grandville...*

— Attention !

Trop tard. Il trébuche sur une boîte à chapeau et lâche une caisse qui s'éventre au sol.

— Laissez Émile, je vais m'en occuper. Allez plutôt enterrer l'oiseau.

Valentina ramasse quelques objets. Un cheval en bronze, une poupée, un porte cigarette. Elle ouvre un cahier indiquant « *Comptes Maison Lasne* » et reconnaît l'écriture de son grand-père. Cet homme qui lui a tant donné ! Son regard parcourt des colonnes où s'alignent des chiffres en face de descriptions obsolètes : *Tourne-disques Oscar Tepaz, réparation vélo-Solex...* Entre deux pages, un papier. Sans réfléchir, elle le déplie. C'est l'écriture de sa mère. Des ratures, une encre pâlie... Ses mains tremblent.

« On dirait un brouillon... »

Quand tu liras ces lignes, je ne serai plus là. J'aurai enfin rejoint le havre de quiétude auquel j'aspire. Je n'en peux plus de ma vie ratée et de la culpabilité que j'éprouve à ton égard.

« Culpabilité ? Serait-ce... »

Tu vois, ma chérie, nous partageons toi et moi les mêmes destins : nous n'avons ni grandi avec notre mère ni vécu avec le père de notre enfant.

« C'est à moi qu'elle écrit ! »

J'aimerais te partager ce qui rend ma vie insoutenable au point que j'ai choisi de l'interrompre. Mais que vas-tu penser ? J'hésite à te dire ma vérité car j'ai peur d'empirer les choses.

Je souffre du déshonneur que j'ai infligé à ma famille, celui d'avoir été abandonnée par mon mari et je regrette la tendresse et la présence que je n'ai pas réussi à t'apporter.

Partis au loin pour les affaires de ton papa, nous avons connu de beaux jours, mais j'ai hélas vite déchanté : le travail, de fréquents déplacements… J'ai vu de moins en moins l'homme que j'aimais. Je le lui reprochais, je me suis aigrie… Et un jour, plus personne ! Il est parti, tombé amoureux ailleurs. Je suis rentrée seule en Europe.

Durant tes vacances scolaires, tu habitais chez mon père ; tu avais grandi et ne voulais plus de mon amour intermittent. Je me suis sentie exclue du lien tissé entre vous et me suis barricadée dans la froideur et l'agressivité. Puis j'ai plongé dans la dépression.

Mais voilà qu'à présent le mauvais sort s'acharne. Tu es fille mère. Je le vis comme un deuxième échec. Et plus je me vois incapable d'exprimer l'affection que je ressens pour toi et ta fille Sophia, plus ma culpabilité renforce la distance entre nous.

Seule la mort pourra me libérer du tourment qui me ronge.

Mon amour pour ton père m'a poussée à le suivre, en te laissant en Belgique, parce que j'étais ignorante. Je ne réalisais pas qu'une petite fille a besoin de sa mère. Pardonne-moi ! J'aurais aimé avoir agi différemment ! Mais j'étais moi-même blessée, car je n'avais pas connu la mienne, morte quand j'étais encore au berceau.

L'amour entre nous deux, ce ne sera pas pour cette vie-ci. L'écart entre ce que j'aurais voulu te donner et ce que j'ai réussi à faire est si énorme que je ne saurais comment le combler. D'autant plus que tu te protèges… Peut-être as-tu peur de t'ouvrir à mes tentatives de rapprochement et d'être déçue ?

Je suis si vide de moi et si emplie d'amertume que je préfère partir. Une fois pour toutes. Puisses-tu au moins croire en mon désir d'amour pour toi.

Ta maman,
13 août 1977.

Des larmes coulent sur la lettre. Valentina vacille et se laisse tomber dans un fauteuil dont la tapisserie se déchire sous l'impact. Son teint d'habitude chatoyant a perdu tout éclat. Elle s'indigne :

« Pardonner ? Est-ce possible ? J'ai tant souffert ! Son absence, sa distance, sa méchanceté, le rejet de Sophia et enfin la violence de son choix irréversible… Et pourquoi n'ai-je jamais reçu cette lettre ? »

Elle relit les phrases, hume l'odeur du vieux papier et tente d'y trouver le parfum de sa mère…

« *Choucas dira ce qu'on ne dit pas*… Quel gâchis, tous les non-dits… Ah, que j'aurais aimé entendre ces mots quand j'étais jeune ! Mais au fond, et moi ? Où en suis-je par rapport à Sophia ? Il faut que je sorte de mon silence, sinon je risque de lui faire subir ce que j'ai moi-même traversé. J'ai honte. Il est plus que temps… Elle a déjà 32 ans… »

quatre

La révolte ou l'acceptation ?

La colère « contre » a peu de pouvoir
et consomme beaucoup d'énergie !

En regagnant son appartement, au troisième étage de la maison de Mattéo, Sophia songe à la chance qu'elle a d'y habiter, tant pour l'âme de la demeure que pour celle de son hôte. Mattéo est un homme auquel il suffit de penser pour se sentir bien. Afin d'adoucir sa solitude – depuis qu'il a vécu le drame – il a divisé sa maison en appartements qu'il loue... mais seulement à des gens qui l'inspirent. Et Sophia l'avait inspiré dès la première seconde, malgré le chien. Puis, avec le temps, James et Mattéo s'étaient apprivoisés au point de s'évader ensemble dans la nature.

« Cet homme a un côté mystérieux qui me fascine. Il vit seul, mais on le sent *accompagné*. Comment est-ce possible, après ce qui lui est arrivé ? Perdre d'un coup femme et enfants, fauchés par un camionneur ivre. Moi, je n'aurais pas survécu au chagrin. Et lui, il se rend dans les prisons pour apporter son appui psychologique à des gens du style de cet enfoiré de conducteur. »

— Je peux entrer ?

— Mais oui ! On ne s'est pas beaucoup vu ces derniers temps. Ou bien c'est en coup de vent... Vous prendrez bien une tisane.

— Excusez-moi, Mattéo ! J'étais pressée.

— Je m'en suis aperçu ! Alors, quoi de neuf ?

— Le boulot est harassant. Le boss nous met une de ces pressions... Il a peur que nous ne soyons pas prêts pour le prochain défilé de mode. Quel anxieux ! Depuis huit ans que je travaille chez *News in Fashion*, il pourrait me faire confiance !

— Et que se passait-il, avec les enfants des prisonniers ?

— Au foyer d'accueil, il y a une petite fille qui ne parle plus. Son état a empiré depuis qu'elle n'a plus son chien ! Alors, je lui ai amené James pour la consoler.

— Et il a réussi ?

— Je ne sais pas. Elle l'a caressé, sans rien dire.

James – qui a toujours un avis à donner – aimerait au moins qu'on lui pose la question. Il confierait qu'il a décelé dans les yeux de la petite Lucie une peur profonde *ET* une joie subtile quand elle s'est risquée à effleurer son poil beige et dru, sentant le chien à vingt mètres. Leur croisement de regard a duré un bon moment et, dans cet échange sans paroles, tout s'était dit.

Sophia reste un instant silencieuse. La tristesse de Lucie frôle son cœur.

— Et vous, Mattéo, comment allez-vous ?

— Pas mal. Je fais des rencontres intéressantes, dit-il en songeant au clochard du cimetière et je progresse dans l'écriture de mon livre. Parfois, l'inspiration jaillit. Parfois rien ne vient... Aussi imprévisible que la vie ! Alors, autant lâcher prise, vous ne trouvez pas ?

— Euh oui... si on veut ! Et dans les embouteillages, on fait comment ? J'ai cru devenir folle aujourd'hui. J'ai même failli écraser un policier ! Je m'en suis sortie grâce à un de vos conseils qui m'est venu à l'esprit au moment crucial... À propos, Mattéo, j'ai une faveur à vous demander. J'aimerais lire des passages de votre livre. Je voudrais apprendre vos secrets... Par exemple, comment faites-vous pour rester calme quand les choses ne se déroulent pas comme vous voulez ? Ça a l'air si facile pour vous !

— C'est vrai aujourd'hui. Mais quand j'étais plus jeune, la moindre contrariété me mettait hors de moi !

— Et qu'avez-vous fait pour changer ?

— Un jour, j'ai décidé d'arrêter d'incriminer les gens et les circonstances pour mes problèmes et j'ai inversé l'orientation de mon énergie. J'ai choisi de l'utiliser *pour moi*, plutôt que contre l'autre. Vous savez, la colère « contre » a peu de pouvoir et consomme beaucoup d'énergie !

— Comment avez-vous pu, après ce qui vous est arrivé ?

— Justement, c'est *grâce* à ce qui m'est arrivé !

— Pardon ?

— Après l'accident, j'étais enragé et dévasté…

— C'est bien normal !

— Je voulais mourir, tuer, ou les deux ! Certains jours, je criais comme un forcené… D'autres, j'errais sans rien faire. Puis, un matin, après une nuit passée à orchestrer toutes sortes de vengeances, je me suis regardé en face, sans complaisance. Et j'ai vu un homme fou furieux. Qui refusait ce qui était. Je ne pouvais pas continuer comme ça. Il fallait que je choisisse. La révolte ou l'acceptation. J'ai senti que seule l'acceptation me guérirait… Alors, j'ai tenté d'accueillir mon désespoir, parce que, de toute façon, je ne pouvais rien modifier au cours des événements.

— Mais c'est impossible, quand on a perdu l'essentiel !

— Un essentiel d'un autre ordre a peu à peu pris la place. Petit à petit, j'ai été moins mal. J'ai essayé de faire ce que j'aimais… Comme je pouvais. Parfois, il s'agissait simplement de respirer et de sentir l'air passer dans mes poumons…

— Je vous admire !

— La vie est si puissante qu'elle trouve toujours le moyen de resurgir, si on lui en laisse l'occasion…

— Et que faites-vous alors, quand vous êtes très énervé ?

— Je commence par me taire ! Sinon je risque de dire n'importe quoi ! Puis j'écoute ma frustration et j'essaie de voir ce que je veux pour moi, au lieu de me laisser envahir par ma rage contre l'autre.

Sophia change de tête. Une brume passe dans ses yeux.

— Il est l'heure de regagner nos pénates, James ! lance-t-elle abruptement.

Mattéo tente de se lever de son fauteuil, mais elle bondit vers lui pour l'embrasser et s'esquive. Le regard acéré du vieil homme marque la surprise et ses joues rosissent, comme d'habitude.

James suit sa maîtresse à contrecœur, en dégustant un biscuit sorti par magie de la poche du logeur. Rentrée dans son appartement, Sophia se laisse tomber sur un pouf et soupire. Elle a planté là Mattéo sans le moindre égard ! Vite, griffonner quelques mots et glisser le message sous sa porte.

« Pardon d'avoir fui, Mattéo. J'étais remuée… Je reviendrai bientôt. Merci pour ce moment. Pour moi, cette planète est plus belle parce que vous l'habitez ! »

cinq

Épreuve d'artiste

L'essentiel, c'est d'embrasser l'entièreté de ce que nous sommes, à la fois nos ombres et notre lumière.

Les baies vitrées donnant sur le jardin font un vacarme assourdissant. Des rafales de pluie martèlent les carreaux. Dans l'atelier exposé plein nord, vêtue d'un tablier blanc qui porte les traces de nombreuses rencontres avec son art, Valentina songe.

« Qu'est-ce qui m'a pris de me lancer dans ce défi ? Un de plus… »

Elle s'éloigne du chevalet.

« Comment pourrais-je susciter davantage de transparence ? Je voudrais que l'ancien et le nouveau s'expriment sur cette toile. Que tout y ait une place ! Au fond, j'ai le même rêve pour nous, les humains : embrasser l'entièreté de ce que nous sommes, à la fois nos ombres et notre lumière. Et pourtant, Dieu sait si j'en suis loin… »

Elle prend une palette, saisit un pinceau *Winsor & Newton 340* et opte pour un bleu de Sèvres allié à une pointe de jaune indien. Poursuivant avec passion ses recherches sur les jus et autres glacis, elle s'absorbe dans la création et dans ses souvenirs. C'est comme un va-et-vient rythmé par les coups de pinceau. Une pause de temps en temps, afin de composer un nouveau mélange, pour obtenir le ton juste.

« Le ton juste, tout est là. »

Des flashs de sa jeunesse lui reviennent. Elle ne s'est jamais trouvée devant un tableau sans que le travail de peintre n'évoque en elle la résurgence de ses souvenirs. Enfant unique, parents voyageurs, interminables séjours en pension... Seules des vacances passées ici, dans cette maison brabançonne où son grand-père élevait chiens et chevaux, lui avaient donné le goût de grandir et l'espoir que peut-être la vie valait la peine d'être essayée.

Pour compenser l'austérité de son enfance, Valentina s'était lancée dans toutes sortes d'entreprises : l'histoire de l'art, la peinture, les tarots, l'équitation... Même l'arrivée de Sophia n'avait pas freiné cette boulimie de découvertes. Elle avait entraîné celle-ci dans une vie tourbillonnante.

Tourbillonnante... C'est le cas de le dire ! Enceinte de cinq mois bien sonnés, elle montait encore sa jument à la robe de velours brun foncé zain. Unissant leurs énergies de feu, ces inséparables exécutaient les airs de Haute École les plus doux, comme le passage, les pirouettes et le pas espagnol. Même si son grand-père s'offusquait de la voir enfourcher sa monture en pareil état, Valentina s'obstinait, convaincue que les mouvements souples et fluides de l'animal donneraient à son bébé le sens d'un monde dansant et sensuel. Et elle avait eu raison ! Sophia traçait sa vie sous la houlette d'un seul credo : *Ne marche pas si tu peux danser.*

L'artiste se souvient de la foi que son grand-père avait mise en elle.

« Tu es une vraie sauvageonne, ma cavalière, mais j'ai confiance en toi, lui répétait-il à tout bout de champ. Ton dynamisme portera de magnifiques fruits... »

Elle mesure à présent combien l'affection de cet homme l'a aidée à maintenir le cap de sa vie. Son visage s'attendrit. Elle se passe la main dans les cheveux, des cheveux châtains tendant peu à peu vers le blanc, et recule pour évaluer l'ensemble de son travail.

« Peut-être vais-je un jour parvenir à exprimer sur cette toile et dans ma vie la transparence qui m'est chère ? »

six

Cap sur l'Équateur

Celui qui écoute son feu sacré
peut tout accomplir.

Miguel tapote le cadran de son altimètre, un geste habituel pour se rassurer et pour maintenir son attention en éveil tant il est épuisé par l'expédition qu'il vient de réaliser. Trois jours dans *l'enfer vert*, comme on l'appelle ici, cette forêt amazonienne si dense que la lumière du soleil peine à toucher le sol. Des pluies diluviennes ont récemment créé des glissements de terrains à Huachita, une région difficile d'accès, sauf en avion, quand la météo le permet.

Il a risqué gros en tentant d'atterrir sur la petite piste du village, elle aussi inondée. Mais il le fallait ! Il s'était juré de mener à bien sa mission.

Sur la route du retour, aux commandes de son hydravion, un *Cessna Caravan* chargé d'une dizaine de rescapés, il revoit les visages hagards des indigènes perdus à la recherche de leurs proches, ensevelis sous des éboulements de terres ou emportés par les crues du fleuve. Et tous ces gosses, arrachés à l'insouciance de l'âge par des torrents de pluie et de gigantesques coulées de boue. C'est pour eux qu'il avait décidé d'y aller, afin de les ramener en lieu sûr.

Le ronronnement du moteur a apaisé les jeunes. L'aviateur s'applique à rester alerte. Son imposante carrure occupe tout l'espace du siège pilote et emplit le cockpit d'une énergie de conquérant.

Son visage anguleux et franc respire l'assurance, ce qui nourrit la confiance des passagers.

Il se concentre sur le compas, surveille la jauge de carburant et guette la radio, muette depuis le dernier atterrissage. Rien n'échappe à son regard laser. Dans une demi-heure ils arriveront dans une zone plus hospitalière et il aura accompli sa tâche.

Cela fait des années qu'il parcourt cette contrée d'Amazonie, allant de région en région, d'île en île, pour effectuer des sauvetages d'urgence et des transports plus routiniers de médecins et de médicaments. Il en faudrait beaucoup pour qu'il ne « vole » pas au secours d'un village, s'il apprenait que celui-ci est en difficulté.

La souffrance des sinistrés habite ses pensées tandis qu'il amorce un changement de trajectoire. Les rayons du soleil, tournant dans le cockpit, lui arrivent soudain de face et l'éblouissent un moment. Mais, à 59 ans, c'est en pilote expérimenté qu'il a anticipé ce mouvement et fermé les yeux pour savourer la caresse de la lumière. Petite récompense qu'il s'offre afin de tenir encore une vingtaine de minutes...

Des grésillements le font sursauter. La radio crachote des syllabes incompréhensibles.

« Au moins, elle me tiendra éveillé ! »

Piste d'atterrissage en vue. Vent d'ouest opportun. Approche impeccable. Le Cessna, assez vieillot mais fiable, répond avec précision à chacune de ses commandes. Avec délicatesse et autorité, Miguel pose le zinc et « ses enfants » sortis du désastre.

Après s'être tassé un instant, d'un geste habituel, il prend son peigne pour ordonner une mèche rebelle. Dehors, on entend des cris. Du monde entoure l'avion, la porte s'ouvre, des bénévoles accueillent les jeunes. Une connivence s'est tissée entre eux pendant le vol. Miguel est attaché à cette solidarité qui naît au cœur des drames. Son métier lui permet de côtoyer la bravoure et la bienveillance. Il ajuste son blouson et s'apprête à rejoindre le mécanicien qui l'attend avec impatience.

À la descente de l'appareil, une caméra de télévision. Visage concentré, chevelure auburn, disciplinée au prix d'une bombe de laque, une journaliste avide de nouvelles lui tend un micro.

— Bonjour commandant. Je suis Judy Crawford, de *Planeta del Mundo*. Vous revenez de la région sinistrée de Huachita. Comment cela s'est-il passé ?

— La situation là-bas est catastrophique. Si le temps ne s'améliore pas, il faudra des semaines pour sauver toutes les victimes. Je ramène dix enfants. Ce n'est qu'une goutte d'eau dans la mer, mais, pour moi, pas question de rester les bras croisés. D'ailleurs, je repars dès que l'avion aura été révisé. Un petit problème de flap.

— Ah bon ? Si vous repartez, mon caméraman et moi-même pourrions-nous vous accompagner pour continuer notre reportage ? Le monde doit être informé et sensibilisé, afin qu'il puisse agir, en offrant de l'aide matérielle…

— Hum… Il y aurait deux places de moins pour ramener des mômes en difficulté, maugrée Miguel.

Sans sourciller, avec un aplomb incontournable, la reporter s'adresse à la caméra :

— Comme vous venez de l'entendre, aller jusqu'au bout de sa mission sans faire de compromis, c'est le leitmotiv de ce pilote… Un avion et des moyens modestes face à l'ampleur du drame, mais un homme altruiste et déterminé. Je vous donne rendez-vous dans quelques jours pour la suite de notre interview !

□

Une page de publicité pour un parfum sophistiqué crée une transition que Valentina a du mal à supporter. La télécommande en main, elle coupe le son et reste perdue dans ses pensées.

« Cet homme ressemble à Miguel. Il rêvait de secourir le monde. C'était un aventurier au grand cœur. J'ai craqué pour lui alors qu'il n'avait qu'une idée : être pilote en Asie ! Je savais que c'était le but de sa vie, mais j'ai malgré tout succombé à son charme. Et si c'était lui ? Mal rasé, quelques années de plus, mais toujours aussi frimeur ! Arrogant même, avec cette façon de donner le change, comme si rien ne pouvait le déstabiliser. À part les rides et les tempes grisonnantes, il n'a pas changé ! Dire que je l'ai cherché pendant si longtemps en Thaïlande et au Cambodge… »

Elle est bouleversée. Ses yeux restent rivés à l'écran sans plus rien y voir.

sept

Délectable mauvaise foi

Tenir la distance,
mais garder la présence.

Il pleut.

Le ciel est bas, comme le moral de Sophia, qui, depuis le flop de la veille avec Sébastien, a le cœur chiffonné. En plus, c'est le pire moment du mois… La fin du monde est pour bientôt ! Elle se dirige vers la salle de bains ou plutôt *sale de bains*, s'avoue-t-elle, tant son appartement est envahi par les poils de James et par une poussière faite du temps qui passe, dans la bohême de sa jeunesse. En effet, même si son énergie déborde, la jeune femme met un point d'honneur à la dépenser tous azimuts, sauf en compagnie d'un aspirateur !

Un mauvais pressentiment la gagne. Elle monte sur l'échafaud, un carré de trente centimètres sur trente, qui va lui dévoiler l'ampleur du drame avec une précision à cent grammes près. Le verdict tombe, tranchant comme une guillotine :

« Cinquante-cinq kilos trois cents ! »

À la vitesse de l'éclair, Sophia se remémore son régime des dernières vingt-quatre heures : six biscottes au fromage allégé, quarante grammes de protéines lyophilisées, des carottes crues pelées avec application avant de partir à l'assaut de sa vie professionnelle, un litre et demi d'eau purifiée et un petit Coca light de rien du tout, juste pour que la vie soit supportable…

« Comment est-ce possible ? »

Elle se frotte les yeux et fait face au miroir. Ses longs cheveux suivent le mouvement de sa chute d'humeur ; un reflet peu flatteur achève de l'anéantir : yeux cernés, visage bouffi d'avant les règles et même une petite ride au coin de l'œil droit. Des larmes jaillissent, sous le regard contrit de James. Il aimerait tant qu'elle reste lucide dans ces moments-là, afin de voir *ce qu'il y a*, et pas seulement *ce qui manque !*

Parce que lui, au moins, il en a, de la lucidité ! Sans oublier son inégalable clairvoyance...

À son avis, le bilan est clair :

Le *positif*, c'est une silhouette harmonieuse de femme élégante et dynamique dont le rapport poids/taille s'inscrit incontestablement dans les normes courantes des pays européens. Et il sait de quoi il parle ! Ce sont aussi des jambes, dont la longueur et les muscles finement galbés leur ont valu d'être choisies pour des photos publicitaires de bas nylon ; des rondeurs bien proportionnées, une taille trente-huit pour un mètre soixante-neuf. Elle doit d'ailleurs son allure svelte à un acharnement obstiné à suivre d'innombrables régimes et à se défoncer dans le sport. Bicyclette, marche nordique en forêt (il adore), jogging quotidien (un peu trop répétitif pour lui), tout est prétexte à garder la forme, et ça en vaut la peine ! Un visage allongé, souligné par une chevelure blonde, lui donne un air de madone attendrissante ou de diablesse survoltée, selon l'humeur. Sa beauté a un côté animal qui ne laisse pas indifférent, surtout la gent canine, cela va de soi !

Le *négatif*, c'est une féminité parfois bousculée par des gestes brusques, comme lorsqu'elle est réactivée dans des blessures d'enfance tapies à fleur de peau. Alors l'explosion n'est pas loin. C'est aussi une irrésistible attirance pour le chocolat, un grain de beauté sur la fesse gauche (alors qu'elle aurait préféré l'avoir sur la droite), un caractère trempé et une humeur de cochon trois jours par mois...

« Nous voilà dans la période critique, se résigne le labrador. Mais quand va-t-elle m'écouter au lieu de se lamenter ? Il n'y a pas de quoi fouetter un chat, quoique parfois j'aimerais bien… Je suis tout de même le plus fiable des observateurs », bougonne-t-il, vexé du peu de cas qu'elle fait de sa sagacité. En effet, Sophia pleure tellement qu'elle n'aperçoit pas l'intensité avec laquelle il la regarde. Cela dit, il sait qu'au faîte de la crise mensuelle de sa maîtresse, c'est un peu comme à l'arrivée au sommet d'une montagne : on reste muet devant la réalité qui nous dépasse. Le problème, c'est qu'ici, à Bruxelles, nous ne sommes pas au sommet d'une montagne, ébahis par la beauté du spectacle, mais dans les abysses du torrent des larmes de Sophia. Pas moyen de la réconforter ! James s'aplatit près du canapé et tente de passer inaperçu. Ce n'est pas une mince affaire quand on pèse cinquante kilos ! Eh oui, il lui arrive aussi de passer sur la balance du vétérinaire…

Philosophe, il se résout à composer avec les vicissitudes de l'existence et décide de patienter jusqu'à la fin de la phase critique…

□

Dans le divan près de James, Sophia est effondrée. Avec sa démesure coutumière, elle voudrait mourir… Ne plus être en proie une seconde de plus à une misère aussi inéluctable.

« Et sans même passer à table ! », lui chuchote son mental qui, même au fond des catastrophes, manifeste son goût pour les jeux de mots.

« Grossir de cinq cents grammes en vingt-quatre heures malgré un régime d'enfer ! Si ça continue, se dit-elle, oubliant avec mauvaise foi que son cas n'est pas tragique, je préfère crever plutôt que décrépir dans le purgatoire de cette maudite cellulite ! »

James est tétanisé. Il a compris qu'il vaut mieux, dans de si fatidiques moments féminins, ne pas tenter le moindre rapprochement.

« *Tenir la distance… mais garder la présence !* »

Il se retient de lécher la main de Sophia et demeure immobile, tel un trophée de chasse africain transformé en tapis de sol. Dans ces phases immuablement répétitives, seul le temps est ouvrier d'art. Lâcher prise et se faire oublier. Point final. Tous deux restent là, étendus. Lui, dans l'attente d'un hypothétique regain d'optimisme chez Sophia, elle, abattue par le diagnostic pondéral.

La sonnerie du téléphone retentit.

— Qu'on me laisse mourir... lâche Sophia entre deux sanglots.

Driiiiiiing...

— Qui insiste, bordel ? Je ne suis pas là, plus là... pour personne !

James marmonne :

« Et moi alors, je ne compte plus ? »

La sonnerie poursuit ses tonalités crispantes.

— Allô... Ah c'est toi maman... Oui, ça va... Quoi, ma voix ? Non, ce n'est pas grave... juste un peu fatiguée... Je te rappelle plus tard... Pardon ? Tu as quelque chose d'important à me dire ? Non... je n'oublierai pas de te rappeler... oui... promis !

Profitant de l'appel de Valentina, James change de position. Jouer au sphinx aplati lui a donné des crampes. Il soupire, déçu de rater la promenade vespérale et le principal repas du jour. Puis se réconforte :

« De toute façon, je déteste les croquettes light ! »

Soudain, les larmes de la jeune femme s'amenuisent. Rasséréné, il tend vers elle sa truffe humide, tout en guettant si l'embellie va se maintenir.

— Mais pourquoi me regardes-tu comme ça ? dit-elle, en lui flattant le sommet du crâne.

« C'est le comble, cette inconscience féminine ! s'offusque-t-il. Il y a dix minutes, elle est prête à mourir et maintenant elle me demande pourquoi je la regarde comme ça ? Mais je m'en fais !

J'ai envie de croire que nous pourrons encore nous balader, et puis j'adore quand elle me caresse en me disant que j'ai les plus beaux yeux du monde ! »

Comme si elle avait deviné ses pensées, Sophia lance :

— Viens, on va se promener, bon chien, ça nous remettra d'aplomb.

« Parle pour toi. Je suis d'aplomb, moi. Un peu d'objectivité, quand même ! »

huit

Rien ne va plus

L'agressivité est aussi contagieuse
que la bienveillance.

— Dorothée, demandez à Sophia de venir dans mon bureau, aboie Julien.

— Elle est déjà partie, Monsieur, répond la secrétaire d'un ton aussi revêche que son allure.

— Comment ? *Déjà partie* ? Mais il n'est que 17 heures !

— Je sais qu'elle devait voir la rédactrice de *High.m* à propos de la collection d'été. Voulez-vous que je l'appelle ?

— Laissez, je vais le faire. Par contre, demandez qu'on m'envoie d'urgence les photos du dernier reportage, ça fait une semaine que j'attends !

Julien, patron de *News in Fashion*, s'apprête à composer le numéro de Sophia quand, tout à coup, il entend une dispute dans le couloir, se ravise et va voir.

— Que se passe-t-il encore ? crie-t-il à deux de ses collaborateurs en vive discussion, un styliste barbu, avec des croquis à la main, et une accessoiriste excitée.

— Les bijoux qu'elle a choisis pour mon modèle *Dreaming Safari* ne me conviennent pas, voilà ce qui se passe ! dit Sandro, le styliste.

— Mais ils sont dans la gamme, dans les couleurs, dans les prix, dans…

— Arrêtez ces bagarres de chiffonniers ! Nous travaillons *ensemble* – dans les chiffons, j'en conviens – mais tout de même. Nous proposons une collection qui vise un style posé, une prestance, une image de marque et ce n'est pas compatible avec une telle ambiance dans nos murs, éructe-t-il, sans réaliser qu'il est lui-même survolté. Sandro, tu vois Sophia demain dès qu'elle arrive et vous me réglez ça sans tarder. Rapport à 10 heures en salle de réunion. Je vous rappelle qu'on doit aussi sélectionner les mannequins, c'est urgent !

Revenu dans son bureau, Julien – inexorablement tiré à quatre épingles, costume en alpaga dernier cri, chaussures Bradley's, chemise en soie et nœud papillon ajusté – tombe le veston et se frotte la tempe. Le mal de tête est bien là. Pouls au rythme de salsa, respiration entravée ; en cet instant, seule sa moustache, taillée au dixième de millimètre près, lui conserve la dignité d'un capitaine de paquebot transatlantique. Même si, de plus en plus souvent, ce paquebot suit la trace du Titanic. Il en a assez de ce climat. Et dire que, depuis peu, il a laissé tomber son travail de création pour pouvoir diriger autrement *News in Fashion*. Quel fiasco ! Il se sent dispersé, des dissensions avec ses subalternes l'obligent à prolonger ses journées pour aplanir des conflits fréquents, ce qui réduit le temps qu'il voudrait passer en famille. Excédé, il s'empare du téléphone et tape une touche d'appel automatique.

neuf

Passé très présent

Quand on partage une joie, elle augmente
et quand on partage une peine, elle diminue.

Valentina éteint la télévision et reste prostrée, le regard perdu vers les arbres fruitiers.

« Serait-ce lui, ce pilote interviewé ? »

Puis, dans un sursaut d'énergie, elle décroche son téléphone.

— Allô Claire, c'est Valentina, je te dérange ?

— Valentina, quelle bonne nouvelle ?

— Écoute, je viens de voir un truc à la télé. Je suis complètement remuée. Tu n'es pas dans le coin par hasard ?

— Pas du tout ! Je suis en ville, mais, si tu veux, je pourrais passer chez toi dans une demi-heure...

— Oh oui ! Je t'attends, avec un petit thé.

Elle tourne en rond dans la cuisine, prépare un plateau avec d'élégantes tasses en porcelaine de Chine et finit par aller chercher des albums de photos empilés au fond d'une armoire. Elle en ouvre un, s'attendrit au passage sur l'enfance de Sophia et tourne frénétiquement toutes les pages, pour retrouver *le cliché*.

Coup de sonnette. C'est Claire.

— Claire, tu es un chou de passer ! Viens, j'ai quelque chose d'incroyable à te raconter...

— Val, tu en fais une tête.

— Il y a de quoi !

— Qu'est-ce qui se passe ? Tu m'inquiètes…

— Je viens de voir Miguel à la télé.

— Quoi ? Tu es de nouveau en train de fantasmer sur ce type ?

— Je t'assure, un pilote d'avion, dans un bled perdu d'Amazonie, impliqué dans un projet de sauvetage humanitaire, un air nonchalant, mais décidé… Ce ne peut être que lui !

— Ma chérie, reste calme. Il y a plus de trente ans de ça ! Tu es incorrigible !

— Mais tu sais que je l'ai cherché pendant près de dix ans… Quand il m'a quittée, il partait en Thaïlande, pour vivre la grande aventure et sauver le monde ! Je n'ai jamais pu l'oublier, Claire. Sans compter le reste… Ah ! J'aurais tant voulu garder le lien avec lui. Depuis son départ, plus de nouvelles…

— C'est dur pour toi… La blessure est restée sensible ?

— Oh oui !

— Et Sophia, tu lui en parles ?

— Sujet tabou ! Je n'arrive pas à dire quoi que ce soit. Elle me pose pas mal de questions sur ma jeunesse, mes amours… surtout dans ses périodes de coup de blues ou de rupture sentimentale… Mais, tu vois, jusqu'ici le silence a été le seul moyen que j'ai trouvé pour tenir le coup. J'ai reproduit le schéma de ma mère, le non-dit. Alors qu'au fond de moi, je veux changer ça ! Oh Claire, je ne suis pas en paix avec…

Valentina reprend l'album de sa jeunesse.

— Regarde, je cherchais une photo de lui. Tu le verras bientôt à la télévision, sur la chaîne *Planeta del Mundo.* Ils ont annoncé d'autres reportages, mais, là, je suis tombée dessus par hasard et je n'ai pas vu le nom des gens interviewés…

— Parce que tu l'as entendu parler ?

— Oui, avec plein de charisme, comme à l'époque. Tout en n'étant pas commode, il avait le don pour se lier avec les gens.

Claire reste muette. Sa coupe de cheveux à la garçonne et sa petite taille lui donnent un air solide ; toujours prête à secourir quiconque en aurait besoin. Mais là, voyant son amie repartir dans un imaginaire sur cet imbécile de Miguel qui l'a larguée il y a plus de trente ans, elle cède à l'inquiétude…

Valentina passe d'un album à l'autre et s'arrête enfin sur un cliché abîmé, qui a manifestement été collé et décollé un certain nombre de fois.

— C'est lui ! s'exclame-t-elle en montrant la photo d'un homme imposant, à la chevelure châtain clair impeccablement ordonnée, contrastant avec un habillement décontracté pour l'époque : pantalon beige souple et délavé, polo noir fripé.

— C'est vrai qu'il a de l'allure. Je me souviens que tu me l'as déjà montré, au moins quinze fois… taquine Claire.

— J'ai un service à te demander, tu peux me dire non, mais…

— Bon, dis toujours, tu sais que j'ai du mal à te refuser quoi que ce soit.

— Quand Miguel se faisait interviewer, j'ai remarqué l'avion en arrière-plan. Sur la carlingue, il était écrit *Los Valientes Rescatadores* ou quelque chose du genre. Peut-être que… sur Internet, tu pourrais…

— OK, je ferai une recherche. Mais tes indications sont plutôt minimalistes… Je t'appelle si je trouve quoi que ce soit. Il faudrait que tu te mettes sérieusement à l'ordinateur. Tu es beaucoup dans ta peinture, ces derniers temps.

— C'est vrai, j'ai entrepris une toile sur l'expression de la transparence et je ne rencontre que de l'opacité ! Alors, pour ce qui est de surfer sur Internet, autant me reposer sur toi, l'experte. Et surtout, jure-moi de ne rien dire à Sophia !

dix

Réminiscences

Se mettre en couple, c'est choisir d'être à deux pour résoudre des problèmes qu'on n'aurait pas si on restait seul.
Sacha Guitry

Il est tard, la faim les tenaille, mais Sophia et James dévalent les escaliers.

Happés par la vie qui galope à nouveau dans le cœur de la jeune femme, ils se précipitent dehors. Sophia, l'enthousiaste, la bondissante, l'altière, suivie de James, le perspicace, l'attentif, le philosophe, remonte la pente de la rue, aussi vite qu'elle a remonté la pente de ses humeurs. Et ce n'est pas peu dire !

Le pavé gris bleu brille, lustré par la pluie. L'air sent bon l'automne. Pas rancunier pour un sou, James hume la brise et flaire le pied de chaque arbre. Lichens, mousses, feuilles mortes, écorces, odeurs animales, humus… tout est prétexte à s'imprégner les narines. Il voit Sophia se ragaillardir.

« Ouf, elle a repris du poil de la bête ! », ose-t-il, en se délectant de la voir lécher les gouttes de pluie qui viennent lui caresser les joues.

Tous deux dégustent ce moment où le soir à peine tombé calme enfin leur ville adorée.

L'abbaye de la Cambre s'est assoupie. Le long des étangs d'Ixelles, le labrador promène nonchalamment sa maîtresse dont le coup de blues s'est évaporé.

« Ah ! Les mystères des hormones féminines ! », soupire-t-il avec fatalisme.

En apercevant le refuge des canards au centre d'un étang, Sophia est projetée dans son enfance, au milieu des chevaux, des moutons et des poules. L'anecdote racontée hier à Sébastien lui revient : lors d'un orage, une cane s'était réfugiée dans les écuries avec ses canetons à peine nés. Comme la cane était morte peu après, elle avait pris soin des canetons et les avait même sauvés. Ils s'étaient alors pris d'amitié pour elle et la suivaient partout.

Elle se souvient des hennissements des poulains lorsqu'on les lâchait en prairie. L'odeur de Bonita, sa shetland brun et blanc, lui effleure les narines. C'était si bon de monter à cru sur sa croupe large et solide !

Puis elle évoque sa mère et les conversations profondes que celle-ci avait l'art d'initier. Valentina se passionnait d'évolution, explorait l'indicible et aurait fait n'importe quoi pour donner de la densité à la vie.

Sophia voit qu'à présent, elle goûte, elle aussi, à la saveur des questionnements profonds. La voilà à son tour accro à la *quête de soi* !

La jeune femme pressent qu'elle cherche *autre chose*, mais quoi ?

C'est devenu si impératif qu'à tout bout de champ elle se rend chez Mattéo et l'interroge sans relâche, caressant l'espoir d'appréhender plus intelligemment les arcanes des relations humaines. Relations qui, à son avis, sont souvent compliquées et débiles. Ce n'est d'ailleurs pas par hasard si elle n'est pas mariée à 32 ans !

Sophia accélère le pas et se remémore la soirée d'hier : elle avait raconté à Sébastien – Seb pour les intimes – son histoire des canetons qui l'avaient prise pour leur mère. C'était à coup sûr l'expression de leur amour. Seb s'était esclaffé :

— Sophia, tes canetons ont suivi des lois biologiques. Tout scientifique qui se respecte te le dira. Dans leurs premières heures de vie, certains animaux, privés de leur génitrice et mis en contact à un moment précis avec un être vivant, vont confondre ce dernier avec leur mère biologique. Ce n'est pas de l'amour, c'est de *l'imprégnation*, un point c'est tout. Lis *Konrad Lorenz*, ça t'éclairera.

Piquée au vif, elle avait rétorqué:

— Il s'agit peut-être d'imprégnation, mais, à mon avis, il y a dans le comportement animal quelque chose que toi, tu es loin d'avoir développé: le goût du lien et la façon de le manifester!

James va et vient, partagé entre une attirance irrésistible pour chaque arbre et la joie de croiser le regard de Sophia. La jeune femme songe à ses échanges houleux avec Seb à qui elle lance de temps en temps des phrases cinglantes! Lorsqu'elle est contrariée, elle excelle dans l'art d'acérer les mots pour les planter ensuite comme des banderilles dans le cœur de son amoureux. Surtout si elle ne parvient pas à faire entendre son point de vue sur des thèmes qu'elle estime précieux pour la qualité de leur vie. Cela l'insupporte quand Sébastien ironise à propos de sa façon de voir les choses. Généralement, lorsqu'elle aborde des perspectives profondes comme le sens de la vie, l'ouverture à l'autre et à ses idées, le respect des différences, ou qu'il s'exprime sur des domaines délicats comme la bohême de l'appartement et les poils de James, ils ont des avis si opposés que, très vite, leurs échanges virent à l'aigre-doux. Cela déclenche chez elle une telle passion et une telle vulnérabilité que Sébastien se renfrogne, Sophia s'en veut de ne pas « tenir son bout » de façon pacifique et tous deux sont démunis devant les tribulations de leur dialogue, même s'ils s'adorent.

Consciente de son hypersensibilité et de ses questionnements sans réponses sur ces sujets complexes, malgré un diplôme en sociologie brillamment décroché à l'université de Louvain, elle se promet de solliciter l'aide de Mattéo afin de parvenir à mieux vivre cette relation. La musique de son iPod entame *I can't get no satisfaction.* Coïncidence…

« C'est évident, je suis loin d'être satisfaite avec Seb… Merci, les Stones, de me le rappeler ! Il banalise tout ce qui m'arrive et je réagis au quart de tour ! Au fond, Sacha Guitry n'a pas tort quand il dit que *Se mettre en couple, c'est choisir d'être à deux pour résoudre des problèmes qu'on n'aurait pas si on restait seul.* »

onze

Courrier d'âme

Ce qui compte, ce n'est pas ce que tu as été,
mais le désir de ce que tu veux être.

Accompagnée de crissements rêches, une plume Ballon laisse sa trace d'encre violette sur un épais papier *Canson*. Mattéo, avec la dextérité d'un calligraphe oriental, écrit quelques phrases ciselées qu'il destine à l'un des prisonniers auxquels il rend régulièrement visite. Sur le bureau, la faible lumière d'une liseuse en cuivre révèle sa silhouette engoncée dans un peignoir millésimé. Le vieillard s'applique à enchaîner les pleins et les déliés. De temps en temps, son regard s'évade par la fenêtre et s'attarde sur les étangs en contrebas. Malgré la pénombre, il aperçoit une tache beige galopant dans tous les sens. C'est James. Loin derrière lui se distingue la silhouette de Sophia. Elle marche d'un pas lent, sans même tenter de rattraper le chien.

« Une cadence pareille, ce n'est pas dans ses habitudes. En général, James n'arrive pas à la suivre ! Elle doit être plongée dans d'intenses réflexions. »

Il pense à leur dernière entrevue. Les questions qu'elle lui a posées sur la vie l'ont touché.

« Étonnante, cette Sophia… Entière, généreuse, et en plus, tout l'intéresse. Les enfants des prisonniers l'ont adoptée et moi, je rajeunis à son contact ! »

Un sourire s'esquisse sur son visage. Il reprend l'écriture en cours, destinée à Urbain pour lequel il se fait du souci, car il le voit déprimé et incapable de se pardonner ses actes passés :

Cher Urbain,

Ce soir j'ai lu des phrases qui m'ont fait penser à toi. Si cela te dit, laisse-toi imprégner par leur sagesse. Les voici, calligraphiées à ton intention.

Mattéo.

« La nuit est toujours la plus noire juste avant le lever du soleil. »

« Ce qui compte, ce n'est pas ce que tu as été, mais le désir de ce que tu veux être. »

Il glisse sa missive dans une enveloppe en espérant qu'elle réconforte son destinataire…

douze

Botte secrète pour relations amoureuses

Accueillez vos émotions et vos sensations.
Votre cœur et votre corps sont les baromètres
de ce qui se passe en vous.

La pluie s'est arrêtée. James s'ébroue. Sophia contemple les reflets des réverbères sur l'étang.

« Mattéo va sûrement m'aider ! Il a réponse à tout. Je passe chez lui maintenant, avec les médicaments pour son cœur. C'est un comble qu'il ait des problèmes de ce côté-là ! Ou plutôt non, ce n'est pas étonnant, son cœur bat si fort pour chacun… y compris pour toi, James. Je ne suis pas dupe de votre complicité ! » Perdue dans ses cogitations, Sophia ne s'est pas aperçue que le labrador a pris les devants pour renifler à son aise chaque arbre qui borde l'étang. Cet îlot de verdure en pleine ville est visité par tant de chiens que c'est un véritable festival de fragrances !

— James ?

« Pense un peu moins et avance un peu plus ! », songe-t-il en l'entendant de loin.

— James ! Où es-tu ?

« OK, ça va, ça va… Tu n'as pas compris que je me cherche un arbre, juste pour moi ! Je peux aussi écouter *mes besoins*, comme vous dites, Mattéo et toi ! »

— Ah, te voilà !

La jeune femme le rejoint et lui attache la laisse.

— Oui, il est beau ton saule, mais viens, rentrons… On doit encore passer chez Mattéo et j'ai plein de choses à faire. Seb vient dîner vendredi. Je vais aspirer l'appartement, une fois n'est pas coutume. Ben oui, tu perds tes poils, et, comme tu sais, il n'aime pas ça !

James, contrarié, ralentit exprès… La visite de Sébastien signifie qu'il sera, comme chaque fois, relégué dans le couloir…

« Comment ma maîtresse peut-elle être scotchée à quelqu'un d'aussi raciste que ce Seb qui déteste les chiens ? Alors qu'elle prône le respect des différences et l'équité entre tous ! La femme amoureuse est bien incohérente ! », grogne-t-il, en se faisant tirer par la longe pour retarder au maximum la préparation de cette funeste soirée…

□

Sophia frappe à la porte entrouverte.

— Entrez ! Ah Sophia, quelle bonne nouvelle ? Asseyez-vous donc. Je vous présente Monsieur Deprez, directeur des éditions *Flux d'Or;* nous parlons bouquins bien évidemment !

— *L'Altière et le Philosophe,* n'est-ce pas vous qui avez publié ce conte ? interroge Sophia.

— En effet. Vous l'avez apprécié ?

— J'ai adoré ! Si jamais vous en éditez d'autres de cette veine…

— Il faudra attendre le tome deux.

— Monsieur Deprez, poursuit Mattéo, avez-vous encore un instant ? Je tiens à vous exprimer ma gratitude. Quand j'entends que vous offrez à mes prisonniers tous vos invendus du trimestre – normalement destinés au pilon, mais quelle horreur ! – je me sens réjoui de pouvoir contribuer, grâce à votre générosité, à l'éducation et au divertissement des détenus. Et, lorsqu'en plus vous proposez de leur apporter les livres sur place avant fin décembre, je suis soulagé.

— Ce sera pour Noël.

— Encore mieux ! Je suis impatient de les voir en bénéficier au plus vite, car certains sont si inoccupés qu'ils dépriment et je ne sais plus comment faire pour leur soutenir le moral.

— Mais c'est un plaisir, Monsieur Cascone. Je vais vous quitter sur ces belles paroles. Merci de votre accueil.

Au ralenti, le vieil homme prend congé de son visiteur. Sophia l'apostrophe :

— Vous avez vu sa tête ? Il semblait content de ce que vous lui avez dit.

— J'aime remercier les gens en nommant avec précision ce qu'ils m'ont apporté.

— Vous me surprenez, Mattéo. Vous ne faites rien comme tout le monde ! Quelle manière peu courante d'exprimer sa reconnaissance. D'habitude on remercie de façon si automatique que plus personne n'y prête attention.

— C'est bien dommage ! L'efficacité au détriment de la sensibilité. Mais, dites-moi, Sophia, comment allez-vous ? Vous avez l'air anxieuse. C'est le cas ?

— Bien perçu. Je suis en pétard avec mon copain Seb. Enfin, en dispute, je veux dire.

— Vous avez des difficultés ?

— Oui. Et je voulais vous demander… Avez-vous aussi une botte secrète pour les relations amoureuses ? Vous devez à coup sûr avoir un truc inédit dans ce domaine…

— J'ai bien une suggestion mais…

— Oh de grâce, Mattéo, dites-moi n'importe quoi, mais quelque chose ! Je suis perdue !

— Voyons Sophia, je ne vous suggérerais pas n'importe quoi !

— Mais que faire, quand on ne s'entend plus ?

— La première chose qui compte, c'est de ralentir, afin de sentir ce qui se passe en soi.

— Sentir en soi ? Et pourquoi ?

— C'est *biologique.* Cela respecte la logique de la vie. Il est hasardeux d'espérer rencontrer l'autre si on ne s'est pas rencontré soi-même !

— Mon copain Seb aimerait ce genre de discours, lui qui est expert en biologie… parce que, pour le reste, c'est galère ! Par contre, quand je parviens à mettre vos préceptes en application, j'avoue que ça marche !

— Vraiment ?

— Oui, je suis plus cool. Mais, quand je m'énerve, j'oublie tout ce que vous m'avez appris… L'autre jour avec un agent de police, c'était limite ! Heureusement, je me suis souvenue juste à temps de vos conseils… Et il m'a laissé partir, sans contravention !

— Dites-moi, où sont mes médicaments ?

— Pardon, les voici. Je suis si captivée que j'en oublie l'essentiel !

— Un des essentiels, Sophia, pour préserver les relations, c'est d'apprendre à sentir ce qui se passe en soi et pourquoi. Surtout quand on traverse une difficulté. Ainsi notre tension intérieure diminue et le risque de nous emporter également. Et puis, lorsqu'on sait ce qu'on vit, on peut découvrir ce à quoi on aspire, ce qui augmente nos chances de l'obtenir, parce qu'on peut ensuite faire des demandes par rapport à ça.

— C'est peut-être pour cette raison que je n'ai pas encore trouvé l'âme sœur ! J'escalade et je ne sais pas ce que je veux ! Mon cœur aussi est parfois malade… soupire-t-elle, l'œil rivé sur la boîte de bêtabloquants. Et on fait quoi alors, concrètement ?

— D'abord, prenez un temps pour vous. Seule, si possible ! Observez la situation, de façon neutre, un peu comme le ferait une caméra de télévision, et ensuite, posez-vous deux questions : « *Comment est-ce que je me sens ? Et quels sont mes besoins ?* »

— Je ne suis pas sûre d'avoir le temps, avec la vie que je mène.

— Cela vaut la peine, Sophia ! Restez un moment avec ces questions jusqu'à ce qu'une clarté et une décontraction se manifestent en vous.

— Mais comment saurai-je que j'ai pris assez de temps ?

— Vous sentirez en vous un déclic. Accueillez vos émotions et vos sensations. Elles seules ne mentent pas. Votre cœur et votre corps sont les baromètres de ce qui se passe en vous. Par exemple, imaginez que, lors d'une dispute, votre ami vous dise : « Tu es trop compliquée ! Avec toi, il faut toujours dialoguer, s'expliquer. Est-ce qu'on ne pourrait pas être plus relax et profiter de la vie ? »

— C'est le cas !

— Eh bien, en vous arrêtant pour vous écouter vous-même, vous pourriez sentir votre découragement et découvrir que vous avez besoin de compréhension par rapport au fait que *vous aussi*, vous souhaitez des relations plus simples. Et que c'est *pour cela* que vous cherchez à clarifier ce qui doit l'être. Vous pourriez aussi connecter votre tristesse à l'idée d'être la seule à vouloir approfondir des thèmes difficiles, pour éviter qu'ils ne deviennent une source de souffrance s'ils sont ignorés trop longtemps. Peut-être réaliseriez-vous que vous rêvez de partager avec l'autre cette volonté d'aborder les sujets délicats ?

— Précisément, c'est ce qui se passe et j'en ai ras-le-bol !

— Il se peut qu'une partie de vous soit si impuissante à créer une relation vivante qu'elle voudrait tout laisser tomber, alors qu'une autre partie aimerait quand même faire ce qu'elle peut pour construire un couple solide ?

— On dirait que vous me connaissez mieux que moi-même ! Et ce déclic, il vient vite ?

— Cela dépend. Quand vous aurez écouté toutes les facettes de vos sensations et sentiments, vous le percevrez physiquement, sous forme d'une détente. Vous verrez alors votre énergie remonter et votre bonne volonté se remettre en route d'elle-même.

— Et, c'est tout ?

— Une fois que vous connaîtrez vos besoins, vous pourrez faire ou vous faire une demande en fonction de ceux-ci. Mais on bavarde, on bavarde… j'en oublie de vous proposer à boire ! Un jus de fruits, une tisane ?

— Non merci, je vais vous laisser, Mattéo ; du travail m'attend. N'oubliez pas vos médicaments, il ne faudrait pas que…

— OK. Et merci pour les *médocs*, comme vous dites ! J'aime la façon dont vous prenez soin de moi !

— Vous êtes vachement dans le coup ! À plus tard !

treize

Effervescence à Quito

Calle Indanza 121 y Avenida Amazonas, à Quito, un Landcruiser stationne en plein soleil. Depuis trente-cinq minutes, Miguel, la mine aussi défraîchie que la chemise, attend au comptoir Cessna.

— Eh bien Monsieur Penez, annonce le vendeur, il faut que nous commandions votre flap.

— Qu'est-ce que vous dites ? Mais j'ai téléphoné hier et vous m'avez certifié qu'il était en stock ! Je vous ai même donné le numéro de série pour qu'il n'y ait pas de confusion !

— En effet. Mais ce qui se trouve dans le magasin ne correspond pas à l'inventaire de l'ordinateur. Je suis désolé, ça arrive…

— Écoutez-moi bien, j'ai roulé des heures sur une route de merde dans une bagnole pourrie pour venir chercher cette pièce. Je n'ai plus un instant à perdre. Ce que j'ai à faire ne peut attendre. Mon avion *doit* être réparé. Fournissez-moi ma commande sur-le-champ. Est-ce que je suis clair ? hurle le pilote, prêt à tout casser.

— Heu… c'est vrai qu'il y a eu une petite erreur. Mais, pas de problème, je vais vous procurer le nécessaire, le flap et le roller kit compris ! L'ensemble devrait arriver de Los Angeles la semaine prochaine.

— La semaine prochaine ? Vous n'avez pas l'air de vous rendre compte, Monsieur…

— Alberto, répond calmement le préposé.

— Al-ber-to. Il est hors de question que je reparte d'ici les mains vides ! Vous avez des appareils à l'entretien, alors faites démonter ce dont j'ai besoin. Je vous l'achète au prix du neuf. J'attends !

— Monsieur Penez, vous me mettez dans une situation difficile…

— Vous l'estimez à combien, cette situation difficile ? l'interrompt Miguel, en posant ostensiblement son portefeuille sur le comptoir.

— Ne vous méprenez pas ! Même un encouragement financier n'y changerait rien. Les appareils en révision sont beaucoup plus récents que votre « Caravan ». Et de toute façon, seul le patron peut donner le feu vert pour ce genre d'opération peu habituelle !

— Allez me le chercher !

— C'est que vous n'avez pas de chance, il est à Caracas !

D'un coup, Miguel est vidé. La fatigue de la route, sa déception, son boulot qui prend du retard. En ce moment, il devrait déjà être reparti à Huachita, là où chaque minute compte. L'impuissance le prend aux tripes. Une sensation détestable le gagne : le réel qui l'entoure disparaît de sa vue. C'est comme s'il était seul au monde. Feeling bien connu qui, à l'occasion, s'empare de lui et le laisse démuni. Des souvenirs du passé le traversent. Il a 7 ans et fait une randonnée avec sa mère dans la montagne de Chanavez. Le paysage est majestueux. Tous deux marchent longuement et escaladent de gigantesques rochers. Miguel est éreinté mais tient bon, comme un homme. Peu à peu, son intuition lui dit qu'ils sont perdus. Inquiète, sa mère décide de rebrousser chemin. Elle s'éloigne des sentiers répertoriés sur la carte pour prendre des raccourcis.

— Miguelito, je vais voir de là-haut s'il y a un meilleur chemin pour rentrer, dit-elle soudain. Tu ne bouges pas ! D'accord ?

Miguel patiente. Le temps est long. Dilemme. Obéir ? Aller voir où reste sa mère ? Finalement, il part à sa recherche. Avec l'agilité d'un chamois, il grimpe, grimpe à toute allure, et arrive à l'endroit où elle a disparu. Personne. Il scrute les alentours et aperçoit au loin, près d'un rocher, une forme immobile, de couleur bleue, d'un bleu familier. Impression glacée. Sol vacillant. Tout disparaît. Chute. Des milliers de secondes s'écoulent. Puis la vie circule à nouveau. La peur s'estompe. Miguel se relève et, la gorge serrée, s'approche de ce point bleu dont il connaît bien le parfum. Il s'agenouille près de sa mère étendue, le visage en sang.

— Maman !

— Miguelito, petit homme, ça va, dit-elle d'une voix faible.

Il est dépassé. Seul responsable. Que faire ? Aller chercher du secours ? Tenter de la ramener en lieu sûr ? Des larmes d'impuissance coulent sur ses joues. Il les déteste. Il se déteste. Si petit, si perdu.

« Los Angeles ! pense-t-il en émergeant de son souvenir. Qui pourrait me ramener ce flap de Los Angeles, mais qui, bordel ? »

quatorze

Hot dog philosophique

Le vide fécond s'offre à celui qui a développé
l'art du rendez-vous silencieux avec lui-même.

Les joues en feu, le dos courbé au-dessus de la baignoire, tout en chantant à tue-tête *Let it be*, Sophia, investie plus que jamais dans une tornade blanche, frictionne James. Pendant son échappée du jour, il s'est roulé dans chaque flaque rencontrée sur son parcours. La jeune femme astique les pattes du chien en songeant à la vague de créativité qui vient de déferler dans sa vie. Elle qui se croyait incapable d'innover en quoi que ce soit, avait été assaillie par un foisonnement d'idées au service du rêve qu'elle couvait en cachette : redonner la joie de vivre aux enfants des prisonniers. Surprise par ce phénomène, elle l'avait gardé secret, afin de le laisser germer en douceur si cela devait se faire. Ainsi, même avec Sébastien, elle avait tu ce qui l'habitait, par crainte d'en compromettre l'éclosion, un peu comme un parfum rendu évanescent parce qu'on en a laissé le flacon entrouvert. Peut-être aussi, sans vouloir se l'avouer, craignait-elle de recevoir des commentaires négatifs ?

Mais peu importe à présent la façon dont son amoureux aurait pu réagir !

Tout en rinçant James qui jubile dans une eau tiède, elle réfléchit sur les raisons d'un tel envol de son imagination.

À ce sujet, l'unique chose qu'elle sait avec certitude, c'est que, comme on le lui a enseigné dans des séances de yoga, elle s'assied seule une fois par jour, pendant une demi-heure, pour tenter de trouver en elle un espace de calme qui, paraît-il, existe derrière les pensées. Il faut dire que rester immobile pour discipliner son mental effervescent avait, dès le début, représenté un sérieux tour de force ! C'est d'ailleurs pour canaliser son énergie qu'elle s'était lancée dans cette pratique. Ainsi, petit à petit, Sophia avait rencontré un univers insolite et fait l'expérience de la richesse d'une certaine vacuité.

C'était un espace très libre, dans lequel tout pouvait se déployer. La jeune femme avait fini par chérir ces moments de rencontre avec le *Rien* qui semblait être le réceptacle d'innombrables possibles. Elle s'y découvrait à la fois très vide et disponible, et très remplie, comme habitée. C'était étrange de vivre en même temps ces opposés. Depuis, elle pensait que l'univers avait effectivement pu émerger du néant. À présent, elle appréhendait mieux la signification de deux mots prononcés par sa mère durant son enfance. Friande de quête mystique, Valentina parlait volontiers du *vide fécond* qui s'offre à celui qui a développé l'art du *rendez-vous silencieux avec lui-même*. Était-il possible que ce vide fécond fût venu lui offrir ses premiers présents, sous forme d'une explosion de sa créativité !

— Ne te secoue pas, belle bête. Tu vas mettre de l'eau partout, et Seb vient ce soir, annonce-t-elle en enveloppant le chien dans une serviette éponge.

« Et dire que ce mec sera bientôt dans ses bras ! », peste le golden oscillant entre la jouissance du moment présent et un attrait irrésistible pour la vendetta contre son ennemi juré…

quinze

Question d'ego

Plaza del teatro, Miguel s'engueule avec un chauffeur de bus. Square de l'Independencia, il se fait invectiver par un motard. Calle Tapi, des travaux l'obligent à faire demi-tour. Sa mauvaise humeur atteint un paroxysme. N'ayant pas obtenu le flap commandé chez Cessna, il a même envisagé de faire appel au marché parallèle. Mais c'est risqué. Et il y a renoncé, pour la sécurité des passagers. La Jeep avance péniblement dans le trafic en direction du couvent San Juan, situé sur les hauteurs de Quito. Il veut rejoindre un petit bistrot et, qui sait, Marguerita, qui reçoit parfois *ses amis* à l'étage. Il est tendu et aspire à retrouver ses esprits…

« Chez Marguerita, faute de mieux, il y aura au moins un téléphone ! »

— Allô Juan, c'est moi !

— Alors, tu as le flap ?

— Oui, tu parles, avec un peu de chance il sera là dans une semaine !

— Qu'est-ce que tu racontes ? Mais tu es parti à Quito parce que tout était OK ?

— N'en rajoute pas, je vais tout casser !

— Passe voir Marguerita, ça te calmera, conseille Juan qui espère modérer les débordements de son ami. Tiens, où es-tu ?

— Ce qu'il faut, c'est trouver quelqu'un à Los Angeles pour nous ramener cette foutue pièce. C'est la seule solution. Alors tu te débrouilles ! Tu as Internet, à ton tour de jouer. Moi, j'ai fait ce que je pouvais.

— Los Angeles… Je connais peut-être quelqu'un, mais c'est toi qui dois lui téléphoner.

— OK, donne-moi les coordonnées, je veux bien faire encore une tentative !

— C'est toi qui appelles, on est d'accord ?

— Ouiiiii, accouche, vieux frère !

— Tu te souviens de cette journaliste de *Planeta del Mundo ?*

— …

— Cette jeune californienne à la tignasse auburn. Bronzée, bien roulée… Tout à fait ton genre ! Ne me dis pas que tu as oublié !

— Non, non. Bon, et alors !

— Alors, elle habite Los Angeles et veut revenir à Huachita pour continuer son reportage !

— Juan, tu es une ordure ! T'as pas les couilles pour lui téléphoner toi-même, espèce de mufle, et, comme toujours, tu me laisses le sale boulot !

— Allons, allons, ça te changera de Marguerita ! Tu as de quoi noter ?

Miguel sort du réduit étouffant baptisé cabine téléphonique. Il commande une bière et s'affale dans un coin. La fatigue, la chaleur et la perspective de devoir demander quelque chose à quelqu'un – surtout à cette journaliste – lui assènent un coup de pompe colossal.

La bière, servie depuis vingt minutes, a perdu toute sa fraîcheur. La mousse est retombée, comme la grogne de Miguel. Il s'est assoupi et ça l'a requinqué. Trônant derrière son comptoir, Marguerita – matrone imposante au maquillage aussi débordant que le tempérament et les seins – le voit relever la tête. D'une démarche chaloupée assez prometteuse, elle s'approche avec une cerveza glacée.

— Tu te sens mieux, trésor ?

— Il faut que je donne un autre coup de fil.

Le combiné dans une main, un numéro à Los Angeles griffonné sur un paquet de cigarettes dans l'autre, il tente de composer les chiffres dans une chaleur moite qui lui prend la tête. Mais pas autant que cet appel qu'il essaie de faire. Il se demande ce qu'il fout sur cette planète.

— *Judy Crawford's residence. Please leave a message after the tone...*

— Heu, Miguel Penez à l'appareil. Nous nous sommes rencontrés à Ahuano, je suis le pilote de *Los Valientes Rescatadores...* J'aurais voulu vous parler de...

— Allô ? coupe Judy en interrompant le répondeur. Bonjour commandant, vous m'appelez pour me donner votre accord ? Je vous accompagne à Huachita ?

— Heu oui, enfin... c'est à voir...

— Mais alors, pourquoi me téléphonez-vous ?

— J'ai un problème. Peut-être pouvez-vous m'aider, dit Miguel dont la glotte s'écorche à chaque mot prononcé. Il transpire de plus en plus, s'éponge et réduit son mouchoir en miettes... Dépendre du bon vouloir d'une femme... et de celle-là en plus !

— Dites toujours, je verrai ce que je peux faire.

— Je cherche quelqu'un qui pourrait m'apporter une pièce pour mon avion. Le distributeur est à Los Angeles et je ne veux pas attendre la livraison normale.

Un silence au bout du fil renforce l'embarras de Miguel. Judy a compris qu'elle dispose d'un imparable bras de levier pour se faire accepter dans la prochaine expédition vers Huachita. Elle a son reportage en main, si elle dit oui !

— Et c'est quoi cette pièce ?

— Un flap de Cessna, pièce n° 435 822 918 BZ.

— Et on peut la trouver où votre 435... BZ... ?

— Si vous êtes d'accord, je vous faxe les détails.

— Et si j'accepte, vous...

— Si vous m'apportez cette pièce, je vous emmène.

— Vous dites ? Je vous entends mal...

— Je vous emmène ! Vous viendrez à Huachita.

— Avec mon cameraman ?

— Je n'ai pas beaucoup de place, vous le savez !

— Vous voulez votre pièce ?

— OK, mais alors, soyez là fin de semaine, au plus tard !

— Comme vous y allez ! Je ne peux pas tout planter là pour vos beaux yeux...

— Madame Crawford, je vous faxe les détails. Vous voulez votre reportage. Moi, mon avion réparé. C'est donnant-donnant. Tenez-moi au courant, au revoir.

Miguel raccroche brutalement et lâche un juron si tonitruant que tout Quito peut l'entendre. Cette femme qui lui tient tête... Il ne supporte pas ça ! Par contre, il se voit déjà repartir aux commandes de son appareil.

L'œil vif et conquérant, il ressort du cagibi, arborant un sourire de vainqueur, prêt à se lancer à l'assaut d'une autre aventure.

— Marguerita ! Una cerveza por favor...

seize

Dîner aux chandelles

La plus haute forme de l'intelligence humaine
est la capacité d'observer sans évaluer.
Krishnamurti

Le bâton de rouge *Sable Seychelles n° 16 de Clarence* termine de raviver les lèvres de Sophia, les rendant juste un peu plus brillantes, comme du velours humide. Ses yeux marron sont discrètement soulignés par le Mascara qu'une amie esthéticienne lui a offert avec des échantillons publicitaires. Sophia est d'habitude plutôt nature, sans fard ou autre maquillage tape-à-l'œil, mais, ce soir, elle veut se faire enivrante. Sébastien vient dîner. Il s'agit de récupérer la situation qui s'est dégradée entre eux, depuis la soirée « canetons ». En se brossant les cheveux, elle sent que tout en elle se prépare à un moment magique, habillé de bougies et de musiques suaves. Elle aspire à se délecter des mets les plus subtils, ceux que l'on crée dans l'intimité avec les mots de l'amour et que l'on épice grâce aux secrets du profond de soi échangés sans retenue.

« Seb est un peu sur ses gardes, mais, avec tout ce que Mattéo m'apprend, j'arriverai bien à créer l'ambiance et la connexion entre nous. J'espère qu'on va se retrouver », songe-t-elle, en regardant le lit dans lequel elle imagine s'abandonner dans de sensuelles étreintes. C'est vrai que, depuis un moment, elle rêve de leurs caresses et de leurs enlacements de feu.

Convaincue de leur bon sens, elle répète quelques enseignements glanés dans les récents échanges avec son logeur : « *Comprendre et accueillir l'autre sans me nier, me faire comprendre sans agresser. Si je m'exprime d'une telle façon que l'autre entend une critique, j'affaiblis ma capacité à obtenir ce que je veux, et ce, même si ma critique est fondée… La plus haute forme de l'intelligence humaine, c'est la capacité d'observer sans évaluer…* Vu sous cet angle, c'est facile, non ? »

Dans sa chambre, elle hésite entre l'ensemble noir qui rehausse la blondeur de ses cheveux, ou ce pantalon blanc avec un chemisier vert d'eau qui fait ressortir son teint et s'accorde à ses yeux.

— Ce sera le vert, qu'en penses-tu, bon chien ? questionne-t-elle, enflammée par la perspective de la soirée.

Mais James, qui boude dans le couloir, ne bouge pas d'un poil. Vexé d'être évincé de la chambre, il rumine les recommandations de Sophia. Ne pas se secouer partout vu qu'elle a passé l'aspirateur et *parce que Seb n'aime pas…* ne pas venir mendier des caresses *parce que Seb n'aime pas…* dormir dans le hall *parce que Seb…*

« Ce Seb est un vrai boulet, un enquiquineur de première, en voilà de bonnes critiques, qui font du bien ! », vitupère-t-il dans son coin.

Inconsciente de la mauvaise humeur canine qui règne dans les lieux, la jeune femme, très glamour dans sa tenue vert et blanc, craque une allumette et fait le tour des candélabres du salon.

« L'appartement est nickel ! Sébastien va adorer ! »

Elle veut fermer les rideaux, puis se ravise afin de contempler la vue sur l'abbaye, parée d'ambre et d'étoiles.

« Ce soir, je le lui dis ! »

Sophia est déterminée à confier son nouveau rêve à Sébastien. Ce qui se trame en elle risque certes de l'étonner, mais c'est un projet original, *qui me ressemble…* pense-t-elle, sereine.

□

Les bougies coulent sur la table. Seb veut sauver la nappe, mais, d'un geste tendre, Sophia lui prend la main et lui dit que ce n'est pas grave. Le jeune homme se fige puis ôte ses lunettes rondes et les nettoie méticuleusement. Des cheveux noirs coupés en brosse, un maintien un peu gauche lui donnent un air d'étudiant sage. Toujours rasé de près, pull en V classique et pantalon gris archi-conventionnel, il ne respire pas la fantaisie. Mais sa culture et son intelligence ont séduit et impressionné Sophia qui adore les joutes oratoires et les débats d'idées. Il peut aussi être tendre à l'occasion, du moment que l'intimité ne s'éternise pas…

Peu à peu, Sébastien se détend et se lance même dans la description du travail sur lequel il planche : des recherches sur les *Relations entre la biologie et la vie en apesanteur* et sur les conséquences de la microgravité au cours de vols paraboliques. S'il est d'ordinaire peu loquace, il aime disserter à propos de son métier, la biologie.

— Est-ce que tu sais, Sophia, qu'on envoie même dans des navettes spatiales des grenouilles prêtes à mettre au monde leur progéniture ? On peut ainsi étudier l'impact de l'apesanteur sur les têtards nés dans l'espace…

« C'est un scientifique *pur et dur* », décrète James plein de commisération pour ces pauvres batraciens loin de leur étang…

Mais ce soir, Sophia, qui n'en pense pas moins que son chien, s'ancre dans l'*accueil inconditionnel de l'autre.* Elle tente de juguler ses états d'âme, de relativiser son penchant pour les animaux et de piger le sujet, assez ennuyeux à ses yeux. En fait, elle voudrait surtout comprendre ce qui passionne Seb là-dedans. Il faut reconnaître que ce n'est pas limpide pour une sociologue recyclée dans la mode, et qui, de surcroît, a tendance à voir de l'amour là où il n'y aurait, selon les biologistes, qu'une banale imprégnation ! Au bout d'une demi-heure, Sébastien, exalté par son récit et heureux de l'écoute de sa chérie, ne s'aperçoit pas qu'elle a du mal à rester attentive…

« *Accueillir l'autre sans se nier, garder le lien avec soi sans nier l'autre*... Facile à dire ! », s'avoue-t-elle, impatiente de se raconter à son tour.

Soudain, profitant d'un ralentissement dans la description de Seb, elle lance :

— Seb, c'est fabuleux, l'engagement que tu mets dans tes recherches ! Et à propos, tu sais, moi aussi j'ai quelque chose à te partager.

— Ah bon, ce domaine t'intéresse alors ? demande Seb encore branché sur l'appréciation qu'elle vient de lui donner.

— Oui, oui, dit Sophia qui aimerait en être convaincue, tout en étant ravie que ça ne se voie pas... *Garder le lien avec soi*...

— Tu veux que je te parle de mon projet, Seb ?

— Pas la peine, j'ai une petite idée. Je parie que tu vas t'investir encore plus dans la mode, ce qui signifie davantage de déplacements, de reportages ici et là. Je suis certain que ton boss t'y pousse. Ce qui ne m'étonnerait pas, tu es excellente dans ton domaine !

— Ce dont je voudrais te parler n'a rien à voir avec la mode, Seb. C'est autre chose... Comment dire, je... il y a un projet qui grandit en moi. Je le pressens, je le vois s'épanouir et je sais que c'est moi qui vais m'épanouir avec lui. Il concerne les enfants de prisonniers dont je m'occupe de temps à autre.

— Et c'est quoi alors, cette merveille ? demande Seb, sarcastique et frustré d'être interrompu dans son envolée biologique.

— Euh, je suis dans le monde de la mode, dans le commercial depuis pas mal d'années. C'est très sympa, mais en même temps, je vois que ça ne me nourrit plus comme avant.

— Avec tout l'argent que tu gagnes ?

De loin, James qui ne perd rien de la conversation, grommelle : « Ce mec est une star de la nullité. Mais qu'est-ce qu'elle peut bien lui trouver ? »

— Ne te moque pas, ce que je veux, c'est développer ce côté humain, social, qui crie en moi et qui va finir par hurler plus fort que tout. Alors, j'ai eu l'idée… euh… je rêve de créer un événement pour ces enfants, avec des masques qu'ils, qu'on…

— Justement, tu rêves, *Sophie*, moralise Seb. Tu n'as ni le temps ni les moyens pour tout balayer et repartir de zéro ! Tu ferais mieux de t'impliquer dans des domaines que tu maîtrises. C'est le *core business*. L'aspect humain, tel que tu l'idéalises, est loin du champ de tes compétences. Te rends-tu compte que nous vivons dans un monde de plus en plus dur ? Même là où nous excellons, il est difficile de réussir. Ton élan est louable, mais utopique. Un jour, il faudra que tu mettes les pieds sur terre !

En une fraction de seconde, la tirade de Seb a plombé l'énergie de Sophia ! Elle en oublie toutes ses bonnes intentions, zappe les bottes secrètes de Mattéo et lui balance :

— Tu parles comme un vieux schnock, ratatiné avant l'âge ! Tes commentaires ont plus de chance de décupler la vente du *Prozac* que de soutenir mon dynamisme dans mes projets ! Et puis, je m'appelle Sophia, pas Sophie…

« Parfait, approuve James, s'adressant *in petto* à son ennemi, si tu continues tu vas dormir dehors et moi dans la chambre, dès cette nuit ! »

Seb reste bouche bée. La jeune femme est si désemparée par la virulence de son émotion qu'elle se réfugie dans le pipi-room, pour s'offrir en vitesse une écoute de secours. Là, elle s'aperçoit qu'elle se sent perdue, triste et prête à exploser ! En vrac, en trois minutes (hé oui, à force de se questionner sur son vécu, cela devient plus aisé à repérer), elle voit qu'elle veut à la fois préserver la relation avec Sébastien et garder le cap sur ses rêves. Elle se jure de faire sous peu le bilan de cet imbroglio relationnel de plus, pour y mettre de la clarté.

Sophia revient près de Seb, range machinalement les assiettes, ramasse quelques miettes, tourne un peu en rond, puis déclare :

— Seb, je suis perdue dans cette discussion, j'ai envie d'harmonie entre nous et j'ai peur qu'on escalade de nouveau, alors je… je me demande s'il ne vaut pas mieux qu'on arrête cette conversation et que tu rentres chez toi.

— Qu'est-ce que j'ai *encore* mal fait ? Pourquoi est-ce que tu me remballes ?

— Tu es déçu ? Tu veux savoir pourquoi ?

— Bien sûr, on passait une bonne soirée, non ?

— C'est vrai, on a eu de bons moments et, en même temps, je vois que je suis hypersensible par rapport à mon projet. Je n'arrive pas à rester aussi cool que je le voudrais.

— Mais…

— Et quand je t'entends affirmer que je suis dans l'utopie, mon moral se liquéfie. Je préfère me mettre dans des situations qui me donnent la pêche, parce que je veux y croire, à ce projet ! Comment te sens-tu, quand je te dis ça ?

— Je pense que tu…

Désappointée, Sophia ne l'écoute plus.

« Et voilà, il est reparti dans sa tête… Il est expert dans l'art de m'évaluer », songe-t-elle, en regardant les bougies qui se consument.

— Seb, restons-en là pour le moment. Je ne veux pas compliquer les choses ; j'ai besoin de sérénité entre nous et je vois que je n'arrive pas à la créer. Si tu es d'accord, on en reparle demain.

« *Yes !* exulte James, je savais qu'il allait se faire virer, le Seb, c'est un vrai chacal, il ne mérite pas l'amour de ma belle Sophia ! »

Les bougies sont en bout de course, comme Sophia et Seb. Avec un air de drame cornélien, Seb prend congé. Dans sa chambre, Sophia enlève sa jolie tenue vert et blanc et se glisse seule dans son lit.

dix-sept

L'appel du destin

Est-ce le destin qui dirige l'amour
ou l'amour qui oriente le destin ?

Ce matin, l'air est frais. Valentina écarte un rideau de voile. Le brouillard est si dense qu'elle n'aperçoit même pas le verger dans le bas de la propriété. Le froid transperce du dehors. Elle se résout à bouger et s'assied devant l'ordinateur.

« J'ai cherché pendant tant d'années. Vais-je encore me laisser happer par cette vieille histoire ? Après notre merveilleuse rencontre, suivie du départ annoncé de cet homme que j'ai tellement aimé, dix ans de recherches et vingt d'oubli forcé. Puis le temps a fait son œuvre... »

Grâce aux recherches de Claire, elle tape l'adresse du destinataire :

« losvalientesrescatadores@mailnet.eq »

Monsieur,

J'ai vu sur la chaîne de télévision « Planeta del Mundo » un reportage montrant le retour d'une mission de sauvetage dans une région d'Amazonie. J'y ai suivi l'interview d'un pilote dont le visage m'est familier.

Croyez bien que je suis confuse de vous demander cela, mais j'aimerais savoir si un certain Miguel Penez travaille dans votre compagnie. C'est un homme que j'ai connu en Europe et avec qui je voudrais reprendre contact. À l'époque, il était déjà pilote et se préparait à partir en Asie.

Je suis consciente que ma requête peut paraître étrange, mais une réponse de votre part serait précieuse pour moi. Je vous remercie d'avoir pris le temps de lire ce message.

Acceptez mes félicitations pour votre mission d'aide et de paix.

Valentina Grandville

La main de Valentina tremble avant que son index ne tape la touche Envoyer.

« Et si ce message aboutissait ? Mais qu'est-ce que j'espère ? Après toutes ces années… Il en faut du courage pour rouvrir le livre du passé ! Avec, en outre, les répercussions éventuelles… »

De plus en plus embrouillée, elle hésite et tente de récupérer le courriel. Trop tard ! Le message s'est évadé de l'ordinateur et court sur la toile, à la recherche de son destinataire.

« *Alea jacta est* », se convainc-t-elle, troublée à l'idée de ce que l'avenir lui réserve…

La brume se dissipe. Une bûche vient de se tasser dans le feu, faisant jaillir des étincelles, comme celles qui brillent à l'instant dans les yeux de Valentina.

dix-huit

Le lendemain de la veille

Quand le cœur craque, il grandit...
Tu es venu sur cette terre seulement pour parvenir
à comprendre un petit quelque chose à l'amour.

Sophia s'éveille. Un vague à l'âme s'empare d'elle au premier sursaut de conscience. De lugubres cogitations la ramènent au mélodrame de la veille avec Seb. Elle qui s'était préparée pour une romance langoureuse ! Des obsessions tournoient dans sa tête, telles des vautours au-dessus de leur proie :

« Pour être intime, ce fut intime ! Un vrai carnage, genre *Who is afraid of Virginia Woolf !* »

La nuit termine sa ronde. Sophia est happée par un goût d'hibernation : se pelotonner sous la couette pour y anéantir toute pensée. Mais elle est rongée par la tournure qu'a prise la conversation avec Sébastien.

« Je suis loin d'être au point pour vivre le lâcher-prise soi-disant garant de la longévité des relations ! »

Un halo de lumière s'immisce dans la chambre. La caresse du soleil l'invite à épouser le jour. Les effluves fantasmés d'un café matinal viennent affûter ses sens et la projeter hors du lit. Salut à James qui a fait chambre à part.

« On a sa dignité ! », ronchonne-t-il en songeant à la façon un peu leste avec laquelle il a été relégué dans le couloir.

Puis, sans trop d'allant, la jeune femme choisit de se consacrer à sa discipline matinale : la méditation. Elle enfile une tenue décontractée et s'assied sur le divan, en tailleur, la colonne droite et sans raideur. Elle aspire au calme, mais un flot de pensées l'envahit. Impossible de l'endiguer. Quelques milliards de neurones s'agitent. Son mental se transforme en un champ de bataille sur lequel s'affrontent des idées menaçantes. Ces guerrières, issues des profondeurs et affamées de tragédies, s'incrustent sur le territoire envahi. Psychisme sous domination ennemie. Méditation compromise.

« Je ferais mieux d'écouter ce qui se passe en moi… Un café, de quoi écrire, allons-y. »

Après tergiversations, James la rejoint et lui soulève le bras d'un coup de museau afin de lui rappeler qu'il a, lui aussi, des *besoins* de tendresse. Le caresser de la main gauche, écrire de la droite. Sophia s'applique à faire le point.

Revoir les événements sous l'angle de vue proposé par Mattéo : *observation, sentiments, besoins, demande.*

« Ce que j'observe (les faits) : Seb m'a dit : Tu rêves, *Sophie*, tu n'as ni le temps, ni l'argent pour tout balayer… etc. etc. etc. »

« Ce que je vis (mes sentiments) : je me sens découragée et énervée. »

Ensuite, pour compléter, elle prend une liste de sentiments créée par son logeur et la parcourt pour voir s'il y en a d'autres qui refléteraient son vécu du moment. Elle en trouve plusieurs et constate qu'à chaque sentiment repéré, son moral s'allège. Rien qu'en nommant ce qui l'habite !

Petit à petit, un apaisement se fait. Elle écrit :

« Quand je pense à ce que Seb m'a dit, je suis fatiguée, sans élan, déconcertée, irritée, inquiète, étonnée aussi. Je ne savais pas qu'il se jouait tout ça en moi ! »

Elle se sent aussi agressée et manipulée. Mais, en consultant la liste, elle découvre que ces mots sont proscrits ! Adieu, les *je me sens agressée, flouée, manipulée, trahie,* etc. Tout ce qui accuse l'autre d'être un manipulateur, un traître, un agresseur, même si c'est la réalité... est *interdit, banni, excommunié, rayé de la carte,* vu que ça empirera les choses. Mattéo a insisté sur le fait que, si on veut améliorer les relations, on doit se débrouiller pour parler de soi sans critiquer l'autre !

« OK, OK, c'est dommage. Je ne peux même plus me défouler ! Mais bon, il faut que je sache ce que je veux : *avoir raison, ou être heureuse ?* Il paraît que les deux sont incompatibles. »

Ayant l'impression d'avoir terminé le repérage de ses sentiments, Sophia enchaîne :

« Quels sont mes *besoins* ? »

Mattéo lui a appris qu'un sentiment ne tombe pas du ciel « par hasard ». Un sentiment découle d'un besoin. Si le sentiment est agréable, cela signifie qu'un de nos besoins est comblé. S'il est désagréable, c'est le contraire : cela veut dire qu'un besoin n'est pas satisfait.

« Bon, comment est-ce que je me sens ? Découragée et énervée, fatiguée et sans élan, déconcertée, étonnée, inquiète, irritée... Pfffff, quelle liste ! Alors, quels sont mes *besoins non comblés* quand je vis tout ça ? Mais je n'en ai aucune idée ! Je sais seulement que j'en ai marre d'entendre Seb ironiser ou me faire la leçon ! Est-ce le signe que j'ai besoin de considération pour mes idées et de garder la foi dans mon projet ? Et si je suis énervée et irritée, est-ce parce que j'ai besoin d'encouragements et de compréhension ? Et si je me sens fatiguée, serait-ce de cette relation ? Suis-je saturée de me sentir lourde quand Seb me fait la morale ? Et déconcertée. Pourquoi suis-je déconcertée ? Serait-ce parce que je ne comprends pas sa manière de voir les choses ? Je suis inquiète aussi. Aurais-je peur de me ranger ? Oh oui. J'aime mieux *m'encrotter* dans les bois avec mon chien que *m'encroûter* avec Seb dans ses idées fixes ! Bon, alors, c'est bientôt fini cet exercice ? »

Tout en trouvant le processus un peu artificiel, la jeune femme s'aperçoit qu'elle est plus détendue. Une clarté s'est faite.

« Il y a quelque temps, il m'aurait fallu plusieurs jours avant de déceler mes états d'âme. »

En effet, auparavant, elle déroulait ses journées dans un train d'enfer, sans s'arrêter pour sentir et se regarder vivre. À présent, la voilà sereine. Elle décide donc de remettre à plus tard l'étape de la *demande* et d'entamer son jeu littéraire favori : faire parler les lettres. Au hasard lui viennent les initiales *CE*, comme *Communication Empathique* et *MSM* comme *Méthodes Sages de Mattéo.* Elle se dit qu'elles pourraient à merveille convenir à ce cher Seb : « *CE* comme *Crétin Exaspérant*, *Calamité Écœurante*, *MSM* comme *Minet Super Machiste*, *Mollusque Solidement Malembouché…* » Sophia est revigorée par l'envol de son imaginaire.

James, en télépathe chevronné, intercepte ses dernières élucubrations. Comme il aime aussi jouer avec les mots, il concocte sa version sur son ennemi mortel :

« *Croûton Endormi*, ne vois-tu pas que ma maîtresse est une *Créature Exceptionnelle* ? La *Meilleure Souris du Monde* est amoureuse d'un *Misérable Séducteur Médiocre*, d'un *Microcéphale Simplet et Miaulard.* » Hypnotisé par ses trouvailles, il entend à peine la jeune femme lui suggérer d'aller se promener.

Sur le pas de la porte, une enveloppe. C'est l'écriture de Mattéo. Sophia l'ouvre et lit :

« *Essais* » : « *Sortir de sa cage intérieure* » et « *Le Bon Sens du Cœur* ».

Parcourant quelques pages, elle tombe sur une phrase qui la frappe :

« *Quand le cœur craque, il grandit… Tu es venu sur cette terre seulement pour parvenir à comprendre un petit quelque chose à l'amour.* »

En lisant ces lignes, la jeune femme s'émeut. Surprise, elle refoule en vitesse la vulnérabilité qui la gagne et s'échappe avec James en direction du parc de la Cambre. Chemin faisant, son regard est attiré par des bouleaux dont les feuilles argentées accrochent les rayons du soleil. Il s'en dégage une légèreté qui s'harmonise à l'énergie qui l'habite depuis ce moment de rencontre avec elle-même.

«Je vais sortir de ma cage et écouter mon élan de vie, quoi qu'il m'en coûte!», se persuade-t-elle, en marchant d'un pas franc, à la suite de James qui trotte fièrement vers l'abbaye...

dix-neuf

Carte sur table

Le monde a besoin de ta joie. Tu la trouveras dans la réalisation de qui tu es vraiment.

À l'ombre de l'église Notre-Dame des Victoires, chef-d'œuvre du gothique flamboyant, le quartier des antiquaires et des galeries d'art de la place du Sablon dégage en cette fin d'année une ambiance trépidante. Valentina longe quelques échoppes de brocanteurs. Elle est agitée par la rencontre qu'elle vient de faire lors du vernissage de la rétrospective d'un de ses sculpteurs favoris, *Constantin Brancusi.* Toute retournée, elle a hâte de rentrer à la campagne.

« Je m'étais pourtant garée dans ce coin-ci, se dit-elle en cherchant en vain sa voiture. C'est grave ! Trop d'émotions ! »

La pluie se met à tomber. Elle accélère le pas et finit par tomber sur sa vieille Alfa. En route, les événements des dernières heures lui chamboulent l'esprit :

« Ces marbres polis ! Quelle vigueur, quelle puissance, jointes à tant de modernisme et de sensualité. J'aurais voulu caresser chaque sculpture ! Et puis cet Arthur Drière, quelle classe, quelle érudition. Dire qu'il me propose de monter une exposition de mes tableaux, dans sa nouvelle galerie ! Je n'en reviens pas. Attention, il faut que je me calme et que j'interroge les cartes ! Pourtant, faire une expo, ce serait *génial*, comme dit Sophia. »

Rentrée chez elle, Valentina se précipite sur un de ses tarots favoris. Elle est alléchée à l'idée de présenter ses œuvres, tout en estimant que c'est prématuré. Ses tableaux, ses questionnements lui sont si intimes ! Impossible de les exhiber au public.

« Pourvu que la sagesse divinatoire m'aide à trouver une réponse. »

Elle étale le jeu et se concentre sur sa question :

« Dois-je accepter de faire cette exposition et répondre oui à la proposition d'Arthur Drière ? »

Sa main balaie l'espace à quelques centimètres des cartes. Dans un instant, elle sera appelée à en choisir une.

« Voyons… c'est celle-là ! »

Elle retourne la carte et découvre une indienne qui tient une plume d'oiseau à la main ; en arrière-plan, un condor s'envole.

Puis elle parcourt le livret du tarot, afin d'en connaître l'oracle :

« *Vis selon ton plan personnel et unique. Rassemble ton courage et ta confiance, pour accomplir sans détours ce à quoi tu aspires. Le monde a besoin de ta joie et tu la trouveras dans la réalisation de qui tu es vraiment. Clame la vérité qui t'habite. Ose déployer les ailes de ta royauté intérieure et t'envoler, comme le condor, vers la liberté d'être soi.* »

« C'est incroyable ! Cette carte annonce ce que je rêve de concrétiser et qui en même temps me terrifie ! *Clamer ma vérité ! Accomplir sans détours ce à quoi j'aspire !* Si, dans mes recherches, j'ai tant de difficultés à peindre la transparence, serait-ce parce que je me protège derrière une opacité sécurisante ? Si je comprends bien, il est temps que je m'exprime et que je prenne mon envol. Est-ce que j'oserais relancer ce Monsieur Drière ? En plus, malgré ses airs un peu snob, je le trouve assez séduisant ! Décidément, ce projet a tout pour me plaire… »

vingt

Le voleur à bicyclette

Vie au-dedans dégage vie au dehors.

Sophia marche d'un pas rapide. Tendue par son rendez-vous de 11 heures chez la gynécologue, elle arrive devant l'entrée de l'hôpital et sent tout à coup son sac glisser de son épaule. Il s'échappe devant elle, agrippé par une béquille dépassant du porte-bagages d'un cycliste. Elle hurle :

— Hé là-bas ! Au voleur !

À ce cri, Maxime, le « voleur », se retourne et découvre un sac à main pendu au bout de Carla, l'une de ses béquilles, devenue presque une copine depuis qu'il s'est cassé la jambe en Australie. Malencontreuse manœuvre.

Cheveux déboussolés, sourcils en bataille, air ahuri, il fait demi-tour et rejoint Sophia pour, d'un geste élégant, lui tendre son bien accroché à la canne. La jeune femme est partagée : la frontière est mince entre la colère et le rire. Le burlesque de la scène la surprend et elle aime ça ; jamais de sa vie, on ne lui a présenté quoi que ce soit au bout d'une béquille. En plus, ce mec a tout pour désarmer : visage ouvert, espièglerie au coin des yeux, lèvres inspirantes, attitude décontractée pour mieux camoufler une présence attentionnée à la vie. Cela se voit et peut tout aussi bien ne pas se voir.

Elle a le choix: prendre ou ignorer cette bonté qu'il lui tend avec le sac. Mais, trop remontée depuis la veille contre la gent masculine, Sophia refuse de se laisser toucher par ce qui, à son insu, la bouscule. Ainsi, trouvant la victime idéale pour sortir sa colère contenue depuis la dispute avec Seb, elle tempête:

— Vous êtes malade, vous auriez pu me renverser!

Prompt à mesurer en un instant l'ensemble d'une situation, Maxime perçoit ce qui en Sophia se dit et ne se dit pas. Ce qui se dit: sa peur, à peine dissimulée derrière un regard furieux. Ce qui ne se dit pas, c'est le plus important: sa détresse, savamment déguisée en une indignation d'autant plus indiscutable qu'elle est justifiée.

En trente secondes, il gère un nombre élevé d'informations: ce qu'elle sent et exprime, ce qu'il voit, vit et se raconte... sans oublier son rendez-vous où il finira par être en retard et le cappuccino qu'il projette d'attraper au vol à la cafétéria, avant d'aller chez son chirurgien. Un peu submergé, il réalise que le fait de côtoyer cette femme offensée le rend plus vibrant qu'il ne l'a été depuis sa fracture à Sydney l'an dernier. Il repense à cet autre médecin, l'Australien qui lui avait annoncé le funeste verdict avec la même désinvolture que s'il commandait un thé au Starbucks du coin:

« Finis les sports pour dix-huit mois. »

Et dire que c'était sa passion! D'ailleurs, il s'était remis au cyclisme depuis des lunes...

Étrangement, alors qu'il n'est pas timide, Maxime n'ose pas dévisager cette furie féline, trop féline à son goût. À la dérobade, il aperçoit de grands yeux, mi-râleurs, mi-goguenards, illuminant un visage altier. Un visage où l'on aperçoit le soleil, un soleil si puissant qu'il doit rayonner même sous la pluie ou dans la brume. Ses cheveux blond paille sont ramenés en queue-de-cheval. Le feu du vivant brûle sur ses joues, où une fossette égarée signe un charme éblouissant.

« *Vie au-dedans dégage vie au dehors* », se dit-il, gagné par un intérêt qu'il aurait préféré ne pas connaître...

Depuis son accident, quelque chose a basculé en Maxime. Il n'appréhende plus l'existence comme avant et a décidé de vivre sa vie, en la considérant bien en face. Ainsi, même s'il trace ses journées à deux cents à l'heure, le jeune homme s'est ancré dans une forme de présence à l'instant et cela lui permet de savourer chaque rencontre. Il a développé l'art d'être *avec* les gens plutôt qu'à côté d'eux. Pour lui, la qualité de présence qu'on offre à quelqu'un compte plus que le temps passé en sa compagnie.

Avec un élan spontané, il accueille cet imprévu :

— Hm, hm… vous avez eu peur…

Sophia attrape son sac et lâche les chevaux de sa colère :

— Rouler à vélo avec des béquilles… vous êtes déjanté !

— Ça vous a fait un choc ?

— Évidemment ! Vous auriez pu me faire tomber !

Alors qu'elle rouspète, Maxime pose son vélo, s'empare des cannes et lui lance un regard qui veut dire :

« Je t'entends, mais je ne t'écoute pas. »

Puis il jette en l'air les deux béquilles, les récupère en plein vol et approche l'une d'elles de son oreille, poignée tournée vers lui, comme pour l'écouter :

— Moi, je suis Carla, la fantaisie, la surprise !

— Et moi, ajoute l'autre, je m'appelle Isabella. Je rétablis l'équilibre quand Maxime le perd.

Sophia est assaillie de jugements : alors qu'il vient presque de l'envoyer aux urgences, ce grand type frime comme un gosse. Elle l'attaque :

— Votre spectacle de marionnettes sans fils est plutôt ringard !

Maxime rétorque :

— Vaut-il mieux une marionnette libre ou une marionnette attachée ?

Sophia se fige. Percutée par deux mots : « *Marionnette attachée* ».

En un instant, elle se voit attachée à Seb, dans une relation dont elle est le pantin. Un malaise la gagne. À esquiver à tout prix…

— Alors vous vous êtes cassé la jambe ?

— Oui, dans un aéroport. J'étais en skateboard, avec mon sac à dos ; j'allais rater mon avion…

— En tout cas, moi, vous ne m'avez pas ratée ! Bon, je vais être en retard ! dit-elle, en plantant là Maxime pour entrer dans l'hôpital.

« Ce type est taré ! », songe la jeune femme un peu hautaine, sans se rendre compte que sa tension s'est volatilisée…

vingt et un

48 heures chrono

— Un ou deux sucres dans votre café, Julien ?

— Sophia, depuis huit ans que vous m'assistez, vous pourriez le savoir !

— C'était seulement pour vous rappeler votre régime. Quand je vois les gâteaux que vous êtes en train de déguster…

— Ne soyez pas si maternante ! Venez voir les photos de la prochaine collection. Elles viennent d'arriver. Selon vous, que valent-elles ?

Sophia s'approche et découvre les clichés. Des mannequins énigmatiques, un décor moderne, métallique, une architecture futuriste, des lumières contrastées…

— Heu, l'ensemble est un peu froid…

— Ce n'est pas froid, c'est l'Arctique ! J'ai fait confiance à un nouveau créatif et le résultat est désastreux. Bref, je veux que vous rectifiiez le tir. Il me faut du romantisme, du baroque, des vieilles pierres, des tons chauds, du soleil, de l'eau, des reflets… Débrouillez-vous pour me trouver ça dans les quarante-huit heures !

Sophia rêve un instant et risque :

— Et Venise ? D'accord, c'est un peu éculé, mais en cherchant des endroits insolites, avec un bon photographe et un peu de temps, ce serait superbe !

— Le temps, on ne l'a plus ! Alors foncez, partez là-bas en repérage, cette semaine si possible. Et trouvez-moi aussi des masques. J'ai l'idée d'un prochain défilé avec des mannequins masqués... s'ils veulent bien jouer le jeu. Avec l'ego de certains, ce n'est pas gagné d'avance ! Vous avez les cartes en mains, Sophia. Appelez-moi dès que vous êtes sur place.

« Un défilé masqué ! Quelle coïncidence ! Si Julien savait ce que je ferais, moi, si j'avais des masques. J'ai un projet aux antipodes du sien. Dommage qu'il soit si branché chiffres, rendement, productivité, j'aurais adoré lui en parler. »

vingt-deux

Paroles de sagesse

On a toujours le choix entre utiliser
son mental et son cœur pour renforcer
sa souffrance ou pour développer sa sagesse.

La porte est entrouverte. James la pousse du museau. Sophia pénètre dans l'appartement, hume le parfum d'une cuisine italienne et embrasse Mattéo qui rosit, comme toujours.

— Quel arôme ! C'est providentiel que vous m'invitiez à dîner la veille de mon départ. Je n'ai plus rien à manger !

— Le hasard fait bien les choses.

— À qui le dites-vous ! répond Sophia, en pensant aux masques de Venise et à ce clin d'œil du destin qui va peut-être lui permettre de se rapprocher de son rêve.

— Venez, asseyez-vous. Qu'est-ce que vous buvez ? Du vin rouge, du blanc, ou autre chose ?

— Un petit verre de vin rouge. J'ai besoin de me détendre. Je suis stressée par les voyages en avion ! Ah, avant que je n'oublie, maman passera demain matin prendre James. Il restera chez elle jusqu'à mon retour.

— Bon, bon. J'avancerai un peu plus dans mon bouquin si je n'ai pas l'excuse de la promenade avec lui pour me distraire. Ce n'est pas plus mal. Pour le moment, j'ai des idées, je les entends, je les palpe presque, mais elles ne veulent pas s'orchestrer en lignes un tant soit peu cohérentes !

— Donc, ça bloque ?

— Oui et non, je vois où je veux arriver. C'est la forme qui n'émerge pas.

— Et où voulez-vous arriver ?

— Sophia, j'ai peur de vous raser ! À votre âge, on a besoin d'action, d'intensité...

— Mais, Mattéo, j'ai apprécié vos premières pages. Elles m'ont fait du bien, même s'il y a des notions que je n'ai pas comprises. Je vous en parlerai tout à l'heure. Et dites-moi, pourquoi écrivez-vous un livre de ce genre ?

— Heu... c'est un vaste sujet...

— Ne vous faites pas prier, mister Freud. Je n'ai pas la patience de vos clients d'antan !

— Sophia, votre intérêt pour mes plus chères aspirations m'honore. Vous savez, pour moi, tout est une question de cœur. Le reste ne m'intéresse pas. Je crois qu'un message qui vient du cœur touche l'être humain au bon endroit. C'est celui-là que je veux exprimer.

— Et comment allez-vous faire ?

— Je vais le laisser parler. J'aimerais écrire un livre bienveillant. Pour adoucir les blessures de vide d'amour ou de manque de sens. La joie existe en chaque être. Mais souvent, elle y est endormie, comme anesthésiée. Lui permettre d'éclore me motive.

— Quel programme ! À propos, vous pensez vraiment que *quand le cœur craque, il grandit ?*

— En tout cas, le mien a grandi depuis... Si on passait à table, Sophia ?

Chez Mattéo, le décor est sobre. Des murs beiges, des meubles foncés, quelques osiers, une sculpture de la déesse Parvati, des poteries anciennes et surtout de l'espace. Un espace révélé par les objets qui l'habitent. C'est un lieu où l'on respire. À table, à côté de chaque assiette, une fleur. Sophia se sent chez elle. Le vieil homme sort du four un gratin de légumes dont même James, pourtant pas si végétarien que ça, a l'air de trouver les senteurs alléchantes...

— C'est le genre de repas dont je raffole, s'exclame la jeune femme, alors que Mattéo la sert d'aubergines et de tomates nappées d'une mozzarella dorée.

— Pour en revenir au livre, il y a dans vos premiers chapitres un sujet qui me turlupine.

— Dites-moi.

— Comment pouvez-vous affirmer qu'*il est essentiel de faire les choses par élan plutôt que par devoir ?* Pour moi, il y a plein de choses que l'on doit faire, même si on n'en a pas envie, comme payer ses impôts, sortir les poubelles, passer l'aspirateur. Qui, pensez-vous, pourrait trouver du plaisir dans ce genre d'activités ? *On doit*, un point c'est tout, on n'a pas le choix ! Moi, je ne connais personne qui aime payer ses impôts et qui le fasse avec plaisir. À part vous, peut-être ? Donc, votre idée de l'élan, je la trouve géniale, mais assez donquichottesque !

— Oui, c'est difficile à imaginer. Je suis d'accord. Je vais essayer de vous expliquer ma vue des choses. Un petit verre de vin ? Cela vous aidera peut-être à faire passer mes idées rebutantes !

— En tout cas, si ça pouvait me donner l'envie de payer mes impôts, je serais prête à boire la bouteille !

James lève un œil égrillard. Il imagine déjà la scène quand Sophia devra regagner son étage. D'habitude, elle a la tête qui tourne pour moins que ça. Mais Mattéo, emballé par le sujet, remplit sans vergogne le verre de la jeune femme et poursuit :

— Je crois que, pour trouver le goût de faire ces tâches rédhibitoires, cela aide de se relier aux raisons profondes pour lesquelles on les fait.

— Mais, c'est évident, les raisons ! La raison pour les impôts, c'est qu'on *doit* payer ses contributions, sinon on terminera en prison.

— Donc, vous le faites pour préserver votre liberté ?

— Eh bien oui, dit-elle en avalant une bonne gorgée de vin.

— Moi, je paie mes impôts parce que j'aime respecter l'égalité entre chacun et me sentir intégré. Il me semble naturel de contribuer à l'entretien et au fonctionnement de ce qui est d'intérêt public car j'en profite. Cela répond à mon besoin d'équité. En me rappelant que j'y contribue, je me fais du bien, parce que je me sens faire partie du tout. Et, quand je regarde les choses sous cet angle, j'ai plus d'élan pour les accomplir. Mon énergie est très différente selon que je me relie à ce que je *dois faire* ou à ce que je *choisis de faire parce que j'ai envie de...*

— C'est vite dit. De toute façon, vous n'avez pas le choix de payer ou non vos impôts !

— Je pense qu'on a toujours un choix, même si parfois ce choix est limité ou inconfortable. Dans le cas des impôts, vous avez le choix de payer vos contributions ou de finir en prison, et d'apporter votre participation personnelle à la communauté ou de vous en échapper. Quant aux tâches ménagères, vous pouvez choisir entre la propreté en aspirant les poils de James, ou l'agrément immédiat en allant vous promener avec lui. Et si vous vous dites *je choisis* au lieu de penser *je dois*, l'humeur avec laquelle vous effectuerez ces activités sera plus vivifiante !

« Heureusement qu'elle choisit toujours la balade », songe James qui n'en rate pas une.

— Une certaine manière de regarder les choses nous aide à les apprécier plutôt qu'à les subir, c'est cela ?

— Absolument. *Tout est une question de regard...* Vous pourriez même finir par trouver du plaisir à ranger votre appartement.

« Pas question ! s'énerve le chien. Si elle se met à préférer l'aspirateur à nos promenades, je pisserai à l'intérieur pour la décourager une fois pour toutes ! »

— Le bonheur, continue Mattéo, vient d'une attitude où l'on tente de se relier aux raisons profondes pour lesquelles on accomplit les choses. Cela accroît notre goût à les faire. Par exemple, si une maman se lève la nuit pour rassurer son enfant qui fait un cauchemar son attitude sera très différente selon qu'elle pense «*Je dois, je n'ai pas le choix, c'est mon rôle de mère*» ou qu'elle se dit «*Je choisis de me lever parce que je veux contribuer au bien-être de mon enfant*».

Mattéo quitte la table, caresse au passage James qui se prélasse sur un kilim bordeaux et met un disque de flûte des Andes.

Sophia réfléchit…

«*Je dois, je choisis…* Quel dilemme ! Serait-il possible de vivre dans un monde où l'on se sentirait libre et heureux de faire ce qu'on fait ?»

La flûte parle, les mots se taisent.

— Et à vous Sophia, qu'arrive-t-il, ces temps-ci ?

— Je… tout bouge, dit-elle en quittant avec difficulté ce moment de grâce. J'en ai ras-le-bol de mon boulot, de bosser dans un monde pareil. J'aspire à un contexte plus humain. J'ai envie de donner autre chose que mes compétences techniques. Mais je ne suis pas formée pour ça. Alors je ne sais pas si je pourrai sortir de cette impasse.

— Mais c'est magnifique de vouloir faire ce qui a du sens pour vous !

— Oui et non, vu que je n'ai pas le choix. Je dois gagner ma vie !

— Hum…

— Bon. Je vous entends déjà. *On a toujours le choix*, même si c'est inconfortable à souhait.

— Oui, vous pouvez préserver votre sécurité matérielle en gardant ce job ou bien vous relier à votre aspiration en prenant le risque de la suivre.

— Et comment je vais manger alors ? Et me former à autre chose s'il n'y a plus d'argent qui rentre ?

— Vous aimeriez assurer votre sécurité financière tout en écoutant davantage votre côté humain, c'est ça ?

— Tout à fait. Ce serait trop beau pour être vrai, si c'était possible.

— Je ne crois pas que l'univers soit si cruel qu'il rende ces deux aspects incompatibles. Je pense même que, quand on va vers ses rêves, de façon souple mais opiniâtre, il fait tout pour nous aider à les réaliser. L'essentiel, c'est notre regard. Et changer de regard ne coûte rien. Vous savez, quand on change de regard, la situation change.

— Ça vole haut, les papotages avec vous, Mattéo. C'est votre lot quotidien, ce genre de réflexions ? Est-ce que par hasard vous ne philosopheriez pas aussi avec James ?

« Mais bien sûr, qu'est-ce qu'elle croit ? Je suis un sage méconnu, s'énerve le chien. Tiens, ce matin, j'ai encore joué avec les initiales de l'autre jour, *MSMx2 et CEx3*, et j'ai créé deux phrases : *Méditer Sur le Merveilleux Mène à Servir le Monde* et *Chaque Être Communique l'Enthousiasme qu'il Cultive dans son Esprit.* Moi, je suis toujours enthousiaste ! Elle ne peut pas en dire autant, certains jours du mois... »

— La vie, Sophia, m'a enseigné la profondeur, poursuit Mattéo. Je n'ai pas eu le pouvoir de ressusciter les miens, mais j'ai pu décider comment je réagissais après leur mort. On a toujours le choix entre utiliser son mental et son cœur pour renforcer sa souffrance ou pour développer sa sagesse. Cela dit, certains ont plus accès à ce choix-là que d'autres. Car, *pour avoir du choix, il faut de la conscience, un degré élevé de conscience.* Et, là-dedans, tout le monde n'est pas égal. Chacun grandit à son rythme.

— Vous êtes un ange, Mattéo, et vous cuisinez comme un dieu ! Mais il va me falloir quelques jours pour digérer cette soirée ! annonce Sophia, secouée et pompette, en se levant pour partir.

« Tu parles, avec tout ce que tu as éclusé... », ironise James.

— Là James, tu exagères, je n'ai bu que deux ou trois verres, répond Sophia, bluffée de réaliser qu'elle vient d'entendre son chien penser. Mais doit-elle mettre ça sur le compte du vin ou sur celui d'une télépathie naissante ?

vingt-trois

Oser être soi

Sois en relation avec ton Feu Intérieur.

Cher journal, 29 novembre

Je déteste l'avion ! En entrant dans la carlingue, j'ai analysé en détail la binette du commandant de bord. Pour me rassurer que je n'allais pas rester dans les cieux « ad vitam aeternam » *! Mais ça va, il a l'air assez alerte, malgré l'heure matinale. Depuis mon réveil, je suis ballottée entre des vents contraires. J'oscille entre l'envie et la peur d'arrêter ma relation avec Seb. Sa tirade sur mon projet m'a refroidie. Il me casse les pieds quand il me donne des avis sans vérifier si j'en veux. Comme s'il savait mieux que moi ce qui me convient. Un jour, je le remercierai pour tous les conseils qu'il ne m'aura pas donnés…*

Sophia referme son journal. Le vol est calme. Elle se risque à jeter un petit coup d'œil par le hublot et découvre les cimes des Alpes.

« Encore une demi-heure avant l'atterrissage à Marco Polo. Et dire que, de là, j'irai jusqu'à mon hôtel en bateau taxi ! Julien m'offre la traversée par la lagune. Génial ! On m'a dit qu'en 1877, le critique d'art *John Ruskin* a passé quelques mois dans cette pension. C'était à l'époque une auberge fréquentée par de nombreux artistes. *Rainer Maria Rilke* y a même écrit des lettres célèbres. »

Pour la fin du voyage, elle hésite entre la lecture d'un livre et tirer une carte dans le tarot divinatoire qu'elle emporte toujours avec elle.

« Va pour une carte de mon jeu *Quête de Clarté*. Il m'aidera peut-être à me situer par rapport à Seb. Vite ! Étaler les cartes avant l'arrivée. C'est insensé, la tablette est microscopique ! »

— Vous allez faire une patience ? demande sa voisine, une vieille dame à l'allure aussi précieuse qu'une dentelle de Bruges.

— Non, je vais tirer une carte pour obtenir une indication par rapport à quelque chose qui me tracasse.

— Ah bon ! Et vous croyez que la carte va vous répondre ?

— Oui, selon moi le hasard n'existe pas. Tout est énergie ; tout est relié. Donc, si je me concentre sur une question et que je demande à l'univers de m'aider à voir clair, j'ai confiance que je trouverai dans la carte un message opportun.

Sophia s'interroge :

« Dois-je quitter Sébastien ? Est-ce que cette relation est juste pour moi ? »

— Après, j'attends qu'une carte m'attire. Je me laisse choisir par elle ! C'est ma mère qui m'a enseigné ça. Elle est experte en tarots.

— Votre manière d'envisager les choses est originale !

— En fait, une carte ne détient aucune réponse. C'est seulement un moyen pour révéler ce qui se joue en moi. Ce que la carte me dit peut résonner avec ma propre vérité et ainsi la faire émerger. D'ailleurs, un jour, on *sait* et on n'a plus besoin de tirer les cartes…

Sophia en prend une. Elle est si convaincue que sa foi a gagné sa voisine.

— D'abord, il faut contempler l'image. Se laisser imprégner. Regardez ! *L'as de feu :* un soleil transpercé par une flèche. Quelle puissance dans le dessin ! Vous avez vu ? La flèche s'envole au-dessus des montagnes.

La dame écarquille les yeux. Il émane d'elle une disponibilité à l'inconnu. On dirait une nature qui, jusqu'au dernier jour, se passionnera de tout.

— Ensuite, on consulte un livret qui donne l'enseignement de chaque carte.

Sophia lit à voix haute :

« *Sois en relation avec ton Feu Intérieur. Fais chaque jour un pas pour aller à sa rencontre. Descends en toi-même. Va chercher qui tu es vraiment dans les espaces les plus secrets de ton être. Écoute la voix du dedans ; ose ensuite manifester dans tes actes ce qu'elle te souffle. Et n'oublie pas, l'Amour trouve sa force dans l'audace que l'on met à exprimer ce qui vibre en nous.* »

« Ce tirage me parle. *Sois en relation avec ton Feu Intérieur.* Que je quitte ou non Sébastien est secondaire. Il faut surtout que je me trouve, moi. Ces temps-ci, je ressemble plus à un poisson dans un bocal qu'à une flèche pointant vers le ciel ! »

— Je m'appelle Sophia. Et vous ?

— Magdeleine. Depuis la mort de mon mari, c'est mon premier séjour à Venise.

— Bravo ! Quel courage. Et c'est quoi votre secret pour être si intéressée par tout ?

— Je m'arrange pour que la vie m'aime et donc elle me plaît !

— Mais que faites-vous pour cela ?

— C'est simple ! Dans une difficulté ou un dilemme, je me pose une seule question :

« *Que ferait l'amour dans cette situation ?* » Vous savez, on meurt surtout de ne pas aimer !

Sophia se demande à quoi ressemblerait son existence si elle s'interrogeait de cette manière dans les choix difficiles. Resterait-elle dans la boîte de Julien ? Garderait-elle ce job qui ne lui apporte plus grand-chose, à part sur le plan alimentaire ?

— En tout cas, avec cette façon, vous allez séduire plus d'un bel Italien !

— Non, non… je veux visiter ! Le nord de Venise a encore de nombreux secrets à me livrer. Même veuve, je tiens à vivre ma vie pleinement !

Sophia s'interroge :

« Et moi, est-ce que je vis pleinement ? En partie oui. Mais au fond de mon cœur se calfeutre une tristesse, déguisée en hyperactivité. Agir pour ne pas sentir ! Comme ma mère… Il n'y a que dans les méditations que je ralentis, pour accueillir le vide. Ah, ce vide ! Ce n'est pas toujours un vide fécond, c'est aussi le vide de toi, mon père que je pleure en silence. Qui es-tu ? Mes questions sans réponse sur *d'où je viens* restent comme une plaie béante. Est-ce que tu sais, papa, que chaque amoureux me ramène à toi ? Est-ce que tu sais que notre histoire, jamais commencée, en termine plein d'autres ? J'en arrive à me couper de ceux que j'essaie d'aimer. Ce mal de toi entrave la route vers la femme en moi. »

« Mesdames et messieurs, nous allons entamer la descente vers Venise, veuillez redresser le dossier de votre siège… »

□

Sophia a proposé à Magdeleine de partager sa traversée dans la lagune. Elles se dirigent vers les quais en bavardant comme de vieilles connaissances. La brume matinale donne un air ensommeillé à l'eau qui clapote contre les flancs des bateaux. Les accents des navigateurs réchauffent l'ambiance encore fraîche. Il est 8 heures. Sophia claironne :

— *Buon giorno*, pouvez-vous me déposer à *La Pensione La Calcina*, sur les Zattere, *per favore* ? Ensuite, Madame ira…

— Au Campo San Stefano.

— *Con piacere, gentile signore.*

Les deux femmes montent sur le pont. Le bateau entame sa course dans le chenal, balisé par des *briccoles* en bois. Magdeleine hume le vent frais et s'extasie des reflets du soleil sur l'eau. En la voyant, Sophia se souvient d'une phrase de Mattéo : « *La force de vie resurgit toujours après la peine.* »

Au loin, on aperçoit Murano, Burano et même Venise. Le canot à moteur laisse derrière lui une double vague que survolent des mouettes gourmandes.

— Est-ce qu'il fait toujours aussi doux en novembre ? demande Magdeleine.

— Non, *signora*, d'habitude un vent froid souffle dans la lagune et s'engouffre dans la ville par le canal Grande. Le soleil vient à coup sûr vous saluer !

Longer Venise dans sa torpeur laisse sans voix. Tant de mystères et de majesté se cachent et se livrent dans d'élégantes demeures aux façades sculptées et burinées par le temps. Un tel faste orne les palais antiques qu'ils semblent posés sur l'eau rien que pour s'y mirer. Sophia, enivrée, ne peut s'empêcher de déposer dans son journal l'interrogation qui la traverse :

Comment l'homme est-il capable de créer une telle beauté ? Y a-t-il une énergie qui le transporte pour qu'il devienne l'instrument d'une Autre Chose qui le dépasse ? À Venise, tout chante, danse et s'anime, même quand il n'y a pas de carnaval ou de fête particulière. Ce qui chante, c'est l'âme de ses pierres. Taillée ou sculptée, chacune conte son histoire. Ce qui danse, c'est l'eau, omniprésente, flatteuse et sombre. Ce qui s'anime, c'est la fibre romantique des visiteurs, envoûtés comme moi par la griffe du divin, posée sur l'eau par l'intermédiaire des humains.

— *Siamo arrivati.* C'est quatre-vingt-cinq euros. Un prix spécial pour de belles dames !

— *Va bene, grazie.* Soyez sage, dit-elle à Magdeleine en l'embrassant.

□

La Pensione Calcina n'a pas changé : tout y dégage charme et simplicité. Des bacs de fleurs ornent les balcons de sa façade rose pastel, légèrement orangée. Sophia retrouve l'atmosphère naturelle qui lui plaît tant. Sur les Zattere, qui bordent la Giudecca, l'ambiance est plus italienne que cosmopolite et l'air sent bon la convivialité. Les va-et-vient des navires donnent de la vigueur à l'eau, plus agitée aussi à cause des vents du large.

— *Buon giorno*, je suis Sophia Grandville.

— Bonjour Mademoiselle, vous avez la chambre 22, avec vue sur la Giudecca. Votre patron a téléphoné. Il demande que vous le rappeliez. C'est urgent.

— D'accord, merci.

La chambre 22 est une pure merveille. Mobilier ancien, murs clairs et larges portes-fenêtres donnant sur le canal.

« Je comprends que *Ruskin* se soit plu à séjourner ici. On se croirait au milieu de la Giudecca. Quel bonheur ! Je suis gâtée. Mon boss soupçonnerait-il que j'en ai marre de travailler pour *News in Fashion ?* En tout cas, je vais le remercier en lui disant ce que je ressens. Mattéo m'a convaincue : l'appréciation positive est aussi importante pour un être humain que le carburant l'est pour une voiture. Ça fait avancer. Sur cette planète, beaucoup de gens crèvent de manque de reconnaissance. Tout irait mieux si on apprenait à voir le beau en chacun et à l'exprimer davantage ! Les gens sont de plus en plus renfrognés parce qu'ils ne savent ni exprimer leur gratitude ni communiquer leurs sentiments. J'ai plusieurs amies si désespérées qu'elles se bourrent de pilules roses pour garder la face. Pendant un temps, ça fonctionne ; elles arborent un sourire chimique qui donne le change… mais, quand elles craquent, bonjour les dégâts ! Bon, je me lance ! Je vais parler à Julien à partir de mon cœur. Il n'est pas aussi fermé qu'il se la joue. C'est un homme intelligent. Pourquoi ne pourrait-il pas s'ouvrir à une nouvelle façon de faire ? Notre boîte gagnerait à être gérée par quelqu'un qui exprime son vécu et qui prend en compte celui de ses employés. Je nous vois de plus en plus fonctionner comme des automates, le boss en tête. J'en ai assez de son disque rayé : *observation, action.* »

— Bonjour Julien, il paraît que vous avez appelé ?

— Oui Sophia, votre voyage s'est bien passé ?

Sans attendre la réponse, il enchaîne :

— La date pour les photos à Essaouira vient d'être fixée. Vous partirez là-bas le 3 décembre. Cela vous convient ?

— Pas de problème, Julien. Seulement un déjeuner à déplacer. On peut dire que les voyages, chez *News in Fashion*, c'est comme les jours, ils se suivent mais ne se ressemblent pas !

— OK, je fais les réservations.

— Heu, vous avez encore une minute ?

— Oui, oui, mais dépêchez-vous ! Il y a un problème ?

— Non, pas du tout. Je veux juste vous dire ceci : quand je découvre ma chambre et que je pense à la splendide traversée dans la lagune, je me sens privilégiée. Cela m'enchante que vous preniez soin de moi de cette façon.

— Mais Sophia, c'est normal ! Vous vous impliquez à fond pour la boîte. Avec quoi vous venez ? Ne faites pas tant de sentiments !

« Je savais qu'il allait me dire ça ! Il a peur de glisser dans du sentimentalisme. Mattéo m'avait prévenue ! Les gens ont besoin de reconnaissance mais ne savent pas la recevoir… Tant pis s'il est mal à l'aise, je continue. »

— OK, Julien. Je dis seulement que vous avez fait mouche. Je suis ravie de voir que je compte à ce point-là.

— Évidemment que vous comptez, Sophia, vous en doutez ou quoi ?

— Oui ! Il m'arrive de me voir au sein de l'entreprise plus comme un rouage qui doit fonctionner que comme un être humain. Dans ces moments, mon goût pour ce travail diminue.

— Ah bon ?

— J'aime mon job, mais, à la longue, j'y perds mon ardeur. Ah, s'il y avait plus d'attention entre nous tous, plus de plaisir, plus d'authenticité aussi. Chacun joue un rôle et n'ose pas être lui-même…

— Comme vous y allez, Sophia !

— Excusez-moi, Julien, je suis trop directe, alors que vous m'offrez la Dolce Vita à Venise ! Mais, c'est impératif, plus le temps passe, plus j'aspire à dire l'essentiel…

— Ne vous inquiétez pas, j'aime cet aspect chez vous. Même si parfois vous oubliez de mettre des gants ! Par contre, il y en a quelques-uns dans la boîte qui feraient mieux d'être un peu moins spontanés…

— Vous appréciez l'éducation et l'élégance, et la seule solution que vous connaissez est que chacun canalise son impulsivité, c'est ça ?

— Tout à fait. Quel carnage, si chacun disait ce qu'il pense ! Vous êtes assez utopiste.

Sophia songe avec philosophie que ce n'est pas la première fois qu'elle entend ce commentaire…

— Je suis d'accord, il y aurait un fameux bordel et, en même temps, beaucoup de gens ont un caractère désagréable parce qu'ils passent leur vie à s'efforcer d'être comme il faut, et qu'ils sont fatigués de se couper d'eux-mêmes pour ce foutu paraître.

— Mouais…

— En fait, si on pouvait apprendre à dire les choses au fur et à mesure, on ressemblerait moins à de gigantesques casseroles à pression ! Si chacun s'autorisait à être lui-même, en exprimant son vécu de façon respectueuse et authentique, plutôt que de faire semblant, il y aurait moins de conflits, de maladies, d'épuisements…

— Votre idéalisme est tout à votre honneur, Sophia, mais ce n'est pas si simple…

— Vous doutez que cela soit possible ?

— C'est qu'il y a beaucoup à faire.

— C'est vrai, mais c'est possible d'apprendre à communiquer avec soi-même et les autres d'une manière qui serve une qualité de vie. Est-ce que ça a du sens pour vous ?

— Oui, mais...

— Il est grand temps que nous développions notre intelligence émotionnelle, pour mieux interagir les uns avec les autres, coupe Sophia, si exaltée par le thème qu'elle en a oublié que communiquer, c'est aussi laisser parler l'autre ! On en bénéficierait tous ! La boîte en premier. N'avez-vous pas remarqué comme la planète est de mauvaise humeur ? Il y a quelque chose qui ne tourne plus rond sur cette terre. En tout cas, je trouve pénible de fréquenter des gens avec qui on a en permanence l'impression d'être assis sur une charge de dynamite parce qu'ils ravalent leurs frustrations. Est-ce que vous aimez faire comme si tout va bien ? Vous n'en avez pas marre de jouer votre rôle pour que la boîte fonctionne ?

— ....

— Julien, vous êtes là ?

Amusé par l'engouement de la jeune femme, Julien l'écoute en triturant son éternel nœud papillon. Il pense au diagnostic annoncé deux jours avant : « En plus de votre cholestérol, vous faites de l'hypertension. C'est dû au stress et à ce que vous retenez en vous, lui a déclaré son médecin. Vous devriez apprendre à parler de ce que vous vivez, plutôt que de le garder à l'intérieur. »

« C'est vrai ce qu'elle dit. L'ambiance devient exécrable. Parfois, il y a tant de tensions que je regrette d'y être, alors que j'adore le monde de la mode ! »

— Heu, je vous suis, Sophia. Ce que vous mentionnez vaut la peine d'être creusé.

— Eh bien, moi je creuse, Julien ! Depuis des mois. Je crois que tout le monde y gagnerait, si on développait l'art de communiquer. *Écouter l'autre sans s'écraser et s'exprimer pleinement sans agresser l'autre.* Nous n'en sommes qu'aux balbutiements de nos compétences en tant qu'êtres de relation.

— C'est intéressant, Sophia. Mais restons-en là. J'ai un appel sur l'autre ligne. On en reparlera à votre retour. Bon travail !

Après avoir raccroché, Sophia exulte :

« Ce silence de Julien, c'est un signe ! D'habitude il est plus loquace. Je paierais cher pour avoir la clef de son cerveau. Pourquoi m'a-t-il proposé d'en parler plus tard ? Ah, si au moins, chez *News in Fashion*, on pouvait s'intéresser autant aux personnes qu'à leur apparence… Il faut que je lui parle de ce que je découvre avec Mattéo. Ça pourrait l'intéresser. Et pour la boîte, qui sait ? »

vingt-quatre

Business in Los Angeles

Ce qu'on voit chez les autres,
c'est ce qu'on porte en soi.

Dans son rétroviseur, Judy surveille la caisse qui dépasse du coffre. Sa petite décapotable n'est pas conçue pour transporter des pièces d'avion. Les cheveux libres dans le vent, elle savoure l'idée de détenir son sauf-conduit pour l'Amazonie profonde. Le téléphone sonne. C'est Glenn.

— Mon grand petit loup, où es-tu ?

— Sur *Figueroa street*, maman.

— Magnifique ! Je suis en route vers *downtown* pour passer au studio. Après, on pourrait se retrouver à Santa Monica bay. Chez *Claudio's Spaghetti House*, vers 7 heures, ça te dit ?

— OK, mom !

Judy adore les rendez-vous improvisés avec son fils. Dire qu'il a déjà 17 ans ! Leur complicité l'étonne. Elle est plus solide depuis le divorce. Le père a reconstruit sa vie avec une autre femme, qui lui convenait mieux. Glenn habite souvent chez eux.

« Succès dans le journalisme, échec dans le journalier », s'avoue-t-elle avec lucidité.

De fait, en reportage ici et là, elle s'est plus penchée sur la vie des autres que sur celle de sa famille… Mais son charisme et son originalité irrésistible ont eu raison des déceptions de Glenn face à ses nombreux voyages. Très jeune, il a fait contre mauvaise fortune bon cœur et a en outre habilement tiré les avantages de la situation : être gâté quand sa mère est là, et développer son autonomie en l'absence de celle-ci. Il en est fier et ne se prive pas pour déclarer à tout bout de champ qu'*il gère*, comme un adulte…

Depuis son passage au studio, la reporter est horripilée. Elle fulmine et roule à toute allure, oubliant de ménager la sacro-sainte caisse. Dire qu'Armando, son producteur, a presque refusé de la laisser repartir en Équateur ! Pour lui, c'est inutile de suivre cette tragédie qui a bien dû se régler, depuis le temps ! Elle s'est battue pour défendre son reportage. Raconter une histoire en s'attachant à l'un des protagonistes – dans ce cas-ci le pilote d'avion – crée à ses yeux un fil d'Ariane qui offre aux assidus de *Planeta del Mundo* autre chose que du *fast food* télévisuel. Elle sait aussi que le drame humain vécu à travers le regard d'un personnage choisi, hors norme, engendre parfois une réflexion plus profonde chez le téléspectateur et peut induire des prises de conscience… et elle chérit par-dessus tout cet aspect de son métier.

La terrasse du resto offre une vue à l'infini sur le Pacifique. Glenn est en pleine forme. Dans les bons jours, ils s'entendent comme des copains. Dans d'autres, c'est la guerre ! Judy doit être vigilante pour éviter les conflits. Elle connaît son fils. Un vrai coq, sous des dehors souples et séducteurs ! Ce soir, ils semblent être sur la même longueur d'onde.

— J'aimerais t'emmener un jour en Équateur, qu'est-ce que tu en penses, Glenn ?

— Ce que j'en pense, maman, c'est que, si tu me poses la question, tu as déjà une idée derrière la tête !

— Tu sais, je viens d'y faire un reportage.

— Tu parles, tu as manqué mon épreuve d'escrime, celle où j'ai gagné ma sélection pour rencontrer l'UCLA…

— Je suis impardonnable. Je comprends que tu sois déçu.

— Alors l'Équateur ?

— J'y retourne en principe pour quelques jours.

— Encore partie ?

— Tu en as ras-le-bol d'avoir une mère en transit ?

— Oui et non… Mais là, je suis en vacances et j'espérais que tu me conduises à mes stages de tennis.

— Je les avais oubliés ! Tu te débrouilles si bien !

— Mon scooter est en panne. La batterie est morte.

— Ah, tu as un problème de transport ? Tu sais, Glenn, j'aimerais rester à Los Angeles et, en même temps, j'ai une occasion inespérée de pouvoir continuer mon reportage. Figure-toi que j'ai une pièce de rechange pour l'avion du pilote que je voudrais filmer dans la jungle. Une pièce qu'il attend avec impatience. C'est grâce à elle que j'ai pu le persuader de m'emmener !

— La caisse dans ta voiture ?

— Oui.

— Là, tu te fais exploiter, maman…

Glenn a lancé une pique. Cet ado ne mâche pas ses mots quand il veut jouer les grands. Et grand, il l'est ! Baraqué grâce au surf, bronzé à l'année, il affiche un petit air de dragueur, histoire de prouver qu'il assure en toute circonstance. Des yeux bleus, hérités de sa mère, achèvent de lui conférer une physionomie de gagnant.

— J'utilise les événements de la vie qui se présentent. Certains diront que c'est de l'opportunisme, pour moi il s'agit d'à-propos. De troc. Je dois lui téléphoner, si je veux confirmer mon arrivée.

— Bon, bon, d'accord, mais à deux conditions : je troque ce voyage contre ta présence à mon prochain tournoi d'escrime et une nouvelle batterie. C'est aussi de l'*à-propos*, maman ?

— Tu apprends vite…

— Marché conclu ?

Judy a horreur de s'engager et de ne pas tenir ses promesses. Ce qui lui arrive, vu les imprévus de son métier. Elle réfléchit et imagine un autre troc, avec son chef, afin d'aller voir Glenn au tournoi de l'UCLA. Puis elle annonce qu'elle y sera.

— Et pour la batterie, c'est quoi encore, les références du scooter?

Glenn, très homme d'affaires satisfait du *deal* qui se profile à l'horizon, affirme d'un air détendu:

— T'inquiète pas, maman, je m'en occupe. Alors, t'as envie de me sponsoriser?

— À ton avis?

Quittant la baie de Santa Monica par la route 66, ils poursuivent leurs bavardages. La radio diffuse un reggae. Judy se relaxe. Soudain, elle prend conscience qu'il est temps d'appeler l'Équateur. Vite, un parking! Elle attrape son portable et compose le numéro de ce pilote rébarbatif. Glenn la regarde, mi-railleur, mi-impressionné.

— Allô, Monsieur Penez, ici Judy Crawford.

— Ah, vous avez mon colis?

— Bonjour quand même! Vous avez mes places dans votre avion?

— Quand arrivez-vous?

— C'est agréable d'être attendue avec une telle impatience…

— C'est pour la réparation…

— J'ai compris, rassurez-vous! Mon arrivée vous sera confirmée par mail.

— OK, je vous attends, vous aussi…

Elle raccroche, enchantée:

— Ce type est un cas atypique à souhait. On ne peut pas rêver mieux pour ce reportage.

« Moi, j'ai une mère atypique à souhait, se marre Glenn. Au fond, on voit plus facilement chez les autres ce qu'on porte en soi… »

vingt-cinq

Magie à Venise

Si tu penses que tu peux, tu peux.
Si tu penses que tu ne peux pas, tu ne peux pas.

« Via Santa Croce, ce n'est plus très loin. »

Sophia cherche les numéros, souvent inexistants sur les façades des maisons.

« 42, 44, la boutique est au 45, c'est de l'autre côté. Sauf qu'il y a un canal à traverser. »

Elle repère un pont à trente mètres à peine. De loin se distingue la devanture d'un magasin de masques, de marionnettes et de coiffes en tous genres. Une vitrine illuminée présage d'un merveilleux monde baroque. Le carillon tinte joyeusement dès l'ouverture de la porte. La jeune femme entre et ne sait plus où regarder. Tout voir, tout savoir. S'imprégner de la magie des masques, de la féerie des couleurs, de la débauche de tissus anciens, brocards, taffetas, velours grenat, tapisseries aux fils d'or. De cette luxuriance que les Vénitiens ont portée aux sommets du raffinement et de la créativité.

— Bonjour Monsieur, je viens voir vos masques.

— Faites comme chez vous, *signora, o signorina*?

— *Signorina!* répond Sophia qui perçoit la pointe d'humour. Bien qu'elle se méfiât de la réputation de dragueurs des Italiens, elle n'y sent cette fois aucune séduction déguisée.

« Il a l'air vachement sympa ! », pense-t-elle en s'approchant d'un loup noir, décoré de plumes et de paillettes.

— C'est la réplique du masque que portait la reine de Saba, en visite incognito à la Sérénissime…, baratine le vendeur.

— Comme boniment, c'est un peu gros. À l'époque du Roi Salomon, je doute que Venise…

L'homme rit et lui tend la main.

— Giuseppe Falgucio, de la *Casa Falgucio*, fabricant de masques et d'objets de théâtre de père en fils depuis l'an mil six cent soixante. Je vois que je n'ai pas affaire à une touriste qui gobe n'importe quoi. Vous êtes ici pour…

« Comment lui expliquer ? Par où commencer ? Vas-y, Sophia ! *Si tu penses que tu peux, tu peux…* »

— Voilà, je désirerais tout savoir sur les masques et leur décoration, d'une part pour mon patron, mais je vous en parlerai après, et d'autre part pour mes enfants… *J'en ai une quinzaine.* Je veux qu'ils puissent croire en une autre vie, déclare Sophia, inconsciente du charabia qu'elle profère pour ce non-initié. Voyez-vous, c'est très important ! Ils sont enfermés dans des croyances, dans des culpabilités, mais ce n'est pas de leur faute ! Pourriez-vous m'aider ? Je voudrais savoir comment peindre vos masques. Évidemment pas des objets aussi compliqués que ceux que vous produisez depuis le XVIIe siècle, mais juste ce qu'il faut, pour que leur imaginaire puisse créer une autre réalité que la leur, et les sauver d'eux-mêmes. Ce sont *mes enfants…* vous me suivez ?

« *Mes quinze enfants…* cette femme a l'air d'avoir à peine 30 ans. »

Le marchand tente de comprendre Sophia. Ses explications sont sibyllines. Elle l'assaille d'une avalanche de mots dont il discerne plus la ferveur que le sens. L'idée que le monde des masques pourrait sauver d'autres enfants, comme il l'avait sauvé lui-même soixante ans plus tôt, le touche…

— Que voulez-vous exactement, signorina ?

En posant la question, l'artisan part dans son arrière-boutique et disparaît derrière un rideau de velours rouge.

« Comme au théâtre ! », s'enflamme Sophia.

Elle entend un bruit de choses qu'on déplace, qu'on tire, la chute d'un objet lourd, suivie d'un juron. Le rideau s'entrebâille ; une caisse débordant de masques blancs apparaît, arrivant d'elle-même à ses pieds.

— Vous lisez dans mes pensées, crie-t-elle les yeux brillants.

— Ne criez pas, je suis là.

— Mais il y a un instant, vous étiez…

— Voyons, signorina…

— Sophia.

— Le monde du masque est, comme vous le disiez, un monde imaginaire. Prenez ce dont vous avez besoin. Je vous l'offre. Demain, je vous présenterai mon fils Lucas, c'est lui qui peint. *De père en fils*, la tradition continue. Il vous expliquera le travail de décoration.

— Mais, pourquoi m'aidez-vous ? Vous ne me connaissez même pas !

— Vous savez, Sophia, les masques que nous créons ont le style, mais surtout l'énergie de ce qu'ils symbolisent. Pour que le trait soit juste, nous devons être attentifs à ce qu'ils vont dégager. Au fil des années dans ce métier, je suis devenu sensible à toutes les formes d'énergie. Et j'aime la vôtre, c'est tout ! Vous en ferez sûrement bon usage, avec vos quinze enfants…

Les bras chargés de deux sacs de masques, Sophia quitte la boutique. Son projet prend forme. Un signe se manifeste sur son parcours. Après quelques pas, elle se souvient de la commande de Julien, fait demi-tour et pénètre à nouveau dans la boutique de Giuseppe qui l'accueille avec la même bonté désintéressée…

vingt-six

Les barbelés de nos illusions

Est-ce de l'amour quand on pose ses filets sur l'autre,
en espérant l'assujettir à nos attentes ?

Sophia part en balade. Elle a envie de marcher sans but et de profiter de l'instant, comme il vient. Choisissant au gré de son humeur d'emprunter les ruelles qui l'attirent, elle se laisse guider par le hasard et arrive le long d'un canal désert. Quelques barques dodelinent sur une eau placide. Des maisons aux façades rustiques exhibent leur couleur préférée : l'orange délavé, le rose, le beige, le terra cotta… Au loin, des bribes de voix, des bruits de vaisselle. Tout près, le rythme de ses pas, le tempo de son souffle et le parfum de la liberté qui l'anime.

« La Sérénissime est sereinissime », pense-t-elle, en s'abandonnant dans les dédales de Venise comme dans les bras d'un amoureux. Elle se sent légère, ce qui la rassure, car, vu la connotation romantique de la ville et le célibat qui se profile à l'horizon, elle avait craint d'être en mal d'amour ! Au bord de l'eau, deux tables en fer forgé, des chaises et l'infinie douceur de l'air.

— *Cosa desidera bere, signorina ?*

— Un cappuccino, *prego signore.* Dans quelle direction se trouve Sant'Alvise ?

— C'est par là. Vers Cannaregio. Vous connaissez les perles de Venise !

— Je vais flâner jusque-là. Je suis à la recherche d'endroits pour les photos de notre prochaine édition de mode. D'ailleurs, votre restaurant pourrait convenir. Vous permettez que je prenne des clichés ?

— Bien sûr, mais ce n'est pas la place Saint Marc.

— C'est ce qui me plaît ! Merci de votre disponibilité. Je vous préviendrai si nous souhaitons vous solliciter pour des prises de vue.

Le cappuccino s'offre, nappé d'une onctueuse mousse de lait. Sophia prend son journal.

Venise, essai poétique…

En balade vers moi-même, entre pierres, ciel et eau. La ruelle est recueillie, l'eau médite, drapée de moire et d'ombre. Les pierres de Venise veillent et surveillent. Elles savent tout ! Accompagnatrices d'innombrables destinées humaines, qui mieux qu'elles pourrait connaître la passion de leurs amours, la noblesse de leurs quêtes, la sauvagerie de leurs drames ou la densité de leurs espoirs ? Y a-t-il beaucoup d'endroits au monde où des pierres furent autant travaillées par l'art, le temps et l'histoire ? Pourtant, je ne les sens pas blasées, alors qu'elles ont tout vécu : le faste et la misère, les luttes et les redditions, la paix et les déchirements… Sources et témoins de drames et d'extases, elles accueillent les pas des amants de mai, la pesanteur des corps dans la chaleur d'août, l'excitation des jours de fête, la fièvre des artistes… Défilé de destins uniques et irremplaçables. Seule l'eau, qui, jalouse de leur histoire, se glisse aux pieds des portiques, les fait parfois frémir. Pourront-elles encore longtemps jouer leur rôle d'enchanteresses universelles ?

Sophia referme son journal et se dirige d'un pas nonchalant vers Sant'Alvise. Quelques ponts plus tard apparaît *son église*, cachée au fond d'une place secrète. Elle pousse la porte et s'avance dans la nef centrale. La vie qui se dégage des peintures murales, l'odeur de l'encens, tout conduit à la quiétude. Conquise par l'atmosphère surannée des lieux, la jeune femme s'assied.

Venise encore, dans mon église.

Me voici à Sant'Alvise. Dès l'entrée, je me sens chez moi. Ce lieu est habité par une Présence que je n'arrive pas à définir. Tout se tait et pourtant tout parle. Je ne peux que contempler. Par la puissance tranquille qui émane des pierres assemblées depuis dix siècles, je suis ramenée à ma propre présence. Qui a dit qu'une pierre à elle seule n'est jamais qu'une pierre, mais que, assemblée à d'autres, elle peut former un temple ? Cette église est sobre et discrète mais son âme a la délicatesse d'un ange et l'ampleur d'une cathédrale. Sébastien aurait préféré des endroits plus célèbres, genre La Salute… À propos de Seb, est-ce que je l'aime encore ? Pourrons-nous un jour nous assembler comme ces pierres, pour créer quelque chose de plus grand ? Plus le temps passe et plus je m'aperçois que nos valeurs divergent. Et puis, c'est quoi l'amour ? Je découvre un peu chaque jour qu'aimer, ça commence quand on arrête de vouloir être conforme aux attentes de l'autre ou que l'autre s'aligne aux nôtres.

Donc, pas la peine de nier ses besoins pour préserver la relation, car c'est précisément ce qui la tue. Au contraire, si je m'occupe bien de moi, je vais dégager une énergie qui rejaillira sur mon couple. Mattéo m'a permis de comprendre que mon couple extérieur devrait s'appuyer sur le couple que je forme avec moi-même. Alors, est-ce qu'entre Seb et moi on peut parler d'amour ? Quand il me fait la morale, je me laisse déstabiliser et je me lâche moi-même ! Je vois bien qu'à moins de me couper de ma nature, je ne serai jamais celle qu'il espère. Je suis loin d'être son idéal féminin. Il rêve d'une femme raisonnable. Pas du tout mon genre ! Quant à moi, je n'arrête pas de vouloir le décoincer. On a plein de projets l'un sur l'autre. Est-ce de l'amour quand on pose ses filets sur l'autre en espérant l'assujettir à nos attentes ? Ah, mais que dois-je faire, Sant'Alvise ? Donnez-moi un signe, pour que j'y voie clair.

Dans l'espoir d'une réponse, la jeune femme prend dans son sac un recueil de réflexions sur la vie. Les phrases sont difficiles à comprendre. C'est ce qu'elle apprécie, car ça étire son cerveau et la fait cogiter ! Au hasard, elle ouvre le livre et lit :

« *Tant que nous sommes pris dans les barbelés de nos illusions, nous ne sommes pas libres. Et depuis notre propre emprisonnement, nous tentons de séquestrer l'autre. C'est seulement quand nous lâchons nos illusions que notre tête peut se relier à notre cœur. L'amour reçoit alors l'espace bienveillant dont il a besoin pour s'épanouir.* »

Sophia s'imprègne du message et demeure attentive à ce qui se passe en elle. Peu après, dans le calme de la petite église, sans qu'elle ait forcé quoi que ce soit, sa décision émerge : mettre un terme à cette relation qui n'est plus ni légère ni vivifiante… C'est à présent incontournable.

vingt-sept

Je viendrai seule

James s'est étalé aux pieds de Valentina. Le feu de bois crépite et tente de réchauffer l'ambiance. Sans succès. L'hiver aidant, Valentina est aussi passive que le chien.

« Et si j'allumais l'ordinateur ? Qui sait, il y aura peut-être des nouvelles de Miguel ? »

Après quelques manœuvres, elle atteint sa messagerie et se déride en voyant un mail de Sophia.

Chère maman,

Venise est toujours aussi fabuleuse. J'ai pensé à toi en découvrant la restauration des tableaux de l'église Sant'Alvise. Tu te serais régalée de la pureté des couleurs et du relief lumineux des toiles. De plus, j'ai trouvé à Cannaregio ce que je cherchais : des coins insolites pour les photos de la prochaine collection et des moments d'intimité avec moi-même. Ils m'ont apporté de la clarté sur ma relation avec Sébastien. Et j'ai quelque chose de génial à te raconter ! Un projet qui me mobilise beaucoup depuis des semaines a l'air de prendre forme ici, à Venise. J'aimerais faire un genre de mise en scène, une représentation, avec les enfants des prisonniers dont je m'occupe. Ils arboreraient pour la circonstance un masque qu'ils auraient peint. Je suis frappée de voir que certains sont déjà très sombres pour leur âge. Peut-être portent-ils le poids de la culpabilité de leur parent ?

J'ai donc imaginé de les aider à se distancier de leurs problèmes familiaux. Les peintures représenteraient des délits. Au cours du spectacle, après avoir interprété un délit, chaque enfant se séparerait de son masque devant le public. Ce serait une manière pour lui de manifester qu'il n'est pas collé à l'image de la délinquance ou du crime. Et aussi, par le geste, d'en prendre physiquement conscience. De cette façon, il dévoilerait son visage, qui serait maquillé du rêve qu'il a pour sa vie. Il terminerait sa présentation en interprétant gestuellement son futur.

Ce sont des idées à creuser, mais je suis très motivée parce que j'ai rencontré un créateur de masques et figure-toi qu'il m'en a offert une vingtaine. Pour mes jeunes ! Tu te rends compte ? Je suis si excitée qu'il fallait que je te raconte ça sans tarder !

Je me réjouis de te voir pour fêter Saint-Nicolas. Je viendrai après-demain. Seule ! J'ai beaucoup réfléchi par rapport à Sébastien, et j'ai pris conscience que nous sommes trop différents, lui et moi. D'une différence qui ne nous enrichit pas l'un l'autre, au contraire. J'ai donc choisi de terminer la relation avec lui. Toi aussi, tu étais célibataire à 32 ans… Est-ce quelque chose qui se transmet de génération en génération ? Il paraît que le poids du « transgénérationnel » ça existe ; et je m'en inquiète, à vrai dire.

Maman chérie, que la journée te soit douce !

Sophia

Valentina reste pensive devant l'ordinateur. Cette idée de masques qui abritent des rêves est stimulante, mais l'évocation du transgénérationnel lui glace l'échine. Surtout depuis qu'elle a lu un article affirmant que les secrets de famille, les non-dits laissent des traces sur les descendants et exercent à leur insu une influence néfaste sur les vies des générations suivantes.

« Il faut à tout prix que je parle à Sophia ! J'espère qu'il n'est pas trop tard. »

vingt-huit

Échec et mat

Accueillir avant de réagir.
Se faire comprendre sans agresser.

Sébastien voulait voir un film d'action, Sophia rêvait d'une histoire d'amour. Alors ils ont transigé pour un James Bond censé combler leurs goûts respectifs.

La jeune femme est au supplice. Impossible de se concentrer sur la projection. Elle a dévoré un chocolat glacé, espérant adoucir son inconfort. Seb a avalé ses *pop corn.* Quand il a posé la main sur son genou, elle s'est sentie mal, comme envahie dans son espace… Pendant la suite du film, elle avait été ailleurs, refaisant *son film* de la relation avec Seb.

« Je n'en peux plus ! C'est décidé, j'arrête les frais ce soir, pense-t-elle. Je dois le lui dire. On fonctionne comme un vieux couple, on se prend la tête pour des peccadilles, on est dans des habitudes coincées et je ne supporte même plus sa main sur ma cuisse… Au fond, j'aurais préféré passer la soirée avec James, plutôt qu'avec James Bond. »

Quand arrive la musique du générique de la fin, elle bondit de son fauteuil et déclare :

— Allons prendre un verre à la Grand-Place, j'ai besoin de changer d'air.

— Bonne idée. Super le film, non ?

— Oui, il y avait de l'action, comme tu adores... La musique était très chouette.

— Fabuleuse, et les trucages numériques, là, je me suis régalé. C'est fou, ce qu'on fait de nos jours!

Sophia donne le change et poursuit une conversation futile, le temps d'arriver à la Grand-Place, féerique *by night*, avec les échoppes du marché traditionnel de la Saint-Nicolas. L'air est frais, un accordéoniste en mitaines joue des airs classiques de cette fête enfantine.

« Mon bon Saint-Nicolas, patron des écoliers... »

Les jeunes gens entrent dans le café *Au Roy d'Espagne*, bondé avec, au milieu de la salle, un éternel feu de bois brûlant ses fausses bûches, ce qui recrée néanmoins l'atmosphère breughelienne typique du vieux Bruxelles.

À peine assise, Sophia s'élance:

— Seb, j'ai des choses à te dire...

— Qu'est-ce qu'il y a encore? Quand je t'entends parler comme ça, je te vois venir... Bonjour l'ambiance!

— Voilà, ce n'est pas facile, alors je ne vais pas tourner autour du pot: je ne suis plus bien dans notre relation. Je crois que j'arrive au bout de quelque chose...

— Au bout de quelque chose? Mais de quoi?

— De notre histoire. J'y réfléchis depuis des jours et je vois que je n'arrive plus à...

— Mais à quoi, Sophia?

— Je n'arrive plus à en profiter comme j'aimerais. Ce n'est pas toi, Seb, c'est moi qui ne suis plus capable.

Sophia se sent mélancolique mais elle tente de contenir son émotion et s'absorbe un instant dans la contemplation de la Grand-Place. La foule qui déambule dans ce décor tout en lumières crée un tableau carte postale d'un bonheur de vivre contrastant durement avec son état d'âme.

— Avec quoi tu viens encore ? On a vu un chouette film, on prend un pot dans un super bistrot. Qu'est-ce qui ne va pas ? demande Seb qui tombe des nues.

— Pour moi, la vie à deux ne se résume pas à une question de *chouette* ou de *super*, c'est autre chose. Je me rends compte que nous n'avons pas les mêmes goûts, les mêmes valeurs, les mêmes aspirations...

— En quoi, par exemple ?

— Je suis bien dans la bohême, le romantisme, l'imprévu... et toi, tu apprécies la rigueur, l'ordre, la prévoyance... J'aime l'inconnu, les découvertes, ce qui change, ce qui bouge, comme mon chien par exemple, et toi, tu es plus à l'aise dans une vie régulière, organisée.

— Sophia, dit Seb bouché à souhait, on s'entend dans des tas de domaines ! Pourquoi tu compliques toujours tout ?

— Tu rêverais que les choses soient plus faciles entre nous ? s'enquiert-elle, une fois de plus sauvée par la sagesse de Mattéo... *Accueillir avant de réagir...*

— Mais bien sûr, c'est quoi tout ce charabia ?

— Quoi, ce n'est pas clair ?

— Exact. En tout cas, ce n'est pas simple !

La jeune femme prend une profonde respiration, histoire de se calmer et de s'offrir en urgence quelques zestes d'empathie. C'est pénible de faire comprendre à Seb ce qu'il refuse d'admettre : qu'ils sont sur une voie sans issue et que le terminus est en face d'eux.

— Je suis d'accord avec toi. On s'entend bien sur plusieurs plans. Mais, pour moi, ce qui compte, c'est d'avoir une vision commune sur des sujets essentiels.

— Mais c'est pas si grave. On peut en parler, si tu veux, si c'est important pour toi...

— Oui, on en parle, précisément, et je n'arrive pas à me faire comprendre. Quand je te dis ce qui est vital pour moi, tu trouves que ce n'est pas important ou que je complique tout. Alors, je ne sais plus comment faire. Tu vois ce que je veux dire ?

— Euh… je ne sais pas… et c'est quoi, tes fameuses valeurs ?

— Justement, depuis vingt mois qu'on se connaît, j'aurais apprécié que tu les aies découvertes. Une de mes valeurs, c'est de savoir ce qui compte pour l'autre ! Comment tu te sens quand je te dis ça ?

— Écoute Sophia, tu as ton caractère, moi le mien, on se complète sur plein de trucs, c'est ça l'essentiel dans les relations…

Un serveur, vêtu d'un grand tablier blanc, arrive enfin et prend la commande. Seb veut une Mort Subite et Sophia un Yogi Tea.

— Une *Mort* pour le monsieur et un quoi pour la jeune dame ? demande le garçon, avec un accent bruxellois bien trempé.

— Un thé, un Yogi tea, vous en avez ?

— Il y a ça sur la carte, une fois ?

— Euh, non. Alors, je prendrai un thé citron.

— Prenez une *Mort* comme le jeune homme, ça fera une hécatombe, répond le serveur à la cantonade, content de replacer sa trouvaille à la moindre occasion.

— Non merci, un thé, ce sera très bien.

— Tant pis, ça vous aurait requinquée ! Allez alors, un thé et une bière, c'est parti ! claironne-t-il, satisfait de lui-même.

— Lui au moins il a le moral, grogne Seb qui rêve d'un autre climat.

— Seb, c'est important ce que je te dis, tu n'as pas l'air de t'en rendre compte !

— Oui, on n'a pas les mêmes valeurs. J'aime l'ordre et toi le bordel. Alors bravo, tu as superbement créé le bordel entre nous, une fois de plus !

Héroïque, Sophia reprend son souffle… *Se faire comprendre sans agresser…* Elle est au top jusqu'à présent.

— Tu es excédé ? Tu aimes quand c'est plus cool, j'imagine ?

— Évidemment. Avec toi il faut tout analyser, s'interroger sur le pourquoi du comment, c'est gonflant ! Et pour arriver où ? On se le demande !

— Tu serais prêt à creuser si c'était moins rasoir et si tu étais sûr que ça mène quelque part ?

— Tout à fait ! J'ai *besoin* – comme tu dis – de détente et de légèreté et je trouve que la vie avec toi est trop tirée par les cheveux. J'ai un boulot de scientifique qui me pompe assez la journée, alors, le soir j'ai envie de me laisser vivre. Sans me prendre la tête à tout bout de champ.

Le regard perdu vers le fond de la salle, la jeune femme se tait. Dans un coin, un couple bavarde en se tenant la main. Leur discussion semble pleine de connivences…

« Est-ce qu'ils sont au début de leur relation, quand on se découvre, quand l'imaginaire s'embrase… ou bien est-ce moi qui suis si handicapée des sentiments que j'échoue toujours dans ce domaine ? Mais qu'est-ce que j'ai qui cloche, à part mon manque de père ? »

Silence de plomb. Le serveur apporte les boissons. Sa dernière blague a fait un bide. Sophia, qui veut écourter ce calvaire, se brûle en avalant son thé à toute vitesse. Seb boit sa bière d'une traite et se plonge dans l'admiration de la technologie dernier cri de son téléphone portable. Il ne se rend pas compte que Sophia est définitivement partie, même si elle le regarde à l'instant avec plein de tendresse et de regrets, pour la dernière fois.

vingt-neuf

Questions embarrassantes

La tour de contrôle tient plus du mirador que d'un vrai poste d'aiguillage. C'est tout de même de cette hauteur que Judy et Lorenzo, caméra sur l'épaule, filment le paysage et le Cessna qui va les emmener dans la région sinistrée de Huachita.

Depuis l'immobilisation de son zinc, Miguel est nerveux. Malgré l'accord conclu avec la journaliste, il est réticent à l'idée de ce reportage et ne se prive pas pour le faire sentir.

— L'ambiance promet d'être marrante s'il râle pendant trois jours ! chuchote Judy à Lorenzo.

Miguel est pressé. Chaque seconde compte. Cortes, le mécanicien, a remplacé le flap déficient et le problème de radio est réglé. Il est plus que temps de décoller.

— Tu peux y aller !

— Ce n'est pas aujourd'hui qu'il va nous lâcher, annonce Miguel en tapotant sur la carlingue, un peu comme on flatte l'encolure d'un cheval avant l'épreuve.

— Et cette fois, tu as de la compagnie..., ajoute Cortes ironique.

— Je me passerais bien de ce genre de passagers. En plus, ils se permettent d'être en retard...

— À propos, ils ont demandé d'embarquer ces caisses. C'est leur matériel de prises de vue.

Miguel soupire. Pour lui, c'est accessoire les caméras, la télévision. Ce qui importe, c'est l'urgence, le départ, l'action, se rendre là où son cœur vibre, auprès de ces enfants choqués, perdus.

— On dirait que vous m'en voulez, déclare Judy en s'asseyant sur le siège du copilote.

— Vous faites votre travail, moi le mien !

D'un geste brusque, il remet en ordre sa mèche de cheveux et démarre le moteur.

— Nous avions besoin d'un plan général de l'aéroport. Cela nous a pris plus de temps que prévu pour grimper sur la tour de contrôle.

— Vous appelez ça une tour de contrôle ?

— OK, nous vous avons retardé. Comment est-ce que je peux me faire pardonner ?

— Poussez sur ce bouton quand je vous le demanderai, pas avant !

— Vous me faites confiance alors ? demande-t-elle en posant le doigt à l'endroit indiqué.

— Attachez votre ceinture, on y va !

L'avion, bourré de matériel de soins, s'arrache du tarmac avec lenteur. Au sol, le mécanicien fait la grimace en entendant le moteur poussé à fond par un Miguel déterminé et tout compte fait émoustillé par la présence de cette femme au look pas si désagréable que ça ! L'avion s'élève, passe la cime des arbres et disparaît.

Une heure vingt de vol pour atteindre Huachita. Judy, en journaliste expérimentée grâce à quinze ans de reportages dans tous les coins de la planète, sait que, si elle veut en savoir davantage sur cet homme, c'est maintenant qu'il faut agir. Après, il sera indisponible, vu sa motivation et l'ampleur du travail à accomplir.

Elle vérifie son look. Son teint est mat. Sa chevelure auburn aux boucles abondantes reste docile. Un signe à Lorenzo qui lance l'enregistrement.

— Depuis quand faites-vous ce métier, commandant ?

— Un métier qu'on a dans le sang, on le fait depuis toujours, grogne-t-il, même avant de le faire ! Et ce n'est pas un métier, c'est une raison de vivre. Mais parfois je doute…

— Vous doutez ? De quoi donc ? demande la journaliste, interloquée d'entendre un tel aveu dans la bouche de ce baroudeur qui tirait la gueule il y a encore dix minutes.

— Je me demande si c'est approprié d'intervenir de cette façon dans le destin des gens. Est-ce juste de se contenter de sortir quelqu'un du chaos où il se trouve, quand on ignore ce qu'il adviendra de sa vie…

— Vous cherchez loin ! Il s'agit d'assistance à des personnes en danger, non ?

— C'est clair, mais la suite ? Vous y avez pensé ? La plupart de ces enfants ne retrouveront ni leurs parents ni leur village. Quel avenir les attend ?

— Vous vous préoccupez de leur futur ?

— Bien sûr. Cela m'a même amené à entreprendre la construction d'une auberge. Pour y accueillir des rescapés, ne fût-ce qu'un temps. Mais, faute de moyens, les travaux n'avancent pas ! Je m'interroge sur le long terme pour eux. Cela dit, c'est heureux qu'ils soient pris en charge. L'immédiat me motive. C'est pour cela que je me lève le matin, que je prends parfois des risques et que mon avion souffre comme maintenant. Nous sommes un peu trop chargés, avec vos caisses…

Miguel esquisse un vague sourire.

« Pas trop tôt ! se dit la journaliste, déroutée par cet homme que, soudain, elle trouve beau, du dedans comme du dehors. On ne rencontre pas tous les jours quelqu'un qui pense loin ! »

Ils s'observent. Chacun jauge l'autre à la dérobée, essayant de découvrir qui se cache derrière les yeux rencontrés.

— Je vous signale que j'ai toujours le doigt sur votre fichu bouton, j'en attrape mal au bras…

— OK, vous pouvez le retirer.

— Mais vous ne m'avez même pas demandé de pousser dessus !

— C'était un test. Je vois que je peux vous faire confiance !

Miguel se marre. L'atmosphère se détend.

« Quel personnage, malgré son air mal dégrossi ! »

— Avez-vous des enfants ? demande audacieusement Judy.

Le Cessna fait une légère embardée. La question a surpris, voire assombri le pilote qui se ferme et fixe l'horizon. Seul le bruit du moteur meuble le silence. Le cameraman continue de filmer. La reporter est prise de court. A-t-elle touché le talon d'Achille de cet étrange personnage ?

trente

Savoir, enfin !

Pour aller où je vais,
j'ai besoin de savoir d'où je viens.

Fin prête dans son pantalon noir et son pull moulant couleur parme, Sophia sort du four sa recette de cuisine préférée : une tarte au citron. Le parfum qui s'en dégage laisse présager du festin à venir. Ce midi, elle va déjeuner chez sa mère.

— Quelle joie d'être seulement nous deux, maman et moi. Oh, pardon James, nous trois ! Le célibat a du bon de temps en temps.

De loin, James cogite :

« Ouf, elle n'a pas trop mal pris cette rupture ! Un échec de plus. Je m'attendais au pire, vu son rêve de vraie relation ! »

— Déjà 11 h 20 ? Vite ! Je ne suis pas une championne de la rigueur. Qu'est-ce que mes approximations horaires et autres ont dû exaspérer Seb !

« Bon Dieu, cette nénette est top ! pense James. Elle voit ses limites, elle au moins. À force d'imaginer qu'il savait tout et de contester sans cesse sa connexion avec les animaux, ce boulet de Seb a perdu un trésor. Biologie, imprégnation et autres conditionnements, d'accord, il n'y a pas que des conneries là-dedans ! Mais moi, qui ai mon mot à dire sur le sujet, j'affirme que nous, les animaux, nous avons aussi un intellect et un cœur, d'ailleurs supérieurs à ceux de bien des humains. Tant pis pour le Seb, s'il s'est fait larguer. Depuis qu'il ne vient plus à l'appart, je m'y sens de nouveau chez moi. C'est au poil. »

Avec dextérité, la jeune femme s'empare de la tarte posée dans un moule de faïence provençale. Le nappage au citron s'est un peu étalé. Tout en récupérant les coulées, elle se lèche les doigts avec bonne conscience, vu qu'il s'agit de fignoler la présentation du dessert.

— James, on est parti.

Elle enfile un manteau, prend au passage les amaryllis roses choisies avec soin pour sa mère et hop, en route. Cavalcade dans les escaliers, bond de James dans le coffre, la tarte et les fleurs à côté d'elle, Sophia démarre, musique à plein tube. C'est le CD *Gracias a la Vida*. Une vague de plaisir déferle dans l'auto. Liberté. Euphorie. Sans raison particulière.

« Qu'est-ce qui m'arrive ? Je devrais être à plat, puisque me voilà célibataire une fois de plus. Question couple, je suis une cause perdue, c'est évident. Je n'arriverai jamais à trouver l'homme de ma vie. Pourtant, je me sens pleine d'entrain ! »

James, étalé comme un prince dans le coffre de la Mini break, exulte aussi. Il a deviné qu'on va chez Valentina et programme déjà son déjeuner : chasse aux lapins dans les prairies, pendant qu'elles referont le monde pour la millième fois !

□

Valentina a dressé une table féerique dans le salon. Elle a choisi une nappe beige à broderies rouges et disposé un service ancien et des verres en cristal. Depuis quelques jours, elle se prépare à ce repas avec sa fille. Il y aura plein de choses à dire… et pas des moindres… si seulement elle ose…

« Ah, le crissement des pneus sur la dolomie, Sophia est là ! », se dit-elle, un peu nerveuse.

La force de leur lien se palpe dans leur embrassade. James file sans attendre vers les prairies. Il reviendra pour les biscuits d'apéritif…

— Ma chérie, ce parme te va à ravir. En plus, tu as minci ! Comment fais-tu ?

— À part les tribulations avec Seb qui m'ont coupé l'appétit, je me surveille et je fais du jogging, comme d'hab.

Dans le salon, Sophia découvre la table dressée près du feu de bois.

« Au moins un vrai », se dit-elle en se souvenant de la soirée au *Roy d'Espagne*. Puis elle aperçoit des albums de photos empilés par terre dans un coin.

— Tu as regardé des photos ?

— Oui, j'ai fait des recherches…

— Sur quoi ?

— Viens t'asseoir, ma chérie.

— Tu as l'air bien énigmatique, maman. Tu me caches quelque chose ?

— Je vais te raconter, mais toi d'abord. C'était comment à Venise ?

— Magique… Tu as reçu mon mail ?

— Oui, c'est dommage, pour Sébastien et toi.

— Me voilà célibataire, une fois de plus.

— Il n'était pas vraiment…

— … l'homme qu'il me fallait… c'est exact ! Je rame dans ce domaine.

Valentina ne sait pas quoi dire, alors elle sert l'apéritif. Sophia enchaîne :

— À 32 ans, je n'ai pas de père et pas d'amoureux. Et ne me dis pas que ça viendra bien un jour. Ce sera peut-être le cas pour l'amoureux, on peut toujours rêver, mais pour le père, c'est plutôt mal barré…

— Ma chérie, justement, je voulais t'en parler…

— Pas trop tôt ! Qui était mon père ? demande Sophia à la cantonade. J'ai besoin de savoir d'où je viens ! J'ai l'impression que ce n'est pas par hasard si j'ai des relations difficiles avec les hommes.

— Tu as un père, Sophia, mais il ne sait pas que tu existes.

— Mais pourquoi tu ne m'en dis jamais rien, maman ?

— … Je… c'est… j'aimerais…

— Que s'est-il passé de si grave pour que tu fasses le *black-out* total sur lui depuis ma naissance ?

— Je…

— Maman, dis quelque chose ! implore Sophia taraudée par ces mystères. Parle !

Silence insoutenable. Valentina songe : *Choucas dira ce qu'on ne dit pas…* Finalement, les yeux humides, elle lâche :

— Avec lui, j'ai connu la passion, la vraie, pendant trois merveilleux mois. Puis il est parti. J'ai eu le cœur brisé. Après, j'ai appris que j'étais enceinte…

— Tu l'as laissé partir ? Alors que tu l'aimais ?

— Mais qu'est-ce que j'aurais pu faire ? Le priver de sa liberté ! Le couper de ses aspirations ? Dès le début, il avait été clair : c'était prévu qu'il aille en Asie. Notre rencontre n'a pas changé ses plans. Sa mission, comme il disait, était plus forte que tout. Tu as en toi ce même aspect, ce goût de l'engagement…

Sophia est au bord de la crise, mais elle se contient. Avant tout, savoir. Et sa mère parle. Enfin !

— D'ailleurs, je ne suis pas sûre qu'il aurait accepté que je l'accompagne à l'autre bout du monde… En plus, je devais terminer mon master en histoire de l'art, invente Valentina pour dire n'importe quoi.

— Hum, hum. Et depuis, tu as essayé de le retrouver ?

— Pendant des années. Mais l'Asie, c'est vaste. Il y a trente ans, les communications n'étaient pas ce qu'elles sont aujourd'hui. J'aurais tant voulu lui dire que tu étais venue au monde.

— Et c'est quoi, ces albums par terre ?

— J'ai vu par hasard un reportage à la télé qui m'a bouleversée.

— À propos de…

— D'une catastrophe naturelle en Amazonie, avec des populations en détresse.

— Et alors, quel est le rapport ?

— Une des personnes interviewées ressemblait à ton père !

— Parce que tu as sa photo dans tes albums ?

— Une vieille photo, que tu as déjà vue, mais sans savoir qui c'était…

— Maman, es-tu en train de me dire que tu as une photo de mon père et que tu ne me l'as jamais montrée ?

— Tu l'as vue, mais je n'ai pas insisté.

Sophia se rue sur la pile d'albums.

— Elle est dans celui du dessus.

La jeune femme s'en empare, tourne fébrilement les pages et s'arrête sur un cliché en mauvais état, avec deux coins pliés et un troisième un peu déchiré.

— C'est lui ?

— Oui. Vous avez des traits en commun…

— Si on veut, dit Sophia qui freine son engouement, pour ne pas risquer une déception de plus. Et tu l'as vu à la télé ? Il allait bien ?

— J'ai vu un pilote qui lui ressemblait.

— Il faut que je le rencontre !

— J'ai déjà lancé des recherches. Je viens d'envoyer un mail.

Sophia est chamboulée. Elle oscille entre la joie de s'imaginer connaître un jour son père et la tristesse de n'avoir rien su pendant toutes ces années. Dire qu'elle n'avait même pas pu voir son visage ! En cet instant, elle déteste sa mère. Pourquoi avoir gardé ce secret ? Et prétendre aimer sa fille !

« A-t-elle tant regretté cet homme au point que c'était trop douloureux de soulever le voile du passé ? Craignait-elle de ne pas tenir ? Ou plutôt que je remue ciel et terre pour le trouver, si je possédais sa photo ? Ou alors, y a-t-il encore autre chose à dissimuler ? »

Les deux femmes se taisent. Valentina est rongée de culpabilité et juge sans complaisance son incapacité à parler du passé. Elle s'agrippe aux bras du fauteuil. Tenir, toujours tenir… Déjà en train d'esquisser son futur, Sophia ne remarque rien.

James fait irruption dans le salon et est surpris par l'ambiance insolite en ce jour festif.

« Où sont passées leurs manies volubiles ? Je rentre et un ange passe… »

— Maman, annonce Sophia pour relancer la conversation, je pars à Essaouira dans deux jours pour la collection de photos à venir. Peux-tu t'occuper de James ?

— À Essaouira ? Tu vas à Essaouira ? demande Valentina, tout à coup très présente.

— Mais oui, tu connais ?

— Heu, oui, non… enfin… un peu, j'y suis passée une fois il y a belle lurette, mais c'est sans importance, ajoute-t-elle d'un air embarrassé qui prouve le contraire.

— À t'entendre, on dirait que tu me caches encore des choses.

— Ma chérie, je pars demain à Paris voir l'exposition Matisse avec Claire.

« Et moi, je vais où, alors ? », s'inquiète James, loin de mesurer l'amplitude du séisme survenu en son absence.

Sophia ne lâche plus le cliché qui l'hypnotise. Trop de questions la traversent. Elle déclare mollement que Mattéo l'aidera peut-être pour garder James.

« Pffff… tout seul la nuit dans l'appart pendant plusieurs jours… je vais déprimer, c'est sûr ! Quelle vie de chien ! soupire James. Alors, est-ce qu'on passe bientôt à table ? Il n'y avait pas le moindre lapin dehors… »

trente et un

Regards croisés

La vie, c'est maintenant !

L'Amazonie vue du ciel offre un spectacle grandiose dont la contemplation interpelle quant à l'avenir et à la fragilité de la planète… Miguel pilote l'hydravion avec assurance, tout en se mettant régulièrement en lien par radio avec Huachita. Le ronronnement du moteur, les vibrations de l'appareil, l'odeur d'huile et de métal chaud, l'atmosphère du cockpit ramènent Judy à des souvenirs vieux de dix ans, lorsqu'elle suivait des cours de pilotage. La magie du ciel exploré aux commandes du Piper Cub sur lequel elle s'entraînait la fascinait. Hélas, son projet s'était arrêté net le jour où son compagnon, un acrobate aérien, avait percuté un appareil en démonstration. Cela l'avait profondément marquée et, depuis cet accident elle s'interrogeait sur le sens de la destinée humaine. D'un clin d'œil au cameraman, elle relance l'enregistrement.

— Tout à l'heure, vous avez parlé de votre motivation à sauver des vies. En même temps, en imaginant le futur des rescapés, vous vous demandiez si cela avait du sens de les tirer de leur drame. Alors, comment faites-vous pour trouver une signification à ce que vous faites ?

— Vous en avez de ces questions, ronchonne le pilote, vexé de ne pas savoir quoi dire.

Dans l'instant, il est surtout en lien avec le plaisir qu'il a de voler. Alors, cette reporter… En plus, il aime diriger la situation et là, pris au dépourvu, il ne contrôle rien. Seul son Cessna lui obéit… Il reste muet. Judy laisse la caméra tourner. Puis, sans prévenir ni louvoyer, Miguel confie :

— Je vais vous dire. Si je supporte de frôler la mort et de côtoyer la misère au quotidien, c'est parce que j'arrive à repérer et à déguster chaque parcelle de beauté que la vie m'offre. La magnificence du ciel en est une. Elle change tous les jours, elle est gratuite et je ne m'en lasse pas. Le sourire des enfants quand je les embarque, la joie de certains lorsqu'ils se retrouvent, la reconnaissance de ceux qui reçoivent une petite attention, tout cela vaut la peine, si je reste ancré dans le présent et me rappelle que « *La vie, c'est maintenant !* » Des moments d'échanges comme celui-ci sont aussi appréciables. Votre interview est « Judy-cieusement » ciblée…

« Il faudra faire un sérieux montage des séquences ! », pense la journaliste en vraie professionnelle, tandis que son cœur de femme bat la chamade…

La radio lance un appel. Judy se plonge dans l'admiration du paysage. Lorenzo arrête l'enregistrement. Miguel s'empare du micro mais tarde à répondre.

« Pas si mal, cette reporter, tout compte fait… »

— Huachita, je vous reçois, ici EQ 603, nous serons là dans vingt minutes, je répète…

trente-deux

La douleur de l'absence

Si tu dis oui à ton destin, tu le mènes,
si tu lui dis non, tu le traînes.
Sénèque

Un coup de sonnette surprend Mattéo dans sa lecture, et le fait presque chanceler.

— C'est ouvert ! crie-t-il.

— Qu'est-ce que vous faites en haut d'une échelle ? demande Sophia en entrant avec James.

— Je cherche une citation de Platon vis-à-vis de laquelle je suis quelque peu circonspect. Mais, pour éventuellement la contredire, je veux disposer de la formulation exacte.

— La littérature vous fait vivre dangereusement !

— Vous avez raison, acquiesce-t-il en descendant de son échelle, une ancienne édition à la main. Que me vaut le plaisir, James ?

« S'il savait », songe James contrit.

— C'est que…

— Je vous taquine, Sophia, nous nous voyons trop peu ! Le travail, j'imagine.

— Eh bien, justement, Mattéo, je suis confuse. Je viens vous demander un service.

— Péché avoué…

— Mon bureau m'envoie de nouveau en voyage, au Maroc cette fois. Je suis dans une situation inextricable : je dois m'absenter après-demain, ma mère part à Paris visiter l'exposition Matisse et James est à la rue!

James, qui connaît la situation, se plante devant Mattéo avec une tête de chien battu, de mal aimé, d'abandonné, de *borderline.*

« Pour faire plus vrai face à un psy », espère-t-il. On dirait même qu'une larme va perler au coin de son œil. S'il était plus maigre, il ferait pitié!

— C'est que... entame Mattéo d'un air embarrassé.

— Ce n'est pas possible! Vous aussi, vous vous en allez? Tout le monde part, c'est la catastrophe! Ou bien je suis virée, ou bien je dois vendre mon chien!

« Elle devient folle ou quoi? », s'étrangle James.

Mattéo s'assied face à la grande cheminée d'albâtre et s'absorbe dans Platon, ce qui laisse Sophia perplexe, toujours debout sur le kilim favori de James.

— Voilà, je l'ai retrouvée: « *Le Temps est l'image mobile de l'éternité immobile.* » Qu'en pensez-vous, Sophia?

— J'en pense que, question de temps, je suis à la bourre!

— Hum... j'ai une proposition à vous faire.

— Si c'est pour James, j'accepte.

— Cela me paraît imprudent sans savoir, si vous me permettez.

— Je vous connais, Mattéo, je suis certaine que vous avez trouvé une solution magistrale, à laquelle même Platon n'aurait pas pensé.

— Encore faut-il que James soit d'accord, ajoute le vieil homme pour prolonger le supplice de Sophia.

« Enfin quelqu'un qui songe à me consulter! », pense James, soucieux de son sort.

— Je suis sûre que c'est le cas, d'ailleurs il suffit de le voir. N'est-ce pas James?

« Mais qu'est-ce qu'elle s'imagine? »

— Et où irez-vous au Maroc ?

— À Essaouira, *via* Marrakech.

— Eh bien, disons que James est invité en pension complète chez le vieux Mattéo, à condition qu'il me donne son avis sur Platon.

« Eh oui, je suis la bonne recrue ! La philosophie, je connais, se rengorge James flatté et rasséréné quant à son avenir. Ce Mattéo, quelle intuition ! Lui au moins a pris la mesure de mes talents ! »

— Merci Mattéo ! Que ferais-je sans vous ?

« Et moi donc, il y a cinq minutes j'étais presque vendu », s'offusque le labrador.

— Personne n'est irremplaçable. Mais asseyez-vous, vous avez bien une minute.

Satisfait par la proposition honorifique de Mattéo, James part s'étendre sur son kilim enfin libéré par sa maîtresse.

— Mattéo, j'ai une nouvelle importante…

— Je vois, dit Mattéo qui sent un changement d'énergie. Il se tait pour laisser à la jeune femme le temps de se poser. Dans ce cadre sécurisant, elle lâche :

— Ma mère a peut-être retrouvé mon père !

Puis des sanglots jaillissent. Ils viennent de loin. Mattéo accueille à la fois la tristesse du manque, la joie et l'espoir de cette révélation et la vulnérabilité du moment. Passé, futur et présent se rejoignent en un instant.

— C'est heureux, Sophia, ce cadeau de la vie qui vous rend un être cher, même si vous ne l'avez pas connu.

— Excusez-moi, Mattéo, je n'aurais pas dû vous confier ça, à vous qui…

— Soyons dans le présent.

— Oui, mais mon présent à moi, c'est qu'il est loin, mon père ! J'aimerais tant le connaître. Oh, pardon Mattéo, je suis maladroite !

— Il y a un moment où on lâche prise par rapport à la douleur de l'absence. Ne vous préoccupez pas pour moi, j'ai retrouvé la douceur de vivre.

— Mais comment fait-on pour lâcher prise ?

— *Ça se fait.* Quand on en a marre de s'accrocher. On peut tout au plus essayer de vouloir ce qui est, plutôt que ce qui n'est plus. Peut-être y suis-je arrivé grâce à Sénèque ? Il a écrit : « *Si tu dis oui à ton destin, tu le mènes, si tu lui dis non, tu le traînes.* »

— Moi, j'accepterai mon destin s'il m'aide à rencontrer mon père !

Mattéo reste silencieux. Simple présence lénifiante. La sérénité revient.

— Alors, c'est d'accord pour James ? s'enquiert Sophia.

— Me reposer la question est presque vexant.

— Oh merci Mattéo !

Embrassade affectueuse. Le vieil homme rosit et plonge le nez dans son livre.

trente-trois

Atterrissage forcé

Dans la vie, peu de gens ratent,
mais beaucoup arrêtent d'essayer !

La radio de bord est en panne. Lorenzo met ses connaissances en électronique au service de Miguel et teste un par un les modules de la VHF. Il aimerait réparer mais son fer à souder a besoin de courant et ce n'est pas dans cette clairière perdue au milieu de nulle part qu'il risque d'en trouver ! L'atterrissage a été des plus chaotiques. Mais il s'imposait, le mauvais temps ayant surpris l'expédition en plein vol.

— Qu'est-ce qu'on fout ici ! fulmine Miguel en marchant vers une rivière toute proche, avec Judy sur les talons, décidée à poursuivre coûte que coûte son interview.

— Vous avez fait ce qu'il fallait, nous devions nous arrêter. La météo s'est dégradée, vous ne pouviez pas le prévoir. Encore une chance que vous ayez repéré cette clairière.

— On peut moisir ici pendant des semaines ! Sans radio, en plus…

— Lorenzo est très compétent, s'il peut dépanner, il le fera, même si son intervention doit tenir avec du chewing-gum. C'est curieux que vous n'ayez pas de radio de secours, dans des régions si peu fréquentées.

— Vous voulez que je vous dise, rugit Miguel, *vous* avez une caméra de secours, *vous* avez les moyens, nous pas. Cet avion est notre seul outil de travail, on le maintient comme on peut. À part mon Piper Cub, nous avons réussi à acquérir deux Cessna d'occasion, et l'autre est en réparation !

— Vous êtes agacé qu'on ne mesure pas l'exploit que c'est pour vous d'avoir trois avions ? Alors, deux radios par zinc…

— Évidemment, vous croyez qu'on roule sur l'or ? Et puis, il y a tant à faire, partout à la fois…

— Vous manquez de moyens pour accomplir ce qui est primordial ?

— Clairement, et j'ai souvent du mal à savoir vers quelle misère me tourner en premier lieu. Seul un homme de terrain peut comprendre.

— Ça doit être difficile de travailler dans ces conditions.

— Oui, dit Miguel qui s'amadoue grâce à la compréhension de la reporter. Heureusement, confie-t-il soudain, j'ai reçu très jeune un enseignement essentiel d'un de mes professeurs. Cela m'a beaucoup soutenu et ne m'a jamais quitté depuis lors.

— Vous voulez raconter ?

Miguel hésite. Il jauge la journaliste, puis se livre :

— Je devais avoir 8 ans, j'étais en pension. Comme je me sentais seul et que je m'ennuyais loin de chez moi, j'avais imaginé de fabriquer un planeur. Je rêvais qu'il vole un jour. Chaque après-midi, à la salle d'études, mes devoirs terminés, j'y consacrais toute mon énergie. Ça m'a pris un temps colossal. Subjugué par mon opiniâtreté, le surveillant s'était mis à me prodiguer ses conseils. Il semblait aussi motivé que moi. Un jour, le planeur a été fin prêt pour les essais. À deux, on est monté en haut du pensionnat, on a ouvert une fenêtre et je l'ai lancé pour son vol inaugural… Hélas, après quelques courbes, il s'est écrasé au sol, dans un fracas épouvantable. J'ai couru avec le prof pour récupérer les morceaux, mais les dégâts étaient irréparables. En voyant la casse, il a eu les yeux tout humides. Il était désolé… Je ne savais pas très bien si c'était pour le planeur ou parce que je pleurais, ou les deux. Puis, avec un visage empli de bonté, que je distinguais nettement à travers mes larmes, il m'a déclaré :

« *C'est dur pour toi, Miguel. Il faudra te perfectionner, mais souviens-toi, petit… Il vaut mieux faire les choses médiocrement que pas du tout… et toi, tu l'as fait, ton planeur, ne l'oublie pas, tu l'as fait. Tu verras,* avait-il ajouté avec des tremblements dans la voix, *une chose est toujours difficile avant de devenir facile. Accroche-toi et ne renonce jamais. Dans la vie, peu de gens ratent, mais beaucoup arrêtent d'essayer !* »

Voilà pourquoi je continue. Grâce à quelques phrases de réconfort données par un prof qui avait compris ce qu'aimer veut dire. Quand je suis dépassé par l'ampleur d'une tâche, je pense à son regard bienveillant, je me répète ses phrases, puis je vais sur le terrain et je tente d'offrir le même amour que celui qui m'a touché. Mais je me demande pourquoi je vous raconte tout ça !

Judy, habituée aux façons rustres de Miguel, est prise au dépourvu. Elle en oublie le reportage et contemple la flore qui s'arrête au bord de la rivière. Certaines plantes – palmiers, bambous, fougères – ont même les pieds dans l'eau. La transition est nette entre le brun de l'eau et le vert de la végétation. Son esprit s'évade dans une réflexion sur les complémentarités de l'univers… Ce surveillant avait-il soutenu Miguel ? L'enthousiasme de Miguel avait-il galvanisé le prof ?

« À un moment, pense-t-elle, on ne sait plus qui donne et qui reçoit. »

Ils s'assoient sur un tronc d'hévéa. L'exploitation forestière de l'acajou et du palissandre, anciennement pratiquée à cet endroit, a créé comme une clairière. C'est là qu'ils ont pu se poser, espérant ne pas heurter l'un ou l'autre chablis oublié à l'époque.

— Qu'est-ce qui vous pousse à prendre de tels risques, Miguel ?

— Des risques, quels risques ? demande-t-il, surtout étonné d'être appelé par son prénom…

— Vous êtes d'accord qu'on a failli se casser la gueule ?

— Ce n'est qu'un incident de parcours. Il y a des situations plus complexes que ce petit imprévu.

— À propos, j'aimerais que vous m'expliquiez votre mission. J'ai mon enregistreur, poursuit-elle, en poussant sur la touche *record.*

— Ce qui compte, c'est d'être au clair avec ses essentiels, affirme Miguel que le thème embrase. Cela m'a pris des années. Bien sûr, j'avais un goût pour l'aventure et le contact humain. J'étais attiré par des cultures et des coutumes différentes des miennes. Ou peut-être que je fuyais l'Europe et mes souvenirs d'enfance ? Bref, j'ai d'abord vécu en Thaïlande et au Cambodge pendant quelques années. Ce fut une période de découvertes intenses. Il y avait là-bas un air de paradis, et aussi tant de misère, de violence, de cruauté. C'est à ce moment que l'orientation de ma vie s'est définie.

— Vous voulez préciser ? L'orientation de votre vie, votre mission ?

— C'est plus que le sauvetage de gens en difficultés. Il s'agit d'une promesse que je me suis faite.

— Mais encore ?

— Pour moi, dans toute entreprise de valeur, il y a quatre axes essentiels : d'abord *l'engagement*, l'implication personnelle qu'on met dans les choses. Puis *l'intégrité*, ou la droiture, sans détours. Ensuite la *connexion* ou les liens qu'on établit, et enfin *l'autorité* qu'on dégage dans les actes que l'on pose. C'est ce que je mets en place dans mon quotidien. Grâce à cette clarté d'esprit, je peux entreprendre mes expéditions parfois casse-gueule, comme vous dites…

— Et la peur ? Vous n'avez jamais peur, Miguel ?

— Je tente de mettre ma tête au service de mon cœur et de garder la tête froide et le cœur chaud. Ce choix se fait un jour à la fois. Lorsqu'il est dépouillé de voix intérieures hésitantes, il donne une immense confiance. C'est une source de plénitude même s'il m'arrive encore de pester ou de gueuler, par exemple quand les choses prennent du retard…

Le MP3, lancé au début de leur conversation, enregistre le silence qui s'installe. Le bruit de la forêt tropicale, mélange de cris d'oiseaux, de bruissements de feuilles, de remous de la rivière, se fait plus présent.

Judy observe Miguel puis lui demande d'une voix blanche :

— Vous allez nous sortir d'ici ?

— Allons voir votre sorcier électronicien, ou bien nous aurons besoin de vrais sorciers des tribus locales ! J'en ai rencontrés. Le plus étrange, c'est que souvent ça marche, dit-il en se dirigeant vers la clairière.

— Vous avez parlé de mission, d'aventures en Asie, d'avions en réparation. Et l'amour ? Vous n'en dites rien. Seriez-vous du genre loup solitaire ?

— Judy, à ma connaissance, vous faites une interview sur le sauvetage des populations de Huachita. Alors, en quoi ma vie privée intéresse-t-elle vos téléspectateurs ?

— Elle m'intéresse moi, rétorque la reporter avec aplomb, comme si c'était parfaitement naturel.

Miguel accélère le pas sans rien ajouter. Judy tente de le suivre, se prend le pied dans des racines et trébuche en jurant. Il se retourne, lève les bras au ciel, et rebrousse chemin :

— Ne me dites pas que vous vous êtes blessée ! On a déjà assez d'ennuis !

— Non, je suis coincée, si vous pouviez…

— Ne bougez pas, laissez-moi faire, dit-il en libérant sa jambe emberlificotée dans des lianes rampantes. Elle a plongé dans la terre boueuse et sa blouse s'est déchirée à l'épaule. Miguel l'aide à s'asseoir et, avec un mouchoir, sèche ses tempes égratignées. À un moment, son geste ralentit. Le temps de réaliser qu'il n'essuie plus le visage d'une journaliste tombée dans une flaque de boue mais qu'il caresse la joue d'une jolie femme qui l'a ébranlé par ses interrogations et une manière d'être hors norme. Cela le désarçonne d'apercevoir Judy souvent concernée, et même assez curieuse, tout en arborant un air désinvolte. Quant à ses questions, pas de doute qu'elles sont bien orientées. Son métier a l'air de la motiver et, en même temps, on dirait qu'elle ne se préoccupe pas plus que ça des réponses. Perplexe, l'aviateur remarque au passage la lumière de ses yeux bleus, bleus comme le ciel, là où il s'impatiente de retourner. C'est plus simple, même avec une météo capricieuse…

trente-quatre

Une heure à perdre ?

Peu à peu, on peut.

Étant donné le retard du vol Royal Air Maroc AT 405, l'embarquement à destination de Marrakech aura lieu à 13 heures.

« Encore une heure d'attente ! », peste Sophia en parcourant le hall de transit de l'aéroport de Casablanca. Elle arpente de long en large le couloir principal, sous le poids du regard concupiscent d'un boutiquier qui la voit passer pour la quatrième fois devant son échoppe. Cette jolie blonde allume l'imaginaire du vendeur.

« Une heure de plus à perdre dans cet endroit ! Et si j'écrivais ? Depuis Venise, plus une seule ligne ! »

En suivant les pictogrammes cafétéria, la voilà attirée par les accents d'une musique de style arabo-andalou. Au détour d'un couloir, elle tombe sur des adolescents en train de chanter. L'un d'eux joue de la guitare, d'autres assurent les percussions sur des tambourins. Les paroles en français l'attirent. Il est question du choix qu'on peut faire en fonction de l'être, plutôt que du paraître. Thème crucial dans sa vie ! La jeune femme se met à fredonner avec le groupe. Sa voix allie une touche cristalline à la puissance des sons graves. À un moment, quelque chose s'agrippe dans ses cheveux. Elle secoue la tête et découvre le bagage pointu d'un voyageur en conversation téléphonique. Quelle désinvolture ! Sophia repousse avec fermeté ce qui lui semble être un manche de guitare. Malmené, son propriétaire se retourne, portable à l'oreille.

— Vous ici ! s'exclame-t-elle, en se retrouvant nez à nez avec Maxime, l'homme aux béquilles. Certes, il a un peu changé : une barbe de plusieurs jours, une tenue genre safari, des Palladium beiges au kilométrage certain.

C'est un choc. Leur première rencontre l'avait rendue furax, mais cette fois, elle cède même à un certain plaisir.

— Qu'est-ce que vous faites avec mes jeunes ? demande Maxime en refermant son portable sans se rendre compte qu'il n'a pas dit au revoir à son interlocuteur.

— *Vos jeunes ?* Comment ça, vos jeunes ?

— Oui, nous rentrons d'une marche dans le désert. Des types motivés, en provenance de cités de Bruxelles, Charleroi, La Louvière. On a accompagné une méharée, dormi à la belle étoile et composé des chansons.

— Super !

— Et voilà le résultat : du talent à l'état pur, qui ne demande qu'à éclore si on leur en donne les moyens.

Il suffit à Sophia de comparer sa vie à celle de Maxime pour être assaillie d'autocritiques. Cette capacité à donner son temps, cette disponibilité l'attirent.

« Et moi qui vis dans la superficialité de la mode… »

— Que faites-vous ici ?

— J'attends un avion. Je dois être ce soir à Essaouira pour mon boulot.

— C'est quoi votre boulot ?

Le visage de la jeune femme s'empourpre. Vite, se cacher derrière ses cheveux ! Heureusement, ils ne sont pas rassemblés en queue-de-cheval…

« Ce type me fait quelque chose ! Ce que je vais dire risque de faire un flop. »

— Je supervise un reportage photographique pour un grand couturier.

— Et vous aimez ?

« Il m'énerve avec ses questions. »

Mais elle enchaîne d'un ton désinvolte :

— Dans l'ensemble oui, je voyage beaucoup. C'est très…

Impossible de terminer la phrase. Ses yeux viennent d'être kidnappés par ceux de Maxime qui la regarde avec une ingénuité faite de l'authenticité d'être *qui on est*. Trouvant sa conversation insipide, Sophia perd contenance, alors que d'habitude elle est plutôt assertive. L'altruisme de Maxime la renvoie sans complaisance à la superficialité de sa vie.

— Vous avez du temps, si nous marchions un peu ? suggère-t-il, inconscient du tumulte qu'il a provoqué. À propos, *sorry* pour cet accrochage. Décidément, quand on se croise…

Sophia continue :

— J'étais en Italie il y a quelques jours, pour mon travail, mais aussi pour un projet qui compte beaucoup pour moi.

— De quoi s'agit-il ?

— J'aimerais apprendre à des jeunes en difficulté, des enfants de prisonniers, à peindre des masques et à les mettre en scène. À Venise, j'ai rencontré un artisan qui m'a offert une vingtaine de masques ! Je sais que mon projet est illusoire, vu mon manque d'expérience, mais j'ai envie d'y croire, bien qu'on m'ait déjà fait remarquer que c'était utopiste…

— Ce projet, c'est votre sensibilité qui s'exprime. Un cœur qui va vers ses rêves est toujours un cadeau pour l'univers !

— N'empêche, je ne suis pas metteur en scène et je passe mon temps à voyager.

— Il y a deux jours à peine, nous étions assis avec mes gars sous une toile placée par les Bédouins. Épuisés par des heures de marche. À un moment, le chef de la méharée nous a dit quelque chose de tout naturel, alors, je vous le confie, ça pourra toujours servir… « *Un pas après l'autre, on finit par arriver. Vous voyez bien que, peu à peu, on peut.* »

— Merci de m'encourager à rêver. Même si c'est dément.

— *Celui qui n'est pas fou un jour par semaine n'est pas normal!* C'est de Pascal, je crois.

— En tout cas, c'est loin d'être un risque que vous courez. Votre vie a l'air atypique à souhait.

— Tout est une question de point de vue. Peut-être ai-je la hantise du train-train quotidien ? Mais, pour en revenir à vous, je pense que c'est seulement en rêvant à quelque chose qu'on peut le faire grandir. Pour autant qu'on y mette le meilleur de soi.

— Oui mais, commence Sophia qui s'interrompt au milieu de sa phrase, consciente d'avoir entendu la même chose dans la bouche de Mattéo.

— De toute façon, il vaut mieux avoir de grands rêves qu'on ne réalise pas que de petites ambitions atteintes sans panache.

« Là, c'est le coup de grâce! Telle mère, telle fille ! », soupire-t-elle, en se voyant succomber au charme de Maxime, l'aventurier.

Le vol Royal Air Maroc AT 405 à destination de Marrakech est prêt pour l'embarquement. Veuillez vous rendre à la porte B9.

Maxime sort un bout de papier de sa poche et y inscrit un numéro de téléphone.

— Si vous avez un moment, après tous vos voyages, on pourrait se voir, sans pour autant s'accrocher avec une guitare ou une béquille ?

Sophia lui tend une carte de visite sophistiquée.

« Une carte de visite, encore une gaffe ! »

Puis, en se dirigeant vers la salle d'embarquement, elle réalise :

« Et dire que j'avais une heure à perdre ! Des heures perdues comme ça, j'en veux bien tous les jours… Avec qui, au fond ? »

Elle s'empare du papier et lit : *Maxime Delloye 0477/…*

trente-cinq

Silence radio

Juan Frontera arrête le moteur de son *pick up truck*, tire le frein à main et attend la fin d'un de ses morceaux préférés de musique country, *Always and Forever*. Il sort de la camionnette et claque la porte qui fait un bruit de ferraille inquiétant. Puis il se dirige vers le bureau de sa compagnie d'aviation, *Los Valientes Rescatadores*, bureau constitué d'une pièce poussiéreuse située au-dessus de la cantine de l'aéroport. Cela fait plusieurs heures qu'il tente de joindre par radio son ami et associé Miguel Penez. Sans succès. À l'extérieur, un escalier en fer, à l'origine peint en blanc, lui permet d'accéder à ce niveau sans devoir passer par le bistrot. L'homme est préoccupé. Il n'est pas d'humeur à causer avec les clients, les techniciens et autres piliers de bar. Que devient son équipe ? Et où est son avion ? Déjà que leur escadre se résume à deux Cessna d'occasion et que la moitié de la flotte est en réparation… Avant de pénétrer dans son antre, il jette son mégot par-dessus le balcon. Puis, d'un geste automatique, actionne le ventilateur. Celui-ci brasse un air chaud et humide. Un coup d'œil sur le fax qui a malheureusement somnolé, comme le mécanicien. Et le répondeur ? Pas de message. La radio VHF ne témoigne d'aucun signe de vie sur la fréquence 127.55. Donc pas de liaison avec l'avion parti en expédition. Par acquis de conscience,

Juan allume l'ordinateur, une fois n'est pas coutume, et attend la connexion avec le serveur. Le temps d'attraper une Palma Louca Cerveza dans le mini-frigo. La bière va le calmer. Aucune nouvelle de Miguel. Des publicités, des annonces pour des forums de rencontres, bref, les spams encombrants comme d'habitude. À part un mail en français : *À l'attention des Los Valientes Rescatadores.*

Un clic de souris, l'imprimante hoquette, s'ébroue, crépite et finit par éjecter une feuille de papier recyclé qui vole par terre, dans la poussière brune, couleur piste d'atterrissage.

Monsieur,

J'ai vu sur la chaîne de télévision « Planeta del Mundo » un reportage montrant le retour d'une mission de sauvetage dans une région d'Amazonie…

Juan se concentre sur le texte. Son français est lacunaire. Décryptant péniblement le document, il croit comprendre que cette personne cherche des renseignements sur Miguel.

« C'est signé *Valentina.* Encore une histoire de femmes… ou bien des journalistes en quête d'images fortes pour leurs télévisions bourgeoises. »

Il est furieux et inquiet. En ce moment, lui aussi aimerait avoir des informations sur ce Miguel Penez qui intéresse une certaine Valentina ! Mais tant pis ! Au diable ses soucis, il va quand même répondre à ce mail, pour autant qu'un de ses collègues l'aide à rédiger le texte dans un français décent. On a de l'éducation chez *Los Valientes Rescatadores.* La radio grésille, Juan sursaute et se précipite sur le micro.

— Crrrrrr… crrrrrr

— Vol EQ 603 à destination de Huachita, me recevez-vous ?

— Crrrrrr… crrrrrr

— Ici Juan… vol EQ 603… me recevez-vous ?

— Crrrrrr

— Vol EQ 603… putana, répondez !

À nouveau plus rien, une radio muette, un ventilateur qui tourne en couinant à intervalle régulier, une bière à moitié vide et une feuille de papier fraîchement imprimée.

trente-six

Porté disparu

La taille des Prunus caucasica est terminée. Valentina glisse un sécateur dans la poche de son antique veste brune et regagne la maison. Ses écuries anciennes, ses arbres centenaires et ses briques rouges dégagent une solidité sur laquelle l'artiste s'est appuyée depuis l'enfance et c'est avec reconnaissance et dévotion qu'elle soigne la demeure familiale.

À peine rentrée, elle se précipite sur l'ordinateur et s'enfièvre en voyant apparaître à l'écran un envoi de *Los Valientes Rescatadores !*

Madame,

Pour répondre à votre demande d'information, une équipe de télévision est depuis plusieurs jours en reportage sur l'action que nous menons, suite à un sinistre survenu dans notre pays. Le programme auquel vous faites référence a dû montrer différentes personnes interviewées par la télévision. En effet, nous disposons d'une antenne sanitaire de secours d'urgence, d'une cellule stratégique, d'une équipe de coordination avec les principales ONG et d'un dispensaire…

« Quel blabla ! »

Notre flotte aérienne est constituée de deux hydravions de type monomoteur Cessna et d'un Piper Cub. Des pilotes d'expérience se voient confier des missions éloignées ou présentant un caractère d'urgence…

« Est-ce qu'il va répondre à ma question ? Tout ce que je veux, c'est savoir si Miguel fait partie de sa compagnie ! »

À propos de nos équipes opérationnelles, nous avons également des hommes en service dans des unités de transports terrestres, sur véhicules lourds et légers. Merci de vous intéresser à notre action.

Veuillez agréer, Madame, mes meilleures salutations,

Juan Frontera,

Operation Manager « Los Valientes Rescatadores »

P.-S. : Vous enquêtez au sujet d'un pilote du nom de Miguel Penez. Il est en service dans la région de Huachita. Nous sommes sans nouvelles de cette expédition. La région se trouve dans une zone de turbulences climatiques et cette situation défavorable nous préoccupe beaucoup.

Valentina est confuse : se réjouir, s'inquiéter ? Oui, c'est bien Miguel le pilote aperçu à la télévision. Il est donc vivant, quelque part en Amérique du Sud mais au moment où elle retrouve sa trace, après trente ans, le voilà porté disparu.

« C'est moi qui ai besoin d'un secours d'urgence », pense-t-elle en entendant la sonnerie du téléphone.

— Oh Claire, tu tombes du ciel ! Grâce à toi, j'ai retrouvé Miguel mais…

trente-sept

Coïncidences ou interférences ?

Pourquoi le monde est-il fait d'opposés si extrêmes ?

Une bouteille de plasma est accrochée à un perroquet de fortune constitué d'un bambou planté dans le sol. Sur une civière, une jeune fille souffre d'une blessure à l'abdomen. Les narcotiques l'ont assommée, elle ne bouge plus. Un chirurgien, venu en renfort de Quito, tente d'effectuer les premiers soins. Sur le brancard voisin, un gamin de 7 ans respire faiblement. Sa jambe a été écrasée par un tronc d'arbre.

Après une immobilisation dans la forêt à cause du mauvais temps, l'équipe de *Planeta del Mundo* est enfin à pied d'œuvre. Elle filme ces scènes, et bien d'autres encore. Il est midi à Huachita. Le soleil est au plus haut. C'est la saison des pluies mais, depuis quelques heures, la météo est plus clémente. Judy est partagée. Des crampes au ventre lui rappellent son dilemme du moment. Elle est là pour couvrir l'événement : faire des images et assurer son travail de journalisme. En même temps, la détresse des gens interviewés la choque. Au fond elle préférerait les soulager en s'improvisant infirmière par exemple…

Lorenzo est exténué : au fil des heures, sa caméra lui semble de plus en plus lourde. Il ne sait pas si c'est le poids de celle-ci ou la rencontre avec la souffrance qui lui pèse autant. Ils ont commencé tôt ce matin, profitant des couleurs orangées du lever de soleil qui renforçait le contraste entre la magnificence et l'horreur.

« Pourquoi le monde est-il fait d'opposés si extrêmes ? », s'interroge le jeune homme, rarement confronté à ce genre de situation.

La nuit a été pénible, tant il était éprouvant d'entendre les gémissements des blessés. Quel est le sens de tout ça ? Il en a plus que marre. En fait, il préférerait être rentré à la base, plutôt que d'avoir réussi à réparer la radio de ce zinc !

— Des nuages approchent, rentrons au QG, dit Judy.

Sur la piste vers le Quartier général, ils rencontrent Miguel.

— Je dois rappeler Juan au bureau. Il y passera bien un jour ou l'autre. C'est à se demander ce qu'il fiche, il n'y a jamais personne au bout du fil ! Je vais à l'avion, vous m'accompagnez, Judy ?

— OK, s'empresse-t-elle.

Après quelques minutes de marche, ils rejoignent l'hydravion. Miguel se hisse dans le cockpit, Judy s'assied à côté de lui. De chuintements en grésillements, une liaison radio s'établit sur la fréquence convenue avec Juan.

— Juan, ici Miguel.

— Crrrrrrrrr… guel ? Allô… crrrrrrrrr !

— Juan ! Mais qu'est-ce que tu fous, bordel ! Il y a des heures que j'essaie de te joindre !

— Crrrrrrrrr, parle pour toi, pas de nouvelles depuis… crrr… Qu'est-ce qui t'est arrivé ?

— On a été bloqué en route… cette foutue météo.

— Je m'en doutais, mais tu aurais pu prévenir. Quand rentres-tu ?

— La piste est impraticable. On rentrera dès que possible. Et chez toi, rien de neuf, espèce de flemmard ?

— Non, la routine. crrrrrrr. Ah oui, j'ai reçu un mail d'Europe pour toi. D'une certaine Valentina.

— Tu peux répéter le nom, j'ai rien compris.

— Une *Va-len-ti-na*! Tu trouveras le mail à ton retour...

— Ah bon. Qu'est-ce qu'elle voulait? demande Miguel qui semble encaisser un choc.

— Savoir si c'était bien toi... crrr... qui étais interviewé sur *Planeta del Mundo*, dit Juan en se marrant. Tu es la star des journalistes, ajoute-t-il, espérant glaner un détail croustillant sur la présence de la reporter à ses côtés.

— Je te laisse, écourte Miguel. Passe quand même de temps en temps au bureau, au moins pour arroser mon palmier!

— Crrrrrrrr...

Miguel éteint la radio. Judy sent qu'il se passe quelque chose. Elle l'a vu faire une drôle de tête lorsqu'il a entendu le nom de Valentina.

— Miguel, ça va?

— Bah, de vieux souvenirs...

— Vous voulez en dire plus?

— Oh, c'est de l'histoire ancienne... Valentina, si c'est bien elle, est une femme que j'ai connue en Belgique il y a très longtemps. À l'époque, j'avais le projet de partir en Asie, ce que j'ai fait d'ailleurs. Notre relation s'est arrêtée du jour au lendemain... Mais bon, c'est du passé! ajoute-t-il d'un ton qui se veut neutre mais qui est saturé du contraire.

— Et vous vous êtes revus?

— Jamais. Je me demande pourquoi elle cherche à me joindre. C'est peut-être une coïncidence, une journaliste de plus...

Le passé de Miguel refait surface. Un passé encore très présent, à en juger par sa réaction.

— Vous voulez que je vous laisse?

— Non, non, merci... Retournons aux tentes, dit-il, sans plus lui porter attention, tandis qu'elle s'efforce de rester stoïque devant une telle indifférence.

De son côté, à Ahuano, rassuré d'avoir entendu son pote, Juan quitte le bureau, en prenant soin de vider une canette d'eau qui traîne là par hasard sur le palmier assoiffé de Miguel. Il est pressé de rejoindre les mécaniciens à la buvette de l'aéroport.

« Cette liaison radio, c'est bon signe. Aujourd'hui, je plume ce vieux Cortes au 21. Sans même truquer les dés… »

trente-huit

Prises de vues, prises de becs

Une compréhension sans pression
amène à la solution.

— Si on attend un bon quart d'heure, la lumière sera parfaite ! dit Marc, le photographe, en regardant le ciel à travers un filtre gris de haute densité. Les nuages vont bientôt dévoiler le soleil.

— Sophia, ce sera l'ensemble 17 ou le 23 pour Sandrine ? crie l'assistante en charge des tenues de la collection *Linea di Giorgio.*

— Le 23 dans ce décor-ci. Avec le vent, les tissus flotteront superbement et n'oublie pas que Julien veut les chaussures et les bijoux de la dernière livraison. Je sais, ce n'était pas prévu, mais tu connais le boss, il raffole des changements de dernière minute !

Dans le vent d'Essaouira, un vent qui sévit en permanence sur cette ville médiévale de l'Atlantique, Sophia encadre avec fermeté et diplomatie tout ce petit monde stéréotypé de la mode, avec ses strass et ses paillettes, ses mannequins, maquilleurs, coiffeurs, éclairagistes…

Arrivée la veille à *La Villa Maroc*, un ancien riad du XVIIIe siècle, la jeune femme s'est promenée dans chaque recoin du port. Elle a exploré les souks, déambulé dans des ruelles tapissées de kilims et d'osiers suspendus et est passée sous chaque arcade, avide d'y découvrir les étals regorgeant d'épices, les carrioles chargées de melons... Sur les remparts, armés d'anciens canons portugais, elle s'est délectée de la force des vagues et de l'accent des pêcheurs.

Mais, pour le moment, c'est la gestion des prises de vue qui sollicite son attention. Le vent souffle et le photographe scrute le ciel, assez dubitatif. Quant au coiffeur, déjà assez dégarni, il s'arrache les quelques cheveux qui lui restent, car le savant coiffé-décoiffé de Virginie nécessite des retouches incessantes. L'heure tourne et Sandrine commence à tirer la tête dans sa tenue 23. Les mannequins sont habitués à ce genre de situation, mais là, ça commence à bien faire ! Sophia voit l'atmosphère se tendre. Pas marrant ! En outre, elle a un planning à respecter, deux jours sur place, puis retour à Bruxelles. Obligée de patienter, elle remarque à quelques mètres d'elle un mendiant d'une vingtaine d'années, recroquevillé dans un fauteuil roulant. Des passants, quelques touristes et des Arabes pour la plupart, lui donnent l'aumône et poursuivent leur chemin. Et lui reste là, tordu, sans pouvoir bouger. Son dénuement, son regard doux impressionnent Sophia. Elle devine qu'il a les yeux bien ouverts sur ce qui lui reste des plaisirs de la vie. Parfois, quelqu'un s'arrête et lui parle. Et toujours ce sourire, lumineux, sans attente... Sa dignité captive la jeune femme et l'emmène dans une réflexion sur le sens des choses :

« D'un côté, ces mannequins qui gagnent des masses d'argent pour exploiter ce que la nature leur a offert – une belle gueule, un beau corps – et puis là, ce mendiant... Qu'est-ce que la nature lui a donné ? »

Poursuivant son questionnement, elle constate qu'il a réussi à déplier un bras pour offrir les sous qu'il vient de recevoir à un aveugle déguenillé. Voyant son visage s'animer, elle pense :

« Entre l'appartenir et l'appartenance, cet homme a visiblement choisi... Tout compte fait, qui, d'entre les mannequins et lui, est le plus à plaindre ? On voit qu'il a lâché prise. Il a dit oui à son destin. Comme Mattéo face à son drame. »

Le soleil ne daigne pas apparaître pour permettre les contre-jours exigés par le photographe. Virginie déambule sur le chemin de ronde des remparts, avec la mer et les îles en arrière-plan. Les moellons ocre du bastion nord de la Sqala mettent en valeur la teinte beige de sa robe légère. Le vent crée des ondulations dans les tissus et découvre subrepticement ses jambes de mannequin à deux mille euros la journée. La crispation monte dans l'équipe. Les nuages s'incrustent. Le vent se lève, les filles prennent froid, le sable vole et pique les yeux, le maquillage coule, les coiffures ne ressemblent plus à rien…

« *La pacotille capote*, songe Sophia, de moins en moins dupe de ce monde d'illusions. Et en plus, c'est à moi de décider si la séance de prises de vue est fichue pour aujourd'hui. Ras-le-bol de ce métier. »

— OK, on arrête pour aujourd'hui, lance-t-elle soudainement. On se retrouve demain matin à 6 h 30 sur la terrasse de la *Villa Maroc*. Espérons que le vent ne soit pas levé.

— Ce qui ne sera pas notre cas, ronchonne Virginie en se déshabillant.

— Sophia, qu'est-ce que tu fais maintenant ? demande Marc, soupirant inconditionnel de la jeune femme depuis des lunes, et persévérant dans ses espoirs de développer un jour avec elle autre chose que des photos…

— J'ai envie d'être un peu seule. Je vais faire un tour sur la plage, annonce-t-elle avec un gentil sourire, hélas sans équivoque. On peut se voir ce soir si tu veux, et refaire le planning pour la journée qui nous reste. Il faudra bosser plus vite, tu t'en doutes. À 20 heures, à mon hôtel ?

— Parfait, répond-il, beau joueur et conscient que ce ne sera pas pour cette fois-ci. À tout à l'heure.

Virginie et Sandrine, déçues de ne pas se faire raccompagner par Marc, qui est assez mignon, lui lancent un regard de convoitise et poursuivent leurs papotages, tout en se dirigeant vers la place des taxis.

Sophia marche dans les dunes, le visage camouflé dans un chèche blanc. Le vent soulève des nuages de sable. Elle s'assied pour méditer... Les mouettes, les vagues, tous ces bruits si présents à Essaouira s'estompent peu à peu. Une respiration lente et régulière favorise sa quiétude. Des pensées apparaissent. Elle les laisse lui traverser l'esprit sans s'y attarder. Douce tranquillité. Plaisir du lien subtil avec soi-même.

□

Le lendemain matin, le vent est tombé. La terrasse au niveau du toit de la *Villa Maroc* est baignée dans la lumière de l'aube qui fait ressortir les matières et en souligne les contrastes.

« Tout va bien ! », pense Sophia en voyant le ciel limpide.

Marc a fixé son Nikon sur un trépied. L'assistant déploie les panneaux réfléchissants, la maquilleuse installe ses produits pour les raccords de dernière minute et Virginie apparaît enfin dans la fameuse tenue 17, un ensemble blanc écru en accord parfait avec le blanc patiné des murs et le rouge lie-de-vin des carrelages de la terrasse.

— Dis-moi, Sophia, des tissus blancs sur fond blanc tu le fais exprès pour me compliquer la vie ? demande Marc, pas rancunier, en réglant la mise en place de Virginie.

— Julien m'a dit que tu étais le meilleur, donc pour toi, ce n'est pas un problème ! Je me trompe ?

— Sophia, s'enquiert Sandrine qui a déjà enfilé sa tenue 23, je passe quand ?

— Tu sais qu'avec Marc...

Les taquineries se poursuivent. Sophia crée une ambiance détendue et veille à exécuter le travail dans les délais. Elle devra rendre des comptes à Julien.

— Sandrine, tu es toute pâle, tu n'es pas maquillée ou tu ne te sens pas bien ? demande-t-elle soudain.

— Je suis maquillée et je ne me sens pas bien. Au même moment, la jeune fille, livide, titube et s'effondre en renversant une vasque en poterie. Grand fracas. Elle aboutit dans une ottomane en osier. Sa jupe, trop ajustée, se déchire…

— Il faut un médecin !

Sophia se précipite à la réception. Le planning prend une nouvelle fois du retard.

— Je t'avais dit de manger ce matin, triomphe Virginie.

— Et toi, tu as mangé ?

— Oui, ce qu'il faut pour tenir dans ce bled.

— C'est ça, tu fais toujours mieux que les autres !

— Ce n'est pas ce que j'ai dit, je fais attention, voilà tout.

— Tu fais attention, mais t'as pas vu tes fesses !

— Tu peux parler, c'est pour quand ton prochain *Botox ?*

Revenue sur la terrasse, Sophia tombe sur cette discussion de mégères.

— Les filles, ça suffit ! Quand vous vous chamaillez alors qu'on a plein de boulot et que Sandrine tourne de l'œil, je suis prête à exploser ! Je préférerais qu'on collabore. Alors, je vous demande de changer de ton. Virginie, retourne sur le plateau. Et toi Sandrine, viens dans ma chambre attendre le médecin !

— OK, OK, mais c'est pas moi qui ai commencé, ronchonne Virginie. Quand j'ai vu qu'elle avait un malaise, je suis gentiment venue près d'elle, et voilà ce que je me ramasse !

— S'il te plaît Virginie, n'en rajoute pas…

Sophia et Sandrine descendent cahin-caha d'étroites volées d'escaliers. À peine dans la chambre, le jeune mannequin perd connaissance. Sophia lui tapote les joues. Rien ! Alors, elle stresse à fond et maudit une fois de plus l'ingratitude de son rôle.

Finalement arrive un médecin à la mine rébarbative. Fragile, angoissée sous le poids de ses responsabilités, Sophia se glace et se tait. L'homme ausculte Sandrine qui a repris conscience et donne son diagnostic.

— La demoiselle nous fait une sérieuse entérite doublée d'anémie. Elle a besoin de repos, de beaucoup boire, de s'alimenter un peu normalement et de garder la chambre.

— Docteur, ne pensez-vous pas qu'il serait préférable de la mettre en observation à l'hôpital ? Mince comme elle l'est, son état peut empirer. Elle vient de faire une syncope qui a duré…

— En Europe, ce serait sans doute l'usage, la coupe le médecin en rangeant son stéthoscope, mais ici nous n'avons pas de place pour ce genre de petites indispositions. Une entérite, ou une déshydratation chez un adulte se soigne à domicile. Je lui prescris du repos, des médicaments, et je jugerai de l'évolution dans vingt-quatre heures…

Vexé d'être contesté par une femme, plus jeune que lui de surcroît, le médecin se ferme et, sans dire un mot, rédige ce que Sophia suppose être une ordonnance. Il tente ensuite d'apposer avec emphase un cachet sur son document, mais le tampon encreur est desséché. Du coup, il doit taper plus fort, ce qui compromet le cérémonial de l'acte. En temps normal, Sophia se marrerait devant la scène, mais là, la moutarde lui monte au nez, car elle n'accepte pas ce qu'elle estime être un verdict risqué et sans appel.

« Je vais faire un malheur si ce type continue à me regarder de haut sans m'écouter ! *Une compréhension sans pression amène à la solution… Oser être soi…* Il faut que je me calme… Sentiments, besoins, *même si quelqu'un n'est pas sympa, on peut lui donner de l'empathie… Et puis, revenir à soi.* »

— Docteur, j'imagine que ma demande est à vos yeux déplacée. Peut-être êtes-vous choqué parce que vous avez besoin de respect des compétences de chacun ? C'est cela ?

L'homme, insaisissable, grogne :

— Le médecin ici, c'est moi !
— Vous aimeriez qu'on vous laisse jouer votre rôle ?
— Cela va de soi, Madame ! Il s'agit de mon métier et je sais ce que je fais !
— Vous voudriez qu'on reconnaisse votre savoir-faire, docteur ?
— Absolument. On dirait que vous doutez de mes compétences...
— Si je comprends bien, vous avez besoin de confiance dans la pertinence de votre diagnostic ?
— Tout à fait, conclut le médecin qui se déride imperceptiblement.

Le voyant plus calme, Sophia poursuit son objectif :
— Quand je vous entends dire cela, je suis perplexe. J'aimerais que vous sachiez que ma requête n'a rien à voir avec une mise en cause de vos compétences, docteur. Il s'agit seulement de mes craintes et de mes responsabilités, qui sont lourdes pour une femme de mon âge. Je suis préoccupée par l'état de cette jeune fille et cela me rassurerait si elle recevait un suivi constant. Je vous prie donc de bien vouloir considérer mes inquiétudes et de la faire entrer dans l'hôpital de la ville.
— Bon, bon, je repasse dans deux heures et si ça ne va pas mieux, je réévaluerai que faire.
— Merci de votre compréhension, vous m'enlevez un fameux poids, docteur, ajoute Sophia, qui se félicite de sa persévérance.

De leur côté, Marc et Virginie tentent de sauver ce qui peut l'être : fin de matinée, photos dans le port avec les filets de pêche et les bateaux en construction. L'après-midi, clichés sur les remparts. Au crépuscule, retour dans la médina, au pied du Mechouar. L'équipe assure un maximum. Virginie, triomphante, récupère les vêtements prévus au départ pour Sandrine. La situation est loin de lui déplaire…

« Elle n'a que ce qu'elle mérite », se dit-elle, en adressant un charmant sourire à la caméra.

trente-neuf

Nouvelle culture d'entreprise

Quand on va vers ses rêves avec opiniâtreté,
l'univers fait tout pour nous aider à les réaliser.

« Il pleure, c'est bon signe », pense Julien en contemplant un somptueux Brunello di Montalcino 1987. Il avait bien hésité entre un Barbaresco et l'habituel Barolo mais le moment était venu de s'offrir une saveur différente. Ce midi, le *Via Veneto*, son restaurant italien préféré, est calme et le boss de *News in Fashion* anticipe le plaisir d'un bon déjeuner avec sa jeune et pétillante collaboratrice.

« 13 h 15, dix minutes de retard… »

D'un geste souple et régulier, il fait tourner son verre ventru et l'inestimable breuvage suit le mouvement. Ce connaisseur apprécie les coulées du vin, en hume le parfum, puis goûte le précieux nectar dont la robe lui rappelle des tissus commandés à Venise.

« Je dois lui parler de notre échange téléphonique quand elle était à Venise… De fait, l'atmosphère est exécrable dans la boîte et je me sens de plus en plus susceptible… Mais d'abord, je veux un *feed-back* sur l'aventure marocaine. »

Concentré sur l'éclat du vin illuminé par un rayon de soleil, il ne remarque pas que Sophia vient d'entrer. Le patron lui indique la table de son boss.

— Bonjour Sophia, vous avez bonne mine, c'est le soleil du Maroc ?

— Bonjour Julien. Pourtant on n'a pas vraiment eu le temps de bronzer !

— Je suis au courant. Marc m'a raconté. Il a admiré la manière dont vous avez géré la situation. Vous pouvez être fière. Il fallait une sacrée dose d'autorité pour imposer vos vues dans un pays où la femme n'a pas trop voix au chapitre.

— Heureusement, chacun y a mis du sien. J'avais une équipe pleine de bonne volonté.

— Il y a plus que ça, Sophia, il y a vous. Je vous observe depuis tout un temps au bureau et je trouve que vous changez de jour en jour.

— C'est vrai ! Je n'ai plus l'ardeur que j'avais il y a deux ou trois ans.

— Ce n'est pas ce que je voulais dire. C'est autre chose. D'où tenez-vous cette lucidité ? Comme dans ce coup de fil que vous m'avez passé de Venise. À votre âge, vous me surprenez.

— N'exagérons pas ! Je réfléchis, c'est vrai, je lis, je parle avec des gens qui sont une source d'inspiration pour moi dont un ancien psy, un certain Mattéo. Un homme plein de finesse. Le fréquenter m'offre une leçon permanente sur l'art d'être en relation. Il m'a appris à écouter mon vécu, à donner de l'empathie, à faire des demandes… C'est une nouvelle façon de vivre. Mais cela doit vous sembler assez obscur… Heureusement qu'à Essaouira je possédais un peu de cette capacité d'aborder les gens et de gérer mon stress. Je ne sais pas comment je m'en serais sortie sans ça !

— Il faudrait que vous m'en disiez davantage à l'occasion.

— L'occasion, c'est maintenant, Julien, ose-t-elle. Je vous avoue qu'une partie de moi n'en peut plus au bureau. Je suis mal à l'aise de vous dire ça, alors que vous me faites de plus en plus confiance et qu'en majeure partie, j'apprécie mon travail. J'aime fréquenter ces créatifs qui foisonnent d'idées extravagantes. Mais, en même temps, je me sens de plus en plus attirée par l'humain au niveau de *l'être* plutôt que du *paraître*… Et vous conviendrez que la mode et son aréopage sont surtout branchés sur le paraître.

— Qu'est-ce que vous êtes en train de me dire, Sophia, demande Julien, qui, en fin limier, excelle à lire entre les lignes…

— Je vois que le temps est venu d'orienter ma vie autrement. Sinon, je ne serai plus en accord avec moi, répond Sophia avec fermeté.

Julien fait mine de s'absorber dans le menu pour se donner un temps de réflexion.

« Elle me fascine ! Prête à lâcher un job lucratif, où elle a une position enviée, un travail qu'elle exécute avec brio, simplement pour être en accord avec elle-même… C'est une perle, cette femme. »

— Racontez-moi, Sophia, qu'est-ce qui cloche tellement pour vous chez *News in Fashion* au point que vous envisagiez de nous quitter ?

— Je vous en ai déjà parlé au téléphone. Il y a les tensions dans les relations, les critiques, le manque d'authenticité. Et tout le stress qui en résulte. Est-ce que vous partagez mon point de vue ?

— C'est vrai que ces derniers temps le climat est détestable. J'en suis excédé !

— Voilà ! Vous vous forcez. Où est le plaisir là-dedans ? À part celui de produire de l'argent et de beaux vêtements…

— C'est déjà pas mal.

— Et cela vous suffit ? Vous n'êtes pas perplexe quant à l'avenir de la boîte et de votre santé ?

— Vous savez, il y a toujours des inconvénients dans l'existence.

— D'accord, mais j'imagine qu'un climat qui se dégrade, comme c'est le cas chez nous, a un effet négatif sur la rentabilité de l'entreprise. Que ce soit par le biais d'un manque de dialogue, d'une mauvaise circulation des infos, d'une diminution du goût à créer ou à travailler, d'une augmentation de l'absentéisme pour *burn out* et autres maladies liées au stress, etc.

Julien est bluffé. Il pense au chiffre d'affaires qui a baissé selon le dernier bilan, mais il avait mis cela sur le compte du ralentissement de l'économie, et à sa tension qui, elle, n'arrête pas de monter…

— À votre avis, que faire pour changer les choses, si tant est qu'on le puisse ?

— Commencez par proposer des temps de formation. Toutes les boîtes à la pointe le font. En méthodes de communication, de gestion du stress, de conscience de soi, etc. Il est urgent de faire évoluer la culture relationnelle au sein de notre entreprise.

— Mais, votre *Communication Empathique,* de quoi s'agit-il encore ?

— C'est une manière de communiquer qui favorise l'écoute sans jugement et qui prône l'expression authentique du vécu de chacun. Son but est de créer davantage de confiance, de respect mutuel et de plaisir à collaborer. Cela a pour conséquence d'accroître la synergie et le goût pour le travail, ce qui, inévitablement, augmente la productivité et, *in fine*, votre sacro-sainte rentabilité. Estimez-vous que cela vaille la peine ?

— En tout cas, vous avez l'air convaincue…

— Le siècle de la carotte et du bâton est de plus en plus dépassé, Julien. Avec la peur et la menace, on gagne les bras et les jambes d'un être humain, mais avec le respect, la considération et la confiance, on gagne son dynamisme, son esprit d'entreprise et sa créativité. N'êtes-vous pas d'accord ?

— Sophia, lance Julien après une brève hésitation, ce que vous dites a du sens, même si le constat est pénible à faire. Et si vous introduisiez ce genre d'attitude dans la société ? Vous pourriez d'ailleurs l'enseigner si cela vous tente.

Sophia ne peut plus prononcer un mot. Trop à intégrer d'un coup… Elle se souvient de la phrase de Mattéo : *Quand on va vers ses rêves avec opiniâtreté, l'univers fait tout pour nous aider à les réaliser…*

« Ça alors ! Suffirait-il que je décide d'aller vers mon rêve pour qu'il devienne réalité ? »

— Julien, vous me proposez de mettre un projet sur pied ? Ce serait fabuleux ! Quand commence-t-on ?

— Du calme ! Si vous veniez d'abord en parler à mes plus proches collaborateurs ? Durant un sandwich lunch. Vous auriez vingt minutes.

— Je peux essayer, répond Sophia, morte d'angoisse à l'idée de tout faire foirer.

Conscient de la pression qu'il vient de mettre sur elle, Julien se radoucit :

— Vous avez la trempe des gens qui vivent leurs rêves et qui ne se contentent pas de rêver leur vie. C'est ce que j'apprécie ! Alors, vous êtes preneuse ?

— Heu… c'est que…

— Réfléchissez-y, vous me donnerez votre réponse en fin de semaine. À propos, j'ai un autre projet…

— Encore ! Et où comptez-vous m'envoyer cette fois ?

Le patron vient prendre la commande. Julien choisit des scampis frittis. La jeune femme retient de justesse son envie de lui rappeler son taux de cholestérol…

— Je vous ai demandé d'aller voir les masques à Venise, pour un prochain défilé. Comme je vous l'ai dit, je voudrais que mes mannequins soient masqués pour présenter une de nos collections. Si vous voulez, je vous mets sur le coup. Avec certains, il faudra une sacrée dose de diplomatie !

— Un projet avec des masques, ça me connaît !

— Comment ça, *ça vous connaît ?* Mais, dites-moi d'abord ce que vous pensez de ce Brunelo…

Sophia complimente distraitement le cépage. Une émotion de plus s'empare d'elle; son autre rêve l'assaille et sa créativité déborde…

« Et si je proposais à Julien d'associer nos projets ? Un défilé en deux parties : ses mannequins, puis mes enfants. Sophia tu es folle, il n'acceptera jamais ! Ce n'est pas *rentable*… Mais si, essaie, souviens-toi, lui souffle une autre partie d'elle, *si tu n'es pas fou un jour par semaine, c'est que tu n'es pas normal !* »

— Euh… Julien… vous voulez vraiment que je vous en parle, de mon projet de masques ?

quarante

Capture à l'île Robinson

En toutes circonstances,
tu es à la bonne place, au bon moment.

Ce matin, le ciel est aussi bleu qu'à Essaouira, mais d'un bleu plus subtil, plus translucide. L'air est frais et les senteurs du bois de la Cambre confirment à Sophia qu'elle a retrouvé ses racines. Comme le dit Proust, son auteur de prédilection, *c'est le parfum qui induit le plus fidèle souvenir.* Ce jogging avec James : une fête ! Il est si fou qu'elle le garde en laisse pour qu'il reste à sa hauteur. Un sentier en dolomie, longé par une petite route, contourne un lac qui héberge en son milieu l'île Robinson. Sophia progresse d'une foulée tonique sur cette piste, parfaite pour les joggeurs de tout poil. Elle garde un rythme constant, surveille l'heure et lance à James des petits *come on* pour le stimuler dans la langue de ses ancêtres. Elle suppose qu'il va mieux tenir la cadence, en dépit de la bonne chère récente… Les tensions des derniers jours s'estompent. La jeune femme se sent enthousiaste et en prise avec la vie : une chance se présente de contribuer à semer une culture relationnelle plus agréable chez *News in Fashion* et, qui sait, peut-être a-t-elle un père qui habite encore sur cette planète.

Mais, au regard de l'île Robinson, une pointe de tristesse assombrit ce tableau : l'île des amoureux…

« Pas d'amoureux pour le moment ! »

La jeune femme ralentit mais, très vite, se ressaisit et chasse sa nostalgie en se rappelant une phrase de sagesse lue à son réveil : « *En toutes circonstances, tu es à la bonne place, au bon moment.* »

« Pas question de lâcher la course ! Encore sept minutes à tenir. »

James, qui galope à ses côtés, fait subitement un écart, pile au moment où un type en rollers les dépasse à toute allure. La laisse se prend dans les jambes du rollerman qui s'étale et glisse jusqu'au bord de l'eau. Sophia s'immobilise à temps pour ne pas chuter et rappelle James qui continue à tirer. Vite, libérer ce pauvre gars qui gît, le nez dans le gazon.

— Excusez-moi, je… c'est mon chien… Je ne vous ai pas entendu arriver, j'étais distraite. Attendez, je vais vous aider !

— Si vous pouviez me libérer les jambes.

— Oui, voilà. C'est la laisse. Elle est emmêlée dans vos roulettes…

— À cause de vous, je suis presque en infraction !

— En infraction ?

— La baignade est interdite ! dit le type en enlevant son casque.

— Encore vous ! s'exclame Sophia en reconnaissant Maxime. On ne pourrait pas se rencontrer plus normalement ?

— Comment ça, normalement ? Là, chapeau, vous aviez bien préparé le coup, avec votre chien !

— Je ne pouvais pas deviner que vous me dépasseriez comme une fusée ! C'est vous qui êtes dangereux. D'ailleurs ce n'est pas la première fois que…

— Ne recommencez pas, Sophia…

— Vous…

— C'était sympa à Casablanca, non ? Pour moi, votre avion aurait pu se pointer plus tard. Si on se retrouvait ce soir, au théâtre *Le Présent* ?

— Il y a un spectacle ?

— Pas aujourd'hui. Je suis en répétition, mais j'aurai terminé vers 20 heures. On peut prendre un pot après, si vous voulez ?

— Vous êtes comédien ?

— On en parlera tout à l'heure.

Sans laisser à Sophia le temps de réagir, il se met en route en criant :

— À ce soir !

Elle reste clouée sur place : « Ce mec a un ego pas possible ! Et puis cette façon d'envisager la vie… J'aime l'imprévu, mais là, il dépasse les bornes… Pour qui se prend-il ? Et si je n'y allais pas à son rancart ? », se dit-elle, sans s'apercevoir qu'elle a déjà arrêté son programme de la soirée : à 20 heures au théâtre !

quarante et un

Le jeu de la vérité

Si on n'est pas fou un jour par semaine,
c'est qu'on n'est pas normal.

Un bruit de galopade digne d'un régiment de cavalerie à l'attaque attire Mattéo sur le pas de sa porte. Sophia déboule dans les escaliers qui vrombissent sur son passage.

— Vous sortez ou bien il y a le feu, Sophia ? demande Mattéo, plus amusé qu'étonné.

— Bonsoir Mattéo, il n'y a pas le feu, mais je suis en retard. Je vais au théâtre.

— Qu'est-ce qu'on y joue ?

— Euh... rien... je vais voir un ami comédien en répétition. Il est super ! D'ailleurs, il vous ressemble !

— Hum, dans quel sens ?

— Il pense comme vous... qu'il faut rêver avec détermination, y croire et tout ! En plus, il est cooooool ! Si vous saviez ! Oh Mattéo, ce type me plaît ! Il est tout à fait dingue... enfin, je ne veux pas dire que vous êtes dingue, ce n'est pas ça... ce que j'aime, c'est son originalité, quoi ! Vous me comprenez ?

— Et comment s'appelle-t-il, votre prince ?

— Maxime, dit-elle avec des trémolos dans la voix.

— Et il en connaît au moins, des maximes ?

— Je ne sais pas encore, mais il a l'art de faire de belles phrases qui tombent à la verticale du cœur. C'est comme vous ! Tiens, l'autre jour il m'a dit que, *si on n'est pas fou un jour par semaine, c'est qu'on n'est pas normal.* Vous y croyez, vous ?

— Je crois à la folie du cœur, pas à celle du mental ! Passez une bonne soirée, ma belle.

Sophia se jette au cou de Mattéo dont, comme toujours, elle voit les joues rosir, même dans la pénombre…

□

Une porte anonyme, à l'arrière du théâtre.

« Probablement l'entrée des artistes », songe Sophia en pénétrant dans le bâtiment.

Après avoir traversé un couloir obscur, elle longe une salle où sont entassés d'énormes décors en faux marbre et se rapproche d'un endroit d'où proviennent des voix. Poussant une tenture, puis une autre, puis une autre, la voilà dans les coulisses d'où, cœur battant, elle aperçoit Maxime et d'autres acteurs sur la scène. En arrière-plan, la salle est vide et sombre, à l'exception d'une petite lampe qui éclaire deux personnes au troisième rang : le metteur en scène et son assistante, imagine-t-elle.

— OK, dit l'homme ! Oriane, c'est bien, mais, par moments, ta parole manque de dynamisme. Et, pour être dynamique, elle doit avoir du rythme. Ce sont nos émotions qui en donnent. Et, si tu veux exprimer une émotion, va la chercher en toi, trouve ta propre vérité. Le public est captivé par ce qui vient d'une présence, ce qui est habité. Lorsque tu es connectée à toi-même, ton corps sonne juste, c'est lui qui parle. Quant à toi, Maxime, essaie d'être davantage en harmonie avec ton personnage. Si tu joues Fabian à 30 ans, tu peux t'inspirer de ton vécu ; il est comme toi, speedé, vibrant. Pour le jouer à soixante-dix, observe à l'extérieur et fais du *outside-in*, pour intégrer comment on se sent à cet âge-là. Tu accéderas ainsi à un genre d'archétype. Et laisse ta relation à toi-même prendre du volume. Allez, bonne soirée. À demain !

Maxime regagne les coulisses.

— Sophia, tu as trouvé, super.

— Euh, oui. Je peux visiter le théâtre ?

— Tu ne verras pas grand-chose, rien n'est éclairé.

— Je m'en suis aperçue ! Je voudrais m'imprégner de l'ambiance.

— D'accord, suis-moi, mais fais attention, il y a plein de câbles. On est en cours de plantation du décor. Donne-moi la main, c'est plus sûr…

« Et plus délicieux », songe-t-elle en savourant ce contact aérien.

Maxime garde la main de Sophia et la guide à travers des dédales de couloirs jusque dans une loge VIP à l'étage.

— La meilleure vue du théâtre, annonce-t-il.

La scène émerge tout juste de l'ombre grâce à l'éclairage blafard des services.

— Tu ne t'es pas fait mal ce matin, à cause de mon chien ?

— J'aurais pu. C'est vrai que, claudiquant, j'aurais peut-être mieux interprété mon personnage à 70 ans.

— Tu joues plusieurs rôles à la fois ?

— Comme chacun dans la vie, j'imagine.

— C'est quoi ton personnage principal, Maxime ?

— Quelle question ! J'aime tant de choses : les mots, la musique, les imprévus, l'anticonformisme !

— J'ai remarqué ! Les béquilles, la guitare, le désert…

— Tu peux parler, avec ton chien racoleur !

— OK, OK. Raconte-moi ce qui te branche.

— Les défis, l'aventure, les voyages, les sports de glisse, mais pas tout à fait du genre de ce matin… Donner un peu de moi-même et recevoir deux fois plus. Quand ça se passe, comme avec les jeunes par exemple, je me sens dans mon élément. La rencontre avec l'autre me plaît infiniment, dit-il en lui caressant le bras. Pas de réaction. Sophia semble indifférente.

— Et toi, qui es-tu ? virevolte Maxime, à qui il en faut plus pour être déstabilisé. Mais laisse-moi deviner. Je te propose un jeu. On s'assied par terre, j'invente quelque chose te concernant et si je tape juste, tu viens vers moi… Si je me trompe, tu t'éloignes, d'accord ?

— Pourquoi pas ? acquiesce-t-elle, faussement relax, en allant s'asseoir sur l'épaisse moquette rouge.

— Voilà, il me semble que tu aimes les animaux !

— Facile, tu m'as vue avec James ce matin ! blague-t-elle en s'approchant quand même.

— Je pense que tu es à la fois pleine de vie et mélancolique.

— Là, tu ne risques pas très gros. C'est le cas chez la plupart des gens. Tu connais la phrase de *Vilayat Khan*, un sage soufi ? Il disait : « *Je suis tout le temps triste et heureux en même temps.* »

— Je continue. Il y a en toi quelque chose de l'ordre d'une perte douloureuse ou d'un manque vital, je ne sais pas préciser quoi pour le moment.

Sophia sent sa gorge se nouer. Elle avance.

« Tu parles que j'ai un manque ! Mais qui n'en a pas ? Je suis sûre qu'il en a, lui aussi. C'est sans doute ce qui fait sa sensibilité. Cela dit, pour me scanner, il est fort… »

— Tu as l'air de bosser comme une abeille, Sophia. Tu t'acharnes, tu n'arrêtes pas et pourtant quelque chose sonne faux.

Sophia est au tapis, au propre et au figuré. Elle a l'impression d'être lue à livre ouvert. Constatation rassurante et inquiétante. Douceur et peur. Douceur en imaginant s'approcher et peur à l'idée de le faire. Silence peuplé de vie. Elle se glisse près de Maxime. Il la regarde, lui prend la main, et pose un baiser sur sa paume. Elle se laisse recevoir. Il l'attire dans ses bras.

La jeune femme sourit en se souvenant de la pensée du jour :

« *En toutes circonstances, tu es à la bonne place, au bon moment* ». Rideau.

quarante-deux

Suspens

16 heures à Huachita.

Grâce à l'apparition du soleil, la terre a un peu séché. Malgré cela, Miguel est pessimiste quant à la possibilité de décoller, tant la boue crée un effet de succion sur les pneus de son zinc. Prudent, il décide de tester la chose sans passager, conduit le Cessna au début de la bande de terre utilisée comme zone de décollage, met les gaz et démarre à fond. Le bruit du moteur provoque l'envol d'une dizaine d'oiseaux. L'avion roule de plus en plus vite, mais, du bord de la piste, alors que le pilote arrive dangereusement à un point de non-retour, Judy et Lorenzo le voient peiner. Soit il devra freiner à temps, soit décoller avant la fin de la clairière. Judy s'agrippe au bras du cameraman qui n'en mène pas large.

« Que se passera-t-il si Miguel évalue mal la situation ? »

À peine échafaude-t-elle cette pensée, qu'elle le voit freiner *in extremis*…

La vitesse du Cessna diminue progressivement, trop progressivement. L'avion glisse de côté. Plus que deux cents mètres avant d'atteindre les arbres. Du côté droit, moins de vingt mètres le séparent de la végétation. Miguel lâche le frein, l'appareil se redresse un peu. Puis il freine à nouveau et reprend le contrôle de sa trajectoire, pour s'immobiliser en bout de piste. Le pire a été évité, Judy et Lorenzo soupirent. Une manœuvre de plus et le voilà au point de départ.

— On ne rentre pas tout de suite. Il faut attendre que la piste sèche davantage. Vos caméras pèsent trop lourd, ironise Miguel en sortant de la carlingue.

— Vous nous avez flanqué une de ces trouilles, Miguel.

— C'est vrai que j'ai failli faire de la casse ! Ça n'aurait pas plu à Juan d'avoir deux avions en réparation !

— Moi, j'en ai plus que marre de rester coincé dans ce bled ! crie brusquement Lorenzo. Il avait espéré que, cette fois, ils auraient pu décoller et se tirer de là.

— Lorenzo, qu'est-ce qui t'arrive ?

— Ce qui m'arrive, c'est que je veux me barrer d'ici ! J'étais engagé pour une petite semaine de boulot et ça fait plus de dix jours qu'on est bloqué dans cette jungle, dépendant d'un pilote de western et d'un coucou branlant. Il y a de quoi péter les plombs.

— Écoute mon p'tit gars, tu restes poli ou je m'en charge, OK ?

— Oh, ça va, le *John Wayne* sur le retour ! Ce n'est pas à toi que je cause !

— L'Amazonie n'est pas une destination pour les chétifs.

— Arrêtez Miguel ! implore Judy.

— Le « p'tit » fait sa crise, Judy, mais ça lui passera, j'en ai vu d'autres !

Il a tapé juste, pile là où ça fait mal. Dans les cours d'école, Lorenzo a toujours été appelé « le p'tit ». Il a dû lutter des années pour se construire et devenir un « grand ». C'est son histoire ! Alors, blessé dans son amour-propre, il se jette sur Miguel au risque d'une lutte inégale. C'en est risible, tant leurs physiques sont disparates. En une passe de judo, Miguel l'attrape par le cou – clé *Hadaka Jime* – suivie d'une clé aux bras et l'immobilise net.

— Tu te calmes ou tu te retrouveras sur un brancard à l'infirmerie. Comme tu l'as filmée, tu la connais !

— Laissez-le, Miguel ! hurle Judy en tentant de les séparer.

Poussé par la journaliste, sans pour autant perdre l'équilibre, Miguel lâche prise tout en appréciant la proximité de ce corps féminin en tension. Situation insolite…

— Ça va, ça va, abrège-t-il soudainement. Partir, nous partirons, faites-moi confiance.

« Ce type est-il réellement cool ou bien est-ce un frimeur hors pair ? », se demande la journaliste qui récupère son sens critique aussi vite que ses moyens.

quarante-trois

Le défi de ma vie

La qualité relationnelle est le moteur même de la motivation. Plus il y a de motivation, plus il y a de plaisir et plus il y a de rendement !

Devant la porte de la salle de réunion de *News in Fashion*, Sophia respire profondément et se centre. Le défi à relever est de taille. Vingt minutes pour présenter la façon de communiquer qui lui tient tant à cœur. Avec le rêve d'en introduire l'esprit dans la boîte. Elle distingue des éclats de voix, puis plus rien…

« Bon, restons calme… C'est clair que je peux m'attendre à une argumentation du genre : *Vous ne pensez pas que c'est utopique, votre truc ?* Mais non, je ne le pense pas et je vais vous le démontrer ! »

Un coup d'œil à sa montre. Pile à l'heure ! Sophia s'élance dans l'arène.

— Ah, Sophia, installez-vous.

Très vite, Julien s'adresse à ses collaborateurs :

— Voilà, comme vous le savez, j'ai proposé à Sophia de venir nous parler d'une communication… – comment dites-vous déjà, c'est un terme bizarre – bref, poursuivez.

— Bonjour à tous. Je viens vous parler d'une manière de communiquer que j'apprécie beaucoup parce qu'elle met de l'harmonie et de la clarté dans les rapports humains. Je l'appelle la

Communication Empathique. Afin de vivre les relations de manière plus efficace et agréable, on y cultive l'art d'accueillir avant de réagir et la capacité de s'exprimer de façon respectueuse et authentique, quel que soit le contexte. En développant ces aptitudes, on tente de se rendre la vie plus belle, à soi comme aux autres. Mais, plutôt que de nous lancer dans de la théorie, j'aimerais vous proposer une petite expérience de la chose. Cela vous dirait d'essayer ?

— Qu'est-ce qu'il faudrait faire ? demande Ralf, sur ses gardes.

— Eh bien, voilà. Y a-t-il deux personnes parmi vous qui seraient d'accord pour exposer brièvement une situation de travail un peu difficile, un peu tendue ?

— Oh oui, s'empresse Gaétan, moi, sans problème ! J'ai un souci avec Julien !

— Qu'en pensez-vous, Julien ? Accepteriez-vous de vous prêter à cet exercice ? Désolée de vous mettre sur la sellette !

— Pourquoi pas ? Au point où on en est ! éructe Julien qui a déjà compris ce que Gaétan a en tête.

— Magnifique, poursuit Sophia. Je vous propose d'abord un échange entre vous, en deux phrases maximum. Puis nous ferons l'exercice. Qui commence ?

— J'y vais, dit Gaétan. Voilà… Julien est toujours sur mon dos. Il n'est jamais satisfait. On dirait qu'il ne me fait pas confiance ! Après tant d'années passées à bosser ensemble, quelle misère !

— Oui, mais vous n'avez aucune idée de ce que cela représente de faire tourner cette boîte, rétorque Julien du tac au tac. Je suis seul responsable et c'est pesant. Vous verrez la différence, le jour où je ne serai plus là ! renchérit-il en songeant à son hypertension.

— Merci. Je vous arrête ici, interrompt Sophia. Nous avons assez d'éléments pour passer à l'expérimentation. Maintenant, je vous invite tous les deux à vérifier comment vous vous sentez après cet échange et à risquer de le dire.

Après un moment, Gaétan lance :

— Énervé, pris pour un gosse, pas compris, pas reconnu !

Julien enchaîne :

— Moi, je suis furieux, seul, épuisé, jugé !

— D'accord. Est-ce une situation confortable pour vous ? demande Sophia.

Julien et Gaétan, presque de concert, réagissent :

— Pas du tout, mais on ne peut rien y faire ! Depuis le temps… Ça ne changera jamais…

— Hum, hum, dit la jeune femme. Voulez-vous bien tenter l'étape suivante ?

— Tant qu'à faire, répond Gaétan d'un ton acariâtre.

— Si cela peut améliorer le climat, ajoute Julien, mitigé.

— Merci de votre coopération. À présent, il s'agit de vous poser deux questions : 1) Si l'un dit une phrase du genre « *Il est toujours sur mon dos et jamais satisfait* », qu'est-ce qui lui manque ou de quoi a-t-il besoin, qu'est-ce qu'il voudrait ? 2) Et quand l'autre déclare : « *Je suis seul responsable. Vous verrez bien quand je ne serai plus là !* » À quoi aspire-t-il, de quoi a-t-il besoin ? Je propose que tout le monde fasse cette réflexion, vous aussi Ralf et Chloé.

Quelques instants plus tard, Gaétan annonce :

— Ce qui me manque, c'est de la liberté de mouvement, un peu de reconnaissance et de la confiance. J'ai fait mes preuves, non ? On vit avec un hyperanxieux ici !

— OK. Merci Gaétan. Et vous, Julien, que pensez-vous que Gaétan veuille ?

— N'en faire qu'à sa tête !

— Vous voulez dire qu'il a besoin d'autonomie et de confiance dans sa façon de faire ? ajuste Sophia.

— Peut-être, maugrée le boss.

— Merci Julien. Gaétan, avez-vous une idée de ce que Julien souhaite, quand il dit : « *C'est moi qui fais tourner cette boîte* » ?

— Il veut qu'on supporte tous ses coups de gueule !

Puis il ajoute, plus affable : j'imagine qu'il aimerait aussi qu'on reconnaisse ses talents, qu'on voie ses qualités...

— Et vous, Julien, dans ce cas-là, à quoi aspirez-vous ?

— Qu'on mesure que ce n'est pas facile d'être le seul responsable !

Puis, en changeant de ton, il ajoute :

— J'ai l'impression que tout le monde m'en veut !

— Vous souhaiteriez davantage de compréhension, étant donné le poids de vos responsabilités, Julien ?

— Oh oui ! Et d'amabilité aussi !

— Je vous remercie. J'aimerais développer davantage, mais je tiens à respecter l'horaire prévu. Alors voici la dernière étape, annonce Sophia, très professionnelle. Vous voyez que j'ai noté au tableau les différents *besoins* de Julien et ceux de Gaétan. En *Communication Empathique*, le mot *besoin* fait référence à ce qui a de la valeur pour nous, ce qu'on souhaite, ce à quoi on aspire. Mais attention, il ne s'agit pas de quelque chose de concret : on fait une différence entre les besoins et toute forme d'action ! Une action vise à rencontrer des besoins. Par exemple, si j'ai un besoin de détente, je peux le rencontrer par différentes stratégies, en faisant du sport, en recevant un massage, en allant chez des amis... Bon, je vous suggère maintenant de vous lire l'un à l'autre vos besoins respectifs. Et de tenter de percevoir ce qui se passe en vous quand vos besoins sont cités et entendus. Qui veut commencer ?

— Moi, dit Julien, pressé d'en finir. Gaétan, tu aimerais de la confiance, de la liberté et de la reconnaissance pour ta fiabilité. C'est ça ? lance-t-il du bout des dents.

Gaétan se radoucit.

— Pas trop tôt que tu t'en rendes compte, je me sens comme un robot dans cette boîte. Un peu d'humanité, c'est bon pour le moral !

— Bon. À toi de lire, Gaétan, enchaîne Sophia, satisfaite de la tournure que prend la conversation.

— Julien, tu voudrais qu'on ait conscience de la complexité de ta tâche et tu aimerais de la compréhension pour ta rigueur ?

— Tu parles. Personne ne me comprend dans cette boutique !

— Beau travail, Messieurs, dit Sophia. Il est temps de conclure. Comment vous sentez-vous en ayant été reçu de cette façon ?

— Il y a de l'idée, admet Julien, plus détendu. Mais ne comptez pas sur moi pour faire ce petit jeu à chaque réunion !

— Intéressant ! enchaîne Gaétan. Je suis plus relax.

— Et vous, Ralf et Chloé, avez-vous un commentaire ?

— J'ai vu la tête de Gaétan changer quand Julien a lu ce qu'il voulait, dit Chloé.

— À mon avis, on n'aura jamais le temps de faire tout ça, objecte Ralf.

— Tu sais, Ralf, ce que je pense par rapport au temps : *plus je suis pressée, plus il est urgent que je ralentisse !* Voilà, nous allons en rester là. Si vous décidez d'explorer cette méthode, je vous assure que vous découvrirez qu'elle contribue grandement à la qualité relationnelle. Or la qualité relationnelle est le moteur même de la motivation. Et plus il y a de motivation, plus il y a de plaisir. Plus il y a de plaisir, moins il y a d'absentéisme et plus il y a de rendement ! À mes yeux, cela en vaut la peine. Pour notre confort et pour la santé de notre entreprise. Je vous remercie de votre collaboration.

quarante-quatre

Accords sans fausses notes

Il est essentiel de prendre le temps de « perdre du temps » pour les relations, parce que cela sera bénéfique par la suite.

Ce quartier est lugubre. Heureusement que tu es là, bon chien.

« Eh oui ! On a toujours besoin d'un plus petit que soi ! », opine James en devançant Sophia.

Les pas de la jeune femme résonnent dans la rue déserte. Elle cherche le n° 57 B. Une plaque au sommet d'une entrée cochère indique le 57. À tout hasard, elle franchit le seuil et débouche dans une cour à peine éclairée. Une ampoule de fortune pend au bout d'un fil d'un autre âge. Au fond, un sentier mène à des écuries. La curiosité l'emportant sur la peur, Sophia progresse dans la pénombre et, par une fenêtre, aperçoit Maxime qui joue de la guitare près d'un feu. Elle l'écoute un instant puis frappe sur le carreau.

— Sophia, c'est toi ? Tu es là depuis longtemps ?

— Non, je viens d'arriver. Juste le temps de t'espionner. Tu ne joues pas mal. Tu m'avais déjà accrochée avec ta guitare, mais là, c'est autre chose !

— Viens, entre, et toi aussi James.

« Quelle éducation… En plus, il n'est pas rancunier ! », constate le golden en s'affalant devant la cheminée.

— Alors, quoi de neuf?

— Tout va bien. Je suis pleine d'énergie ! Figure-toi qu'aujourd'hui j'ai relevé le défi de ma vie!

— Raconte!

— J'ai fait un exposé dans mon entreprise. J'avais vingt minutes pour convaincre quelques cadres sur la valeur d'une certaine façon de communiquer, basée sur l'empathie, qu'on pourrait développer au sein de la boîte. Je m'en suis pas mal tirée, malgré la perplexité de certains.

— C'est quoi encore, l'empathie?

— Une manière de communiquer qui vise à mettre de la compréhension et du respect mutuel dans les échanges. Dans cette approche, on ne se préoccupe pas uniquement de ce qui doit être produit, mais aussi de ce que chacun vit.

— Tu ne vas pas me faire croire que ça intéresse une boîte de mode?

— Au départ, bien sûr que non... Cependant, quand la communication est mauvaise, il y a si peu de plaisir et tant de difficultés à être rentable que, tôt ou tard, n'importe qui d'un peu sensé finit par se demander comment améliorer les relations, ne serait-ce que pour être plus efficace!

— Mais encore! Tu as un exemple?

— Eh bien, pour commencer, si on demande à quelqu'un: « Comment vas-tu ? », on se préoccupe de la réponse... Tu admettras que ce n'est pas souvent le cas, dans la vie courante!

— C'est vrai. D'habitude, c'est plutôt une question automatique.

— Oui, et en outre, quand on la pose, on espère que la personne va nous répondre: « Très bien, merci. » Parce que si d'aventure elle nous dit « Oh, je ne me sens pas bien aujourd'hui », on est plus ennuyé qu'autre chose! Tu ne trouves pas?

— Évidemment. Il m'arrive d'ailleurs de ne pas savoir que dire dans ce cas-là!

— Quoi de plus naturel, on a perdu pas mal de nos aptitudes à vraiment communiquer ! C'est devenu un triste phénomène de société. Dans la plupart des contextes professionnels, on demande aux employés de laisser leur humanité au vestiaire, au profit du *faire*. Or, j'ai la conviction qu'il est essentiel de *prendre le temps de perdre du temps* pour les relations, parce que ce sera bénéfique par la suite. J'observe que, si les gens font le choix de s'écouter les uns les autres avant d'agir, s'ils montrent à leurs interlocuteurs qu'ils les ont entendus, tout se passe de façon plus agréable et performante.

— Bien sûr ! Ce n'est pas compliqué, ton truc. Il suffit de le décider.

— C'est bien là le problème ! D'après toi, qui prend le temps d'accueillir avant de réagir ? Qui décide d'être réellement authentique, sans pour autant devenir agressif ?

— Il est vrai qu'on vit dans un monde où on n'a plus une minute pour soi, alors, *a fortiori* pour les autres ! Et c'est tout ce que tu prônes ?

— Oh non, loin de là ! Une autre habileté, la plus fondamentale, consiste à régulièrement s'interroger sur comment soi-même on se sent et à le dire avant d'être trop frustré ou trop démotivé. Mais bon, je ne suis pas venue ici pour te donner un cours…

— Mais c'est intéressant, Sophia ! Tu sais, mon père communiquait ses sentiments par la musique. Il était violoniste.

— Tu en parles à l'imparfait ? questionne la jeune femme, fragile sur le sujet.

— Oui, il est mort quand j'avais 12 ans. Dur, dur ! Depuis, j'ai dû beaucoup soutenir ma mère et mes deux petits frères.

Sophia écoute la mélancolie de Maxime et son manque. Puis, à son tour, elle s'ouvre et lâche d'une voix inaudible :

— Peut-être que mon père est musicien, lui aussi ?

— Que veux-tu dire par *peut-être ?*

— Je ne le connais pas, murmure-t-elle, avec l'air de quelqu'un qui avoue une tare majeure.

Maxime se tait et égrène des accords de guitare, comme pour caresser la peine de Sophia avec ses notes. Petit à petit, la jeune femme se détend et lui raconte la découverte de sa mère, lors de l'émission de *Planeta del Mundo.* Elle livre les questions qui la submergent depuis et déclare que, si elle a un père, elle le trouvera, où qu'il soit. Rien ne l'arrêtera dans sa démarche.

— Je suis sûr que tu y arriveras !

— C'est clair, même si je dois aller à l'autre bout du monde.

James, qui ne peut pas fermer l'œil, évalue le jeune homme en connaisseur :

« Il a vraiment du chien, ce Maxime, pourvu que cette fois-ci ça marche ! »

quarante-cinq

Clés pour relations en péril

Si on donne parce qu'on doit, sans réelle joie,
tôt ou tard, il y a un prix à payer.

Une longue table ovale en pin. Un plancher délavé, d'énormes étagères en bois, regorgeant d'osiers, de confitures, de bouteilles de cidre, de pots en terre cuite. Un fond de musique classique. Sophia attend sa mère au *Pain Quotidien*, un de leurs endroits de prédilection. Celle-ci la rejoint, presque en courant.

— Quel trafic ! J'ai cru ne jamais arriver !

— T'inquiète pas, maman, j'avais besoin d'un moment pour réfléchir. Il y a tout qui se bouscule dans ma vie.

— Ah ! Tu veux raconter ?

— Non, toi d'abord…

— Non, non, j'ai le temps, dit Valentina d'un air bizarre.

— Bon, par quoi je commence ? Le cœur, ou le boulot ? demande Sophia, sans remarquer la gêne de sa mère.

— Le cœur bien sûr. Tu t'es réconciliée avec Sébastien ?

— Ah non, jamais ! Je préférerais m'enfermer au couvent !

— Sophia, voyons !

— Maman, j'ai rencontré quelqu'un. Il s'appelle Maxime, il a les yeux verts… et j'en suis bleue !

— Mais tu voyages tout le temps. Comment as-tu fait, depuis la Saint-Nicolas ?

— Je l'ai rencontré devant l'hôpital Erasme. Il m'avait arraché mon sac.

— C'est un voleur ?

— Mais non, sa béquille avait accroché mon sac par erreur.

— Il est mal en point, alors ?

— Maman, arrête de te faire du mouron ! Maxime s'est cassé la jambe, il y a quelques mois.

— OK, OK. Donc, il s'appelle Maxime ? Joli prénom ! Et il fait quoi dans la vie ? Pas biologiste au moins ? Cela ne t'a pas tant réussi !

— Il est comédien, il voyage, il aime le sport, l'aventure. La deuxième fois que je l'ai rencontré, il revenait du désert.

« Aïe, aïe, pas trop aventurier, j'espère. Ce n'est pas si évident, ce genre d'amours », songe Valentina.

Un silence s'installe, très bref, mais suffisamment long pour que Sophia questionne :

— À quoi penses-tu, maman ?

— Heu, à rien… enfin si, à l'amour, à ma vie, aux couples.

— Et tu en penses quoi, des couples ?

— Oh, c'est un vaste sujet, si riche, si complexe. En plus, qui suis-je pour en parler ? J'ai si peu vécu en couple !

— Tu as quand même eu une relation de douze ans avec Melvin, ton bel Anglais aux tempes grisonnantes… À ton avis, comment fait-on pour qu'une relation marche, maman ?

— Ma chérie ! Aborder ce sujet nous prendrait des heures ! Tu découvriras beaucoup en le vivant. N'as-tu pas déjà appris, avec Sébastien par exemple ?

— Tu parles ! J'ai surtout appris à préserver le lien avec moi et à me respecter dans mes choix et mes valeurs. Heureusement que Mattéo m'a coachée dans ce sens ! Du coup, j'en suis arrivée à quitter Seb pour ne plus me quitter moi-même. Tu vois le fiasco !

— Mais Sophia, c'est magnifique. Si tu étais restée dans cette relation sans oser y être toi-même, les choses se seraient de toute façon dégradées. Dans beaucoup de couples, au départ, nous commençons à un plus un, une personne plus une personne. Mais, progressivement, pour des tas de raisons, comme de maintenir l'harmonie, faire plaisir, donner de soi, être aimé etc., nous abdiquons certaines parties de nous-même. Et nous finissons par ne plus faire qu'un demi plus un demi. Chacun s'éteint peu à peu, sans s'en apercevoir. Le couple en pâtit. Et le pire, c'est qu'on finit par en vouloir à l'autre de ce qu'on s'impose à soi-même !

— Moi je vois certaines de mes copines prendre énormément sur elles pour que la relation marche.

— C'est là que le vrai problème surgit, quand on commence à trop prendre sur soi. Si on donne parce qu'on doit, sans réelle joie, tôt ou tard, il y a un prix à payer. Soit on en veut à l'autre de tout ce qu'on s'est obligé à lui donner et on le lui fait sentir. Soit, à force d'avoir donné plus que ce dont on était capable, on risque de tomber malade, moralement ou physiquement.

— Es-tu en train de dire qu'on ne doit pas tenir compte de l'autre, mais surtout de soi ?

— Pas exactement. Mais je crois que, si on tient compte de l'autre en s'oubliant soi, c'est destructeur pour la relation. Maintenir l'équilibre entre donner et recevoir est un art. Par ailleurs, je pense que, quand on aime, être attentif à l'autre autant qu'à soi fait partie de nos valeurs. Et donc, c'est une de nos priorités. Dans tout cela, il y a deux clés : garder l'équilibre entre donner et recevoir et donner seulement par goût. Si cela se passe, alors le couple peut rester une source de joie. Mais si on se surprend à se forcer, il vaut mieux s'arrêter et réfléchir ensemble sur les raisons pour lesquelles on n'a plus le goût de donner à l'autre.

— Et si l'autre ne veut pas en parler ?

— Cela signifie beaucoup de choses. Par exemple qu'il est inquiet à l'idée de recevoir des reproches.

— Et on fait quoi, d'après toi, dans ce cas-là ?

— M'enfin Sophia, tu me fais philosopher de but en blanc, sans prévenir ! On n'a même pas encore commandé.

Sophia coupe court :

— Pour moi, ce sera une salade de chèvre chaud. Et pour toi ?

Valentina sourit.

— La même chose que toi, ma chérie, avec du cidre.

— Bon maman, alors on fait quoi, si quelqu'un ne veut pas en parler ?

— Ce qui m'aide quand cela m'arrive, c'est de me rappeler que le non n'existe pas. Celui qui dit « Non, je ne veux pas en parler », dit en fait oui à autre chose. En sachant cela, je peux renouer le dialogue si je suis à l'écoute de ce à quoi il tient, ce à quoi il dit oui. Par exemple, s'il veut parler seulement s'il a l'assurance qu'il n'aura pas de reproches, et que je respecte ça, son non peut devenir un oui. Tu vois pourquoi ?

— Clairement. Il s'agit de connaître les besoins derrière les refus et de les prendre en compte, n'est-ce pas ?

— Tout en n'oubliant pas tes besoins, comme tu les nommes. Moi, je les appelle mes aspirations, mes valeurs. C'est d'ailleurs un autre pilier du couple, avoir des valeurs communes.

— Je crois que c'est ce qui me plaît avec Maxime. On a en commun le respect des points de vue de l'autre, le goût de l'altruisme, du changement, des défis, de la découverte. Oh maman, il faut que tu le rencontres ! Il est génial !

— D'accord, ma chérie. Mais ne te creuse pas trop la tête. Vis et sens ton cœur, c'est l'essentiel.

— Qu'est-ce que vous prendrez ? demande le serveur.

— Deux salades de chèvre chaud et du cidre, s'il vous plaît.

— Pour en revenir à ton cœur, Sophia, n'oublie pas de le faire battre autant pour toi que pour l'autre ou inversement.

— Maman, tu parles comme Mattéo ! Vous avez la même philosophie de vie ! C'est beau, mais pourtant vous vivez seuls…

— Ah, le cœur… Sophia.

— Tiens, tu as des nouvelles de Miguel ?

— Heu… pas vraiment…

— Comment ça, pas vraiment ?

— C'est-à-dire que le patron de leur compagnie n'a pas pu le joindre depuis quelques jours. Mais il ne faut pas t'en faire, c'est courant dans ces pays-là…

— Pas m'en faire ? Mais c'est vital pour moi, maman, je veux le retrouver. S'il le fallait, j'irais même jusque là-bas, au fin fond de la forêt vierge !

— Sophia, prends patience, tout va s'arranger !

— Prendre patience ? Tu rigoles ou quoi ? Il y a trente-deux ans que je patiente ! Maintenant, je veux que les choses bougent. Donne-moi les coordonnées de ces gens, je vais les appeler. Au moins je saurai à quoi m'en tenir !

Les plats arrivent à point nommé pour faire diversion. Les deux femmes se concentrent sur leur salade… Un ange passe. Valentina, mal à l'aise, promet à Sophia de lui envoyer par mail le numéro de téléphone de Juan Frontera, le collègue de Miguel…

quarante-six

Quitter l'enfer

Des vrombissements de moteurs créent une effervescence inhabituelle à Huachita. Le village, qui vit au ralenti depuis des jours, s'anime tout à coup. Deux hélicoptères de l'armée équatorienne sont en approche, à basse altitude. Le premier effectue un cercle au-dessus de la zone, hésite, puis disparaît. L'autre se maintient en vol stationnaire. Les cases, les abris de fortune, les tentes se vident de leurs habitants encore valides. Tous les visages sont tournés vers le ciel.

« Des hélicos de l'armée ! maugrée Miguel, occupé aux travaux de maintenance de son Cessna. Ils ont les moyens et réduisent leurs rotations ! C'est un scandale ! »

Judy, qui donne un coup de main à un infirmier, entend le bruit saccadé des palles tranchant l'air. Elle se précipite hors du dispensaire. Des projets de départ lui traversent l'esprit.

« Rentrer à Los Angeles, diffuser la deuxième séquence de mon reportage et retrouver mon fils Glenn. S'il y a de la place, j'emmène Lorenzo, sinon… Cet hélicoptère est le seul moyen de me tirer d'ici. »

En chemin, elle aperçoit Miguel. Pendant un instant, elle est partagée entre l'espoir d'un retour et l'envie de percer la carapace de cet homme. Mais la manière dont il l'a ignorée – dès que le nom de cette Valentina a fait surface – l'a refroidie. Sa décision est prise : se tailler vite fait !

L'hélicoptère se pose. Judy rejoint les militaires, exhibe sa carte de presse, son passeport américain et leur expose la situation. Une place se libère pour la ramener à Quito. Départ dans trois quarts d'heure ! Recouvrant son dynamisme, elle se hâte vers le Cessna.

— Je voudrais vous parler, Miguel.

— Ah Judy, la piste s'assèche, c'est bon pour nous... Évidemment pour ceux-là, c'est plus facile ! dit-il en hochant la tête en direction des militaires.

— En fait, je m'en vais. J'ai obtenu une place dans l'hélico. C'est un coup de chance ! Je serai au bureau demain. Il y a dix jours que j'ai entamé mon reportage et le budget en prévoyait seulement cinq... Mon patron ne va pas apprécier. Si je ne rentre pas, je risque d'être virée !

— Le hamburger et la douche chaude vous manquent ?

— Je ne vous comprends pas. Pourquoi cette ironie ? Je suis ici pour mon travail et j'accomplis bien plus que ce qui m'est demandé.

— Le bateau fait naufrage et les rats quittent le navire...

— Merci pour la comparaison ! Très délicate !

— Vous m'aviez interviewé sur ma mission, je m'interroge sur la vôtre... Un imprévu, une vie un peu plus corsée que votre quotidien ouaté, et vous jetez l'éponge. Je suis déçu, c'est tout !

Judy suffoque.

« Voilà que ce type me fait la morale ! Comme s'il était mon père ou mon boss... Et le pire c'est qu'il fait mouche ! Qu'est-ce que je fous ici, bon Dieu ? Je suis écartelée... Si je reste, je lui donne raison et c'est hors de question ! Et si je pars, je ne dois plus espérer continuer le tournage. Quel manipulateur ! Comment vais-je m'en sortir ? J'ai une place pour Quito dans cinquante minutes. Il faut que je me décide ! »

— Miguel, je vous laisse à votre cambouis, vos clés à molette, vos radios en panne et vos coups de gueule…

Interloqué, Miguel arrête de revisser les boulons du carburateur et mate cette tigresse offusquée ! Il a seulement voulu la provoquer pour titiller sa fierté et la faire changer d'avis ! Judy flamboie de colère. Au loin, l'hélicoptère le nargue, prêt à décoller.

— … et pourtant, quelque chose me pousse à rester ! ajoute-t-elle sans contrôler ce qui lui vient.

Désorientée, elle s'assied au pied de l'avion. L'évidence lui saute aux yeux : elle boira l'eau de pluie récoltée dans des bâches, se contentera des rations de survie, gardera ses vêtements d'il y a dix jours et s'inquiétera du temps qui s'écoule et menace son job. Une pensée pour son fils Glenn. Il doit, lui aussi, trouver le temps long… Mais c'est décidé, elle ne partira pas !

— Judy, je vous taquinais ! J'espérais que vous resteriez. On a du boulot à faire ensemble…

L'hélicoptère tourne au ralenti. La journaliste retourne chez les pilotes, discute avec eux et rédige en hâte des notes qu'elle leur confie. Au moins, son boss et Glenn seront prévenus. Puis elle revient vers Miguel. Les moteurs accélèrent, les enfants s'enfuient, l'appareil s'élève lentement.

« Mais qu'est-ce qui peut bien me retenir ici ? Sûrement pas cet homme imbuvable. Mais quoi, alors ? »

quarante-sept

Appel à l'aide

Mardi, 6 heures du matin.

Sophia a mal dormi. Depuis son déjeuner d'hier avec Valentina, elle est obsédée par l'espoir de retrouver son père. Cette nuit, elle a fait un rêve qui l'a laissée dans un profond mal-être : un homme qui a le visage de Miguel se tient debout, au pied de son lit, l'air dur et sérieux. Il reste là, sans prononcer une parole. Comme s'il montait la garde. Elle lui demande :

« Monsieur, êtes-vous mon père ? » L'homme ne répond pas, mais demeure fixe et sévère, ce qui la paralyse. Puis elle s'est réveillée, envahie de doutes.

10 heures.

C'est l'enfer au bureau. Le mental de Sophia surchauffe. Julien n'arrête pas de lui demander conseil à propos d'une campagne de pub. D'habitude, elle adore laisser couler son imagination. Mais là, rien ne vient. Tout est trop. Voyant qu'elle est inaccessible, le boss finit par ne plus insister.

« Sans doute un de ses mauvais jours ! », se convainc-t-il, lui qui la connaît si bien.

14 heures.

N'en pouvant plus, la jeune femme prend congé. Rentrée chez elle, c'est pire. James tente de la distraire, mais s'aperçoit vite qu'il tombe mal.

« Six heures de décalage entre ici et l'Équateur... Encore une heure avant d'espérer joindre quelqu'un au bureau de *Los Valientes Rescatadores*... Et, s'il est là, que vais-je lui dire ? Ah, salut papa ! C'est ta fille ! Ça fait un bail, n'est-ce pas ? Qu'est-ce que tu deviens ? »

Elle reste figée dans le canapé, avec, en point de mire, le téléphone posé sur la table. Juste à côté, sur un bout de papier : un numéro. Préfixe 593 pour l'Équateur. Le soleil pénètre dans la pièce, distillant une ambiance paisible qui contraste avec son impatience.

15 heures.

« OK, il est 9 heures là-bas. J'essaie, on verra bien. »

— *Buenos dias*, je vous téléphone de Belgique. Je m'appelle Sophia Grandville. Vous comprenez le français ?

— Oui, oui, senora...

— Ah, très bien ! Mais, si vous voulez, je parle un peu l'espagnol. Je voudrais joindre Monsieur Penez, est-il est là ?

— Monsieur Penez est parti en mission. Je suis Juan Frontera, son associé.

— Mais quand rentre-t-il ?

— C'est difficile à dire, on ne sait pas très bien où il se trouve en ce moment...

— Il y a longtemps que vous êtes sans nouvelles ? demande une voix tremblante.

— Depuis quelques jours...

— Que dites-vous ? *Quelques jours ?* C'est très approximatif, crie la jeune femme qui frôle l'hystérie. Et vous n'êtes pas inquiet ?

— Il y a eu des conditions climatiques un peu difficiles. Rien d'exceptionnel. Cela arrive de temps en temps, vous savez...

— Il a peut-être eu un accident. Il faut faire quelque chose !

— Rappelez dans deux jours, tout sera sans doute rentré dans l'ordre, déclare Juan qui aimerait s'en persuader.

James est pétrifié. Entendre sa maîtresse hurler comme ça !

« Qu'est-ce que je peux faire pour elle ? On pourrait aller se balader, je ne suis pas contre une promenade de plus… »

Sophia raccroche brutalement. Son angoisse, amplifiée par ce foutu rêve de la nuit, la submerge. Elle se risque à appeler Maxime.

— Allô, Maxime, on peut se voir ? C'est à propos de mon père. Il a disparu… je… j'ai besoin d'aide ! Je ne sais plus quoi faire… je suis en miettes, dit-elle en éclatant en sanglots. Viens, s'il te plaît…

— Euh… bon… OK, j'arrive…

quarante-huit

Choc de deux souffrances

Chaque être humain porte vaille que vaille son histoire et l'offre en cadeau parfois funeste dans le lien qu'il tente de tisser avec autrui.

Maxime dépose le téléphone et se tasse dans son pouf, alourdi par une pesanteur qui le rend migraineux. Pour fuir cette sensation trop familière, une seule issue : s'évader dans la torpeur. Vingt minutes plus tard, la sonnerie de son portable le fait sursauter. C'est Sophia. Il ne décroche pas et se lève à contrecœur.

En route, il pédale sans entrain. Sa pire crainte, sa bête noire le prend aux tripes : s'obliger à porter, trop porter… à être un *bon garçon* vis-à-vis d'une femme, surtout dès qu'elle compte pour lui. Avant, c'était sa mère. Puis il y a eu d'autres femmes… Aujourd'hui, c'est Sophia. Maxime est désemparé. Tout lui semble trop. Il verrouille son antivol et sonne au portail, le cœur aussi cadenassé que son vélo.

Au détour d'un simple coup de fil, voilà son éternel dilemme qui refait surface : aimer en préservant sa liberté, donner sans se consumer. Pour lui, c'est complexe. En effet, depuis la mort de son père, il a trop pris en compte la douleur de ses proches sans s'occuper de la sienne. Au lieu de grandir à l'aise, de vivre son enfance, il s'est habitué à donner sans mesure. Et à force de se défoncer pour les autres, il se néglige, puis bascule dans une double parade protectrice : s'échapper dans le silence et surtout garder à distance toute femme qui pourrait représenter un *danger*...

Et Sophia, c'est évident, est un réel danger pour lui, parce qu'avec elle, il a envie de créer une relation forte. Cependant, s'il s'y perd, il ne lui restera qu'une seule issue... le repli ! Ce n'est pas terrible, mais pas moyen de faire mieux pour le moment. Au moins, ces derniers temps, y a-t-il un petit progrès. Il perçoit davantage ses limites et arrive à moins les dépasser. C'est pour ça qu'il s'est lancé dans cette relation, espérant que cette fois il pourra entendre les demandes de l'autre sans s'y fourvoyer.

Sophia ouvre la porte en pleurs, et, inconsciente de ce qui se trame, se jette dans ses bras. Complètement barricadé, il l'enlace tièdement. Impossible de sentir autre chose que de l'envahissement.

— Oh, Maxime. Merci d'être là ! J'ai besoin de soutien ! Mon père que je croyais près d'apparaître dans ma vie est porté disparu. La base est sans nouvelles de lui depuis plusieurs jours. Je ne sais plus quoi faire... C'est un vrai supplice d'attendre qu'il resurgisse. Quant à aller seule en Amazonie, moi qui meurs de trouille en avion, c'est au-dessus de mes forces ! Qu'est-ce que je dois faire ?

— Euh... Je ne sais pas... Laisse-moi le temps de me poser.

— Pardon, c'est vrai que je te tombe dessus avec mon destin tout neuf qui m'accapare. Tu veux entrer ?

À côté de ses pompes, Maxime la suit et pénètre dans les lieux où elle vit sans y porter attention. Une caresse distraite à James. Il est présent absent... Plus il perçoit l'attente de Sophia, plus il voudrait disparaître...

James l'observe à la dérobade et capte le topo !

« Maintenant, on est deux à être dépassé par les événements... », pense-t-il en sentant croître sa sympathie pour le jeune homme. Rassuré, il opte pour un demi-somme et va s'étendre à portée d'oreilles.

— Que dois-je faire ? Attendre ? Partir là-bas ? Et si tu venais avec moi ?

À ces mots, Maxime, empêtré dans la toile de ses souvenirs, a un tout petit mouvement de recul qui n'échappe pas à Sophia. Elle se raidit et songe :

« Échec en vue, une fois de plus. Décidément, je suis la reine des imbéciles. Je vois cinq fois un homme et j'espère lui plaire au point d'imaginer qu'il va traverser la planète avec moi, à la recherche d'un père hypothétique ! »

Confrontation de deux fragilités. Choc de deux souffrances.

Un silence s'installe entre les jeunes gens. C'est si chargé que le chien se réveille. Il s'approche de Sophia et, d'un ferme coup de museau, lui soulève le bras pour qu'elle le caresse… C'est un moyen qu'il utilise quand il veut l'occuper et changer la couleur de ses idées.

« Merde alors, ce n'est pas cool entre eux… Lui, perché sur son tabouret, elle, réfugiée dans un siège monoplace. Mais qu'est-ce qu'il attend pour la consoler ? Il ne voit pas qu'elle déprime ou quoi ? »

Silence… Aucun ange ne passe. Seuls les démons des peurs de Maxime et des appréhensions de Sophia ont fait intrusion dans la pièce. Peur de l'envahissement, peur de trop compter… Crainte de la solitude, angoisse de ne pas compter… *Chaque être humain porte vaille que vaille son histoire et l'offre en cadeau parfois funeste dans le lien qu'il tente de tisser avec autrui.* Maxime et Sophia le savent, cependant, à cet instant, sous l'emprise de leur drame personnel, ils ont tous les deux relégué aux oubliettes la sagesse acquise au cours de leurs cheminements respectifs.

Sophia, docile, caresse James et ça la remet dans le présent. Elle tente alors de deviner quelle blessure secrète a pu être ravivée chez Maxime. Le silence se prolonge. Dans ce calme, le jeune homme se recentre peu à peu. La magie de l'amour déverrouille enfin son cœur. Il s'approche de Sophia et la prend dans ses bras.

Beau joueur, James s'éloigne. Un ange passe… pour vérifier que tout est bien. Maxime se risque :

— Sophia, euh… je suis bousculé par ce qui t'arrive…

— Tu es dépassé par mes demandes ?

— Oui… non… ce n'est pas toi, c'est moi qui…

Un silence de plus plombe l'atmosphère… Sophia est impatiente d'entendre Maxime, mais elle lui laisse le temps de trouver ses mots.

— Tu voudrais savoir, pour ton père ?

— Oh oui. J'espère depuis si longtemps cette rencontre. Maintenant qu'elle devient une réalité possible, je ne peux plus attendre. Et dire qu'au moment où je le retrouve, je le perds peut-être. Là, c'est moi qui suis paumée. Et si j'allais là-bas, tu m'accompagnerais ?

— Sophia, tu comptes beaucoup pour moi, mais je n'irai pas en Amazonie… Ça n'a rien à voir avec toi, c'est mon histoire. Un certain passé…

Sophia se tait. C'est le moment d'utiliser LA botte secrète de Mattéo : écouter ses sentiments et ses besoins. Réflexion intense. Suffisamment longue pour que Maxime se dise qu'il est un crétin qui a tout fait foirer. Puis, déconcertante comme toujours, elle lâche :

— C'est mieux que j'aille seule là-bas. Au fond, tu n'es pas mon garde du corps ! J'appelle Julien pour lui demander congé, et, avec un peu de chance, je m'envolerai bientôt. Peut-être après-demain ? Il est temps que j'apprenne à assumer mes choix. Même si je claque de peur à l'idée de partir à la recherche de mon père et de ne pas le trouver. Il paraît que « *Celui qui ne vainc pas une peur par jour n'apprend pas la leçon de la vie* ». N'est-ce pas l'occasion rêvée pour que j'en apprenne quelques-unes ?

quarante-neuf

Tout quitter pour se trouver

Tes enfants ne sont pas tes enfants,
ils sont l'appel de la vie pour elle-même.
Kahlil Gibran

— James, dehors, on est là !

James s'élance hors du coffre et part explorer son territoire sans même saluer Valentina. Sophia se précipite vers sa mère.

— Ça y est, maman, je pars demain ! Quinze heures de vol pour Quito. Après, il faut que je me débrouille pour rejoindre Ahuano. Probablement avec un petit avion local. J'ai averti *Los Valientes Rescatadores* de mon arrivée. Aucune réponse. Mais tant pis, j'y vais. Tu crois que je vais retrouver Miguel ? On ne sait pas ce qu'il est devenu et personne n'a l'air de bouger. C'est dingue, non ? Et si j'arrive là et qu'il est toujours porté disparu ?

— Ma chérie, c'est la jungle, là-bas. Je doute qu'il soit si facile d'y faire des recherches. Miguel est un aventurier. Le danger est son lot quotidien. Essaie de partir sans attentes, pour ne pas tomber de trop haut, dit Valentina qui cache tant bien que mal son angoisse à l'idée de ce périple au bout du monde.

— J'y vais parce que je veux le retrouver ! D'ailleurs, j'ai pris un ticket open…

À cette annonce, Valentina tremble de plus belle :

— Tu me donneras de tes nouvelles ?

— Mais oui, maman, je t'appellerai souvent.

— Tu ne veux pas que je parte avec toi ?

— J'ai 32 ans. Je vais très bien m'en tirer, répond Sophia, pas très convaincue, mais décidée à braver jusqu'au bout.

Valentina se résigne. Depuis toujours, elle s'applique à suivre le flot de la vie comme il se présente, mais cette fois, c'est dur. Toute sa sagesse semble la quitter en un instant. Seule la peur demeure. « *Tes enfants ne sont pas tes enfants, ils sont l'appel de la vie pour elle-même* », se répète-t-elle en couvant sa fille du regard.

— Si on allait dans les prairies chercher James, propose Sophia, qui sent qu'elles sont deux à crâner.

Le golden fait le guet devant un terrier. De loin, Sophia l'appelle. Après une brève hésitation, il lève la garde et, ventre à terre, rejoint les deux femmes. La promenade se termine. Sophia dit au revoir à Valentina qui fait des efforts surhumains pour ne pas pleurer. À nouveau, elle se projette dans des jours d'attente, de solitude, d'interrogation. La jeune femme monte dans la voiture, agite la main et sourit de tout son cœur à sa mère qui fait mine de s'occuper du chien. Puis, distraite, au lieu de prendre un mouchoir pour sécher ses larmes jaillies dès le premier tournant, elle démarre les essuie-glaces et s'étonne de ne pas y voir plus clair.

cinquante

Le sort s'acharne

À Huachita, depuis trois jours, plus une goutte de pluie. Sur la piste, une fine poussière. Le soleil a fait son œuvre et rendu le terrain praticable.

Huit enfants s'entassent dans le Cessna. Malgré leur état, ils peuvent au minimum faire quelques pas.

— Miguel, dit Judy un peu blême, je vais voyager à l'arrière avec les jeunes. Je pourrai m'en occuper si nécessaire. Cela vous convient ?

— OK. Lorenzo, installez-vous près de moi, on y va. À propos… je vous avais bien dit qu'on partirait !

L'avion atteint sa position en début de piste. Miguel met les gaz, roule de plus en plus vite et décolle sans hésitation, malgré un chargement à la limite du poids autorisé.

— Une heure vingt de vol et nous serons à la base, annonce-t-il à Judy dont il a perçu le stress.

Le temps est propice. Le calme règne à bord. Judy veille sur les jeunes, tout en jetant de temps en temps, malgré elle, un regard intéressé sur la nuque du pilote.

Une heure après le décollage, il est soudain pris par un malaise. Il transpire, s'étouffe, sa vue se brouille, ses mains se crispent et sa diction devient incompréhensible. Le Cessna perd de l'altitude. Lorenzo, à ses côtés, ne sait pas quoi faire…

— Une rivière, là-bas, *à trois heures*, crie-t-il en se souvenant d'avoir entendu ce code d'indication dans des films de guerre.

Dans une chute vertigineuse, l'hydravion plonge vers le ruban gris ourlé de vert. Miguel se bat pour rester conscient à tout prix… poser son coucou sur cette flotte… mais elle semble si loin…

cinquante et un

Arrivée remarquée

Cela ne prend qu'une fraction de seconde
pour plonger dans l'extrême d'une blessure initiale...

La musique entraînante de *Eliades Ochoa* hurle dans les haut-parleurs de la cantine de l'aéroport de Ahuano. L'ambiance est déchaînée. Après leur semaine de travail, dans la chaleur humide des tropiques, les habitués – mécaniciens, hommes de pistes, chauffeurs, manutentionnaires – s'offrent un bon moment, arrosé de cervezas locales et d'importation. À l'étage du dessus, Juan Frontera essaie de se concentrer sur son ordinateur. La sono gueule si fort que le plancher vibre. Un pinceau de lumière éclaire ici et là quelques planches dont les interstices libèrent – sur le rythme afro-cubain – de petites éruptions de poussière.

« Demain est un autre jour, se dit-il en éteignant les machines. Cette atmosphère me donne soif ! Et c'est l'heure de ma revanche ! »

Sans prêter attention à un petit appareil de tourisme qui vient d'atterrir sur la piste, il rejoint ses potes à la cantine et s'empresse de commander sa bière favorite. La discussion va bon train : le mauvais temps, la politique, les droits des tribus amazoniennes, les coupes de bois clandestines, cette équipe de télé et Miguel qui ne reviennent pas, la pénurie possible de carburant, alors que le pays développe ses forages tant qu'il peut. Bref, les sujets se télescopent, enflamment les passions, se concluent par une tournée générale, et c'est reparti !

Juan s'est assis à une table avec Cortes pour tenter sa revanche aux dés. Il veut regagner les cent trente mille sucres anciens qu'il a perdus cette semaine. Il jette les dés qui rebondissent sur le bois de la table. Le bruit de leur chute résonne dans un silence inhabituel. Les conversations se taisent. Seule la musique en arrière-plan maintient un bon niveau de décibels. Une jeune femme blonde vient de faire son entrée dans le bistrot. Elle se dirige vers le comptoir, dépose son sac de voyage et demande le patron de *Los Valientes Rescatadores.* Juan est subjugué, au point de ne pas avoir remarqué qu'il venait de faire un 21. Peu à peu, les conversations reprennent, un sifflement par-ci, une rigolade par-là. L'arrivée de Sophia n'est pas passée inaperçue !

— Juan, c'est pour toi ! crie le patron.

Éberlué, il se lève, essuie les commentaires d'usage et s'approche gauchement du comptoir.

— Senor Frontera ?

— Oui, c'est moi. Que voulez-vous ?

— Je vous ai parlé au téléphone, je m'appelle Sophia Grandville. Je viens d'Europe, pour voir Miguel Penez. Il est là ?

— Mademoiselle, je... vous auriez dû me rappeler avant de venir. De si loin en plus, bredouille Juan. Dans cette ambiance saoularde et sous les yeux de ses copains éméchés, il peine à trouver une contenance, face à cette jolie fille téméraire.

— Venez, allons dans mon bureau. Vous buvez quelque chose ?

— Une bière, lance-t-elle pour montrer qu'elle assure.

— Deux bières, dit Juan au patron, mets-les sur mon compte.

Ils rejoignent le bureau par l'escalier extérieur. En gravissant les marches, Sophia commence à le harceler. Dix questions en quinze secondes :

— Où est-il ? Il est absent depuis quand ? Comment évolue la météo ? Ils sont partis à combien ? Vous l'attendiez quel jour ? Quand avez-vous eu les dernières nouvelles ? Et leur radio ? Ça lui est déjà arrivé ? Qu'est-ce qui vous fait croire que ce n'est pas grave ? Vous avez lancé des recherches ?

Un tel débit ! Juan répond comme il peut. Sophia lui fait répéter chaque phrase pour s'assurer qu'elle a bien compris. Le bruit de la cantine s'est estompé ; c'est l'heure du changement d'équipes. La sonnerie du portable de la jeune femme chante dans la poche de son jeans.

— Allô ? Oh Maxime ! C'est génial que tu m'appelles ! Oui, je suis bien arrivée. Non, il n'est pas là. J'aurais dû attendre avant de me lancer dans un tel voyage. Mais c'était plus fort que moi. Je devais partir. Tu comprends ?

— Bien sûr, c'est vital pour toi. Est-ce que tu as des précisions sur son retour ?

— Non, aucune. Je suis avec le directeur ; il va tout m'expliquer.

— Comment est l'endroit, ma belle ?

— Couleur locale et poussiéreux. J'aurais préféré que tu viennes avec moi…

— Ah bon, répond Maxime, dérouté par ce revirement.

Silence penaud. À remplir avec n'importe quoi…

— Et tu loges où ? Tu as trouvé un endroit chouette ?

Sophia, épuisée par le stress et contrariée par la banalité de la conversation dans un contexte si chargé d'émotions pour elle, se ferme comme une huître. Silence frustré, peuplé de pensées noires…

— Sophia, il y a quelque chose qui ne va pas ?

— Nnnon…

— Tu sais, je pense tout le temps à toi. Je…

— Oui, oui. Je vais te laisser maintenant. À plus tard !

Puis elle ajoute de prévenir Mattéo qu'elle ne sera pas rentrée de sitôt et raccroche d'un coup sec. Déception du moment, attentes démesurées d'une fille en manque de père, enfièvrement de son imaginaire. En une fraction de seconde, la voilà plongée dans l'extrême de sa blessure initiale. À ses yeux, aucun homme n'est réellement présent au rendez-vous. Un ange passe et se demande qui pourrait résister dans un tel chaos émotionnel…

Juan reste bouche bée devant cette intensité. Sophia vide sa bière d'une traite et examine chaque détail du bureau, le bureau de son père… Un palmier nain qui crève de soif, de la poussière… Ses yeux brillent. Elle se rend à peine compte qu'une voix lui propose de l'amener au *Napo Lodge*, sorte de bungalow sur pilotis, à deux kilomètres de l'aéroport. Ils rejoignent le *pick up truck* qui démarre péniblement…

« Si l'avion de Miguel est dans l'état de cette carriole, je ne suis pas près de connaître *mon père !* »

cinquante-deux

Du virtuel au réel

Il faut parfois des circonstances exceptionnelles
pour révéler la face cachée des humains...

Le choc a été trop violent. Les flotteurs n'ont pas pu absorber l'impact et une fissure dans un longeron menace de rompre. Personne n'ose bouger.

Tous les passagers avaient reçu l'ordre, hurlé par Judy, d'attacher leur ceinture et de prendre la position prévue pour les atterrissages d'urgence. Difficile lorsqu'on est mal en point et entassé dans une cabine exiguë. Miguel luttait contre son étrange malaise. On aurait dit qu'il était devenu l'objet de rites vaudous. Il ressemblait à une poupée de chiffons qu'une force occulte s'amuse à faire souffrir. Entre sa première crise et la descente en catastrophe vers la rivière, il avait eu quelques instants de répit, juste le temps d'aligner l'hydravion dans l'axe du cours d'eau. Peu après, une seconde flambée de mal l'ayant terrassé, le pilote avait lâché les commandes trente mètres avant l'amerrissage. L'appareil s'était retrouvé livré à lui-même, dans une trajectoire hasardeuse. Les jeunes braillaient dans la cabine, Judy criant plus fort qu'eux pour juguler leur panique. En copilote improvisé, Lorenzo, très vif et averti – grâce à son expérience acquise au jeu du *Flight Simulator* – s'était, dès l'impact, emparé du palonnier, bien réel cette fois, pour tenter de maintenir l'avion au milieu de la rivière, le temps qu'il ralentisse de lui-même. Ensuite, il s'était empressé de couper tous les circuits. Après quelques craquements de métal et des cris d'enfants, un calme pesant était apparu.

À présent, on entend un fin clapotis. Seul signe tangible qu'ils sont encore en vie.

□

L'hydravion dérive lentement. Il doit y avoir un problème, car il gîte sur tribord. À l'arrière, les jeunes bougent un peu. Nouveau choc. L'aile gauche vient de heurter un arbre. L'appareil s'immobilise contre la berge.

Lorenzo déboucle la ceinture de Miguel, l'extirpe du cockpit et le tire sur le rivage. Puis les enfants gagnent la terre ferme. Judy les place autour d'elle et examine chacun d'eux. Impossible de contrôler le tremblement de ses mains… À première vue, rien que des égratignures. Chacun s'exprime. La frayeur s'estompe. La reporter reprend des couleurs. Lorenzo distribue des biscuits tout en digérant le contrecoup du défi de l'amerrissage.

« Quand je pense qu'on m'a tant critiqué de passer des heures à l'ordi… finalement, j'avais raison, ça sert ! », se conforte-t-il, époustouflé par la réussite de son intervention.

Miguel marmonne des syllabes incompréhensibles. Est-ce qu'il délire ? Il a visiblement de la fièvre. Judy éponge son visage, comme s'il était – lui aussi – tombé dans une flaque de boue… Le cameraman retourne à l'avion pour y chercher des cartes.

— Nous avons volé environ une heure, déclare-t-il. Comme la vitesse de croisière du Cessna est de trois cent trente kilomètres à l'heure, on devrait se trouver à environ trois cent trente kilomètres de Huachita. Si je me base sur l'orientation du fleuve, l'heure et la position du soleil, ce ne peut être que le Rio Napo, un affluent de l'Amazone. Nous sommes sur la bonne route, Judy ! En descendant cette rivière, on rejoindrait Ahuano, notre destination. Tu vois, on a de la chance.

— Et on y va comment ?
— En hydravion.
— Lorenzo, tu ne trouves pas que le pilote et son coucou sont plutôt mal en point ?
— Fais-moi confiance, la technique, c'est mon domaine.

Il se dirige d'un pas victorieux vers l'avion avec Pedro, le plus grand des enfants, et proclame haut et fort :
— On va réparer. On a beau dire que *le p'tit fait ses crises*, c'est quand même toujours *le p'tit* qui assure !

Judy les regarde partir, comme s'il ne s'était rien passé de spécial. Sauf qu'ils auraient pu s'écraser dans la forêt il y a moins d'une heure…

« La vie est déconcertante, pense-t-elle. Miguel, le fier, l'indestructible, est grabataire en un instant. Lorenzo, le chétif, l'effacé, se métamorphose en meneur. Il faut parfois des circonstances exceptionnelles pour révéler la face cachée des humains… Quant à ce reportage, consommé par les téléspectateurs comme une fiction aseptisée, comment y faire ressortir le côté dramatique de la situation ? Je leur offre un spectacle sans l'odeur de la maladie, la brûlure du soleil ou le froid de la nuit. Et sans les moustiques, l'humidité, les pieds dans la boue et la peur qui me prend aux tripes, d'être au bout du monde, perdue et amoureuse… »

Miguel est repris par des convulsions. La fièvre lui donne un air halluciné. Judy reste près de lui et surveille les enfants étendus ici et là. Dans l'avion, Lorenzo, s'acharne et donne ses instructions à Pedro. Que ne ferait-il pas pour quitter ce coin de jungle !

cinquante-trois

Du coup de tête au coup de cœur

Suivre son élan de vie rend incroyablement vivant

Toute la matinée, Sophia a exploré les moindres recoins du modeste aéroport d'Ahuano, le lieu de vie de Miguel. Elle a visité la tour d'observation, les hangars de maintenance, la piste d'atterrissage en terre. À chaque endroit, son passage a créé une effervescence certaine. La voilà attablée à l'extérieur de la cantine, devant un jus de papaye. Le front dégoulinant sous un chapeau de paille, elle écrit dans son journal.

Cher journal,
Ahuano, le 15 décembre
Si tu me voyais, tu te moquerais de moi !

Seule au bout du monde, à cause d'un coup de tête qui a plutôt l'allure d'un coup de cœur. Le topo est simple : j'ai parcouru dix mille kilomètres pour me retrouver dans un bled perdu. J'y attends mon hypothétique père, qui ne sait même pas que j'existe ! Et ne le saura peut-être jamais, vu qu'il s'est égaré dans la forêt amazonienne.

Entre deux averses tropicales, je crève de chaud, le temps est horriblement long et je suis bouffée par les moustiques.

Je suis donc assez givrée… Ce qui tombe bien, par cette chaleur…

Mais pour aggraver mon cas, je me sens très vivante en l'attendant, ce père. C'est la première fois que ça m'arrive, en trente-deux ans, alors tu te rends compte… Je suis chahutée par des turbulences qui m'en font voir de toutes les couleurs : panique à l'idée de ne jamais le rencontrer, joie d'imaginer le découvrir en chair et en os pour enfin le voir bouger, sentir son odeur, croiser son regard. Et aussi crainte d'être déçue parce que, depuis toutes ces années, je l'ai complètement idéalisé !

cinquante-quatre

Réparation d'infortune

Judy est à plat. La situation n'est pas brillante.

« À nouveau coincés dans cette jungle ! Et je me demandais ce qui me retenait en Équateur… Miguel est mal en point, l'hydravion inutilisable, les stocks d'eau s'épuisent et moi aussi ! Dire qu'il y a déjà deux semaines que nous avons quitté Ahuano ! Si mon boss savait ! Lui qui s'opposait à ce reportage. À coup sûr, il va me virer ! Bon, de toute façon, j'en ai vu d'autres. Il faut que je m'active, sinon je vais déprimer. »

Elle s'approche de Miguel.

De leur côté, Lorenzo et Pedro ont réussi à consolider le longeron fissuré et à placer l'hydravion dans le sens de la rivière. Il est dans le bon axe pour repartir, à condition qu'il y ait un pilote disponible. Le cameraman a analysé l'ensemble de la situation. Si le moteur démarre et si les flotteurs résistent, il pourra piloter l'avion sur l'eau afin de lui faire remonter le cours de la rivière.

« Topo de ce qui attend *le p'tit chétif*, se dit-il, encore vexé des moqueries de Miguel : je devrai actionner la gouverne de queue, naviguer au centre de la rivière – là où le courant est le plus fort – éviter d'accrocher un arbre avec les ailes – ce qui ne sera pas évident avec un empennage de quinze mètres quatre-vingt-huit –, ne pas heurter de banc de pierres et anticiper l'effet du vent et du courant… C'est fou, mais je vais agir. Et si ça foire, on construira un radeau ! »

Il annonce à Pedro :

— Quand tout le monde sera à bord, tu devras larguer les amarres et en même temps sauter sur le flotteur pour rejoindre la carlingue. OK ?

— Bien sûr ! répond Pedro qui tient à se montrer à la hauteur.

— Bon, alors allons les chercher.

En quittant l'avion, il décide de faire quelques plans et filme en avançant vers Miguel et Judy qui semblent en conversation.

— Je suis désolé, Judy, ce n'est pas la première fois que cela m'arrive.

— Pardon ? Et c'est quoi, ce qui vous arrive ?

— Ce mal qui s'empare de moi, puis qui disparaît comme il est venu. Mais je ne l'avais encore jamais vécu en plein vol.

— J'espère bien… Et ce mal va et vient sans raison ?

— J'ai bien eu des diagnostics de guérisseurs et de sorciers…

— Qu'est-ce qu'ils vous ont dit ?

— Qu'on m'a jeté un sort ! Un esprit se manifesterait en moi pour que je mette en ordre une chose qui doit l'être ! Mais le temps passe et je n'ai pas la moindre idée de ce que c'est. Alors, je vis avec.

— Vous vivez peut-être avec, mais on a quand même failli y rester, s'offusque Judy. Et ça vous prend souvent, ce genre de crise ?

— À peu près tous les huit ans. Les sages locaux affirment qu'un esprit frappe pour me rappeler cette chose. On peut douter de leur diagnostic, mais je suis forcé de constater que le cycle de huit ans est une réalité.

Lorenzo a tout enregistré. Si la situation n'était pas si grave, il ne se priverait pas pour claironner que *Le grand a aussi fait sa crise…* Judy est hypnotisée par cette histoire invraisemblable. Elle sait que l'idée des sorts est courante dans les tribus de ces contrées, mais de là à gober ces sornettes, il y a une marge !

Un spasme reprend Miguel. Après quelques contorsions, il retombe, épuisé.

— Qu'est-ce qu'on va faire ? demande Judy à Lorenzo.

— Tout est prêt, on remonte dans l'avion et on repart. Sur l'eau, rassure-toi !

cinquante-cinq

Brève rencontre

Aucun cœur n'a jamais souffert alors
qu'il était à la poursuite de ses rêves.
Paolo Coelho

Cher journal,

Ahuano, suite du 15 décembre

Cette nuit, entre deux chasses aux moustiques, je me suis demandé quelle mouche m'avait piquée au point de me faire quitter si brutalement l'Europe, malgré tant d'inconnues.

Sais-tu que parfois on découvre la raison de nos actes bien après les avoir posés ?

Alors, pour moi, je viens de réaliser quelque chose de très important : je suis en train de naître.

Ce voyage au bout du monde vers mon père est en fait un voyage au bout de moi, et, quelle qu'en soit l'issue, je sais que je serai en paix avec « ce qui est » parce que j'aurai suivi sans détour mon élan de vie. « Aucun cœur n'a jamais souffert alors qu'il était à la poursuite de ses rêves », a écrit Coelho. Moi, je suis convaincue de la chose : on se sent pleinement vivant quand on garde le cap sur nos rêves.

Sophia sort un instant le nez de son journal. Elle aperçoit, venant de la rivière, un garçon qui galope comme un jaguar et se précipite dans la cantine en criant :

« Miguel est là ! L'avion arrive sur la rivière. »

Elle bondit de sa chaise, fait irruption dans le bistrot et voit le patron taper sur le plafond avec un manche à balai. C'est le téléphone sans fil pour contacter Juan à l'étage au-dessus. L'information est donc sérieuse. Des bruits de pas résonnent sur l'escalier métallique, la jeune femme sort et voit Juan dévaler les marches.

— Venez ! lance-t-il, il y a du nouveau !

Pour une fois, le *pick up* démarre du premier coup.

« C'est un signe ! », se persuade Sophia dont le cœur se serre.

Le tam-tam a œuvré plus vite que la réalité des faits. Arrivés sur la berge, ils aperçoivent au loin un hydravion gîtant sur tribord. Des pirogues sont attachées de part et d'autre de chaque flotteur. Cet ensemble étrange remonte lentement le courant.

— C'est eux ! s'exclame Juan en reconnaissant son avion. Mais qu'est-ce qu'ils ont foutu, cette bande de…

— Où vont-ils accoster ?

— Juste là, dit Juan en désignant des amarres en attente.

Des gens surgissent de partout. Un attroupement se forme. Chacun parle, crie, fait des signes, court ici et là… La Jeep de l'antenne sanitaire les rejoint dans un nuage de poussière. Des préposés préparent des brancards et des trousses de premiers soins. Face à ce déploiement de matériel et d'infirmiers, Sophia fond en larmes.

« Il se peut qu'il y ait des blessés dans l'avion, si pas pire, s'angoisse-t-elle. »

L'appareil aborde enfin l'embarcadère. La porte s'ouvre, des enfants en sortent, certains en bonne forme, d'autres plus maigres et déshydratés. De loin, elle voit une femme à la chevelure auburn quitter la carlingue et faire signe aux brancardiers. Un homme la suit…

« Non, ce n'est pas lui… bien trop jeune… », se dit-elle, au bord de la crise de nerfs.

L'attroupement s'est déplacé avec les rescapés. Sophia s'approche.

— Attention, doucement ! avertit la femme.

Les brancardiers extraient un homme de l'avion et le placent sur une civière. Ils se dirigent ensuite vers le 4 × 4 et passent devant la jeune femme qui, sans hésiter, se met à marcher à leur hauteur. Elle voit pour la première fois *son père*… Le temps se fige. Miguel ouvre à demi les yeux, aperçoit cette inconnue qui le dévisage intensément, esquisse un sourire et sombre à nouveau dans l'inconscience.

cinquante-six

Concentré de sagesse

Le changement, c'est la vision claire
de ton fonctionnement.
Éric Baret

« Ma répétition est dans deux heures, j'ai juste le temps d'y aller ! Je lui donnerai le message de vive voix. »

Maxime enfourche sa bécane et file vers les étangs d'Ixelles. Après avoir passé une nuit blanche à broyer du noir, il a besoin d'aide, pour trouver de la clarté.

« Ce coup de fil d'il y a quelques jours avec Sophia… On n'était pas sur la même longueur d'onde ; ça cloche entre nous. Déjà ! »

Sept minutes plus tard, il arrive devant chez Sophia et appuie sur la sonnette de *Mattéo Cascone*. L'interphone nasille faiblement :

— Oui ?

— Excusez-moi de vous déranger. Je suis Maxime, un ami de Sophia. J'ai un message pour vous, de sa part.

— Montez, c'est au premier.

Maxime grimpe à l'étage. Avec un sourire, Mattéo l'invite à entrer.

— Vous avez des nouvelles de Sophia ? C'est heureux, je me faisais du souci pour elle. Vous êtes gentil de venir jusqu'ici. Un coup de fil aurait fait l'affaire.

— C'est que… murmure Maxime embarrassé.

— Il ne lui est rien arrivé de grave, au moins ?

— Non… Elle voulait vous prévenir qu'elle ne sera pas rentrée pour le prochain rendez-vous avec les enfants de vos prisonniers.

— Ah ! Même de loin, elle pense à tout. Et vous vous êtes déplacé pour me dire ça ?

Mattéo observe Maxime planté devant lui.

— Je voulais vous voir…

— C'est à propos de Sophia ?

— Oui…

— Asseyez-vous, vous avez bien un moment ? propose Mattéo.

Le jeune homme semble traversé par des pensées plus défaitistes les unes que les autres.

— J'y tiens et je l'ai laissée partir. Seule. Je suis un imbécile. J'ai peur de la perdre. Vous me comprenez ?

— Tout à fait ! Elle est attachante, Sophia. Mais… pourquoi la perdriez-vous ?

— J'en ai découragé plus d'une avec mes hésitations… Dans mes relations amoureuses, je suis souvent un pied dedans, un pied dehors…

— C'est vrai ?

— Oui, j'ai peur d'étouffer et de me priver de ma liberté, si je m'attache… J'adore l'originalité, le changement. Mes voyages, mes folies. Mais, depuis ma rencontre avec Sophia, c'est différent. Je veux risquer d'aimer pleinement et ça me terrifie… je ne sais pas comment faire. La preuve, je l'ai laissée s'en aller au bout du monde.

— Et alors ?

— Et alors ? Elle doit m'en vouloir et penser que je ne l'aime pas. À coup sûr, je l'ai déçue…

— Et alors ?

— Notre histoire va s'arrêter… Elle va rencontrer quelqu'un d'autre…

— Et alors…

— Mais enfin, je l'aime, c'est simple, non ?

— Vous l'aimez et en même temps vous aimez votre vie telle qu'elle est, c'est cela ?

— Oui. Aimer et rester libre… Comment concilier les deux ?

— Vous voudriez pouvoir vivre l'amour tout en vous sentant libre ?

— Absolument. Vous croyez que c'est possible ?

— Bien sûr.

— Bien sûr ?

— Mais aimer, *c'est* être libre !

— Pardon ?

— Libre d'orienter sa vie dans le sens de son cœur. Libre de renoncer à *ses désirs* pour *son Désir.* Si vous choisissez d'aimer Sophia, *c'est* la liberté, puisque *vous* choisissez. *C'est le choix qui nous libère…*

— Ah…

— Mais ne réfléchissez pas trop, Maxime ! Parce que, de toute façon, nous ne sommes pas si libres que ça… Nous sommes conditionnés par tant de choses… Notre éducation, notre histoire, notre culture, nos croyances, nos peurs… Nous sommes pétris d'habitudes et nous imaginons être libres… Alors, détendez-vous. Vous pouvez faire confiance à la vie. Elle dispense sa sagesse avec une extrême intelligence.

— Là, je n'ai rien compris ! Avec ou sans intelligence de vie, je n'arrive jamais à choisir !

— C'est ce que je dis, vous n'êtes pas libre de votre passion pour la liberté !

— Pas libre de ma passion pour la liberté ! Je veux bien. Mais comment pourrais-je changer ?

— *Le changement, c'est la vision claire de ton fonctionnement,* déclare Mattéo en tutoyant le jeune homme.

— Alors… il n'y a rien à faire ?

— Non… Enfin si… *Il suffit de Voir… On est d'autant plus libre qu'on se rend compte qu'on est lié…*

— Lié ? Mais par quoi donc ?

— Par nos attentes, notre imaginaire, nos conditionnements, nos croyances…

Maxime se tait, le temps d'intégrer ce qu'il vient d'entendre. Une sagesse dont au fond de lui, il a déjà l'intuition sans vouloir se l'avouer…

— Mais, heu, par rapport à Sophia… vous me conseillez quoi ?

— Marche ta vie en confiance, Maxime. *Ce que tu cherches se découvre dans chaque pas que tu fais…*

cinquante-sept

Lit 32

Vous désirez ? demande la préposée à l'accueil du dispensaire.

— Miguel Penez, répond Sophia à cran.

— Au bout du couloir, lit 32.

« Lit 32 ! Je ne suis pas près de l'oublier… J'ai 32 ans… et c'est le plus beau jour de ma vie ! »

Elle s'approche de Miguel. Il dort. C'est inespéré. Elle peut l'observer, saisir les traits de son visage, le contempler, le découvrir, le dévorer. Graver pour toujours cet homme dans sa mémoire. Moment privilégié, intime, subtil.

Le dispensaire est calme. Au loin quelques voix, un pleur, un gémissement. Tout près, le ronronnement d'un ventilateur et le martèlement de son cœur.

Miguel entrouvre les yeux vers l'hélice qui lui procure un peu de fraîcheur – il adore les hélices – et aperçoit Sophia.

— Bonjour, j'ai l'impression de vous avoir déjà vue…

— Il fallait que je vous rencontre, murmure la jeune femme. Comment allez-vous ?

— Je me sens mieux. Qui êtes-vous ?

— Je m'appelle Sophia. Je viens de Belgique…

— Joli prénom !

— … pour vous voir.

— De Belgique ? Pour me voir ? Et pourquoi diable ?

— C'est que… c'est difficile à dire comme ça, de but en blanc…

Miguel se redresse, estomaqué d'entendre que cette jeune femme déboule dans un trou perdu d'Équateur pour le rencontrer.

— Est-ce qu'on se connaît ?

— *Je* vous connais, *vous* ne me connaissez pas. Enfin… Euh… je veux dire… je ne vous connais pas, je sais seulement qui vous êtes. Je rêvais de cette rencontre, c'est pour ça que je suis ici…

— Quoi ? Et vous êtes là depuis longtemps ? ajoute Miguel qui dirait n'importe quoi pour rester les pieds sur terre.

— Deux jours… ce n'est pas long, comparé à une vie…

— Comparé à une vie ? Je ne comprends pas.

Sophia ne pouvant plus se contenir, lâche le paquet :

— Passée à attendre le moment de connaître enfin mon père, c'est-à-dire vous.

Miguel se braque. Le scepticisme déferle sur lui. Tout s'entrechoque à l'intérieur. Sa mémoire cherche à se raccrocher à du concret, du plausible. Puis, peu à peu, devant cette femme qui vient de lui asséner une nouvelle aussi incroyable avec tant d'audace, il se radoucit. Il voudrait en savoir plus, il aurait même envie d'y croire, tout en étant assailli de doutes… Il se passe la main dans les cheveux et lance d'un ton méfiant :

— Mais c'est quoi cette fable ? Qui êtes-vous exactement ?

— Je suis la fille de Valentina Grandville. Vous l'avez connue il y a plus de trente ans, en Belgique. Mais… vous avez l'air fatigué, je reviendrai plus tard, abrège-t-elle soudain.

S'échapper. Remettre de l'ordre dans son cœur. Ne rien forcer. Pour personne. Et malgré tout, se faire entendre… Il y a tant de choses qu'elle voudrait dire à cet homme. Mais là, ce n'est plus le moment. Elle lui jette un regard bondé d'émotions trop longtemps bannies et se sauve sans rien dire. Ses pas résonnent dans le couloir et s'évanouissent, comme Miguel, une nouvelle fois.

□

Bureau des *Los Valientes Rescatadores.*

Juan est noyé dans des comptes peu rassurants. Il essaie d'évaluer les travaux de réparation de sa flotte. Une tonalité dans l'ordinateur signale l'arrivée d'un mail. L'écran indique « *To Mrs Crawford* ».

Quelques manipulations. Un message s'imprime. L'aspect concis du texte attire son attention. Il ne peut s'empêcher de le parcourir.

De la part de Planeta del Mundo – Los Angeles, CA

Sujet : Annulation de projet

Madame Crawford,

Merci de nous avoir donné de vos nouvelles. Cependant, étant donné la prolongation injustifiée de vos délais de reportage et le retard pris dans l'ensemble de la production, j'ai le regret de vous signifier l'annulation du projet en cours. Votre prochaine mission concernera la survie des tortues aux îles Galapagos. Départ prévu le douze janvier prochain.

Veuillez me contacter dès votre retour à Los Angeles.

Meilleures salutations,

Armando Costero.

— Merde ! dit Juan en relisant le mail. Ça nous aurait fait un peu de pub ! Ces Américains sont cons ! Sous prétexte de rentabilité, ils négligent l'intérêt humanitaire. C'est affligeant. Je me demande comment la journaliste va réagir !

cinquante-huit

Cadeau du ciel ?

Deux jours plus tard, le mystérieux mal de Miguel a disparu. Il a pu rentrer chez lui, mais la prescription des médecins est irrévocable : interdiction de bouger. Le pilote est étendu dans un rocking-chair et tente de profiter du patio ombragé. Se sentant tout à coup observé, il relève la tête.

— Bonjour. J'avais dit que je repasserais, annonce Sophia. J'ai apporté des mangues. Je ne vous dérange pas ?

— Euh non… asseyez-vous.

— Les mangues sont pleines de vitamines ! Vous les aimez ?

— Mademoiselle, je dois vous dire qu'à la fois, j'espérais et redoutais votre visite…

— Oui, je comprends, je vous ai quitté de façon assez abrupte au dispensaire. Pourtant, j'ai plein de choses à vous dire.

— C'est que vos déclarations de l'autre jour m'ont remué ! Je rêve, ou bien vous avez affirmé être ma fille ?

— Oui. Votre fille et celle de Valentina.

— La fille de Valentina ? Mais quel âge avez-vous ?

— 32 ans.

Miguel se tait et effectue rapidement des calculs de dates…

Ignorant son mutisme, Sophia se lance dans un récit dont elle ne mesure pas la volubilité. Dès qu'elle est bouleversée, la jeune femme devient logorrhéique… Elle raconte tout sur les recherches que Valentina, enceinte, avait entreprises en Asie pour retrouver Miguel.

— Ma mère vous a cherché pendant près de dix ans.

— C'était donc bien d'elle, ce mail d'Europe…

Incapable de se contenir, Sophia déballe sa vie, convaincue que Miguel n'attend que ça… Tout y passe, Mattéo, Maxime, Valentina, Julien, James, ses quinze enfants… Un déluge de paroles. Miguel n'arrive pas à articuler grand-chose. Alors que la jeune femme reprend son souffle, il parvient à dire :

— Votre envie de quitter la mode pour vous occuper de l'humain, ce goût de donner de soi, c'est un peu comme moi. Vu sous cet angle, vous pourriez être ma fille… Si seulement ! murmure-t-il tristement, assez bas pour que Sophia ne l'entende pas.

Elle se jette dans la suite de son récit et confie à présent son vide immense, celui de l'absence du père, qui faisait d'elle une petite fille différente aux yeux de ses amies de classe.

— Je n'en reviens pas. Je ne réalise pas bien. Vous ressemblez à votre mère… Vous êtes adorablement belle, Sophia.

À ces mots, Sophia fond en larmes et livre toute l'insécurité qui l'habite, faute d'avoir entendu le premier homme de sa vie clamer sa beauté…

Miguel, attendri, lui prend la main. Elle se laisse faire.

— Excuse-moi, je ne suis pas très causant… je me sens si maladroit. Si tu savais, dit-il en la tutoyant, alors qu'elle boit ses paroles. Mais, si j'étais ton père, je regretterais de ne pas avoir été là pour toi. Je ne sais pas quel genre de père j'aurais fait, ni quelles réponses j'aurais données à tes demandes de petite fille, mais tu aurais eu tout mon amour, ajoute-t-il, nostalgique.

Face aux terribles mots de Miguel – *si j'étais ton père* –, Sophia s'écroule et se demande si elle n'a pas tout fantasmé. Cet homme est-il celui qu'elle espère ?

— Ça bouillonne en moi. Peut-être ai-je de la fièvre, continue Miguel. Qu'est-ce qui m'arrive ? J'ai une fille qui me tombe du ciel ! J'ai du mal à y croire, d'autant plus que… Et pourtant j'aimerais que ce soit vrai !

— Vous doutez de moi ? Je n'aurais pas dû venir.

— Mais non, mais non… C'est que…

— Reposez-vous, je reviendrai une autre fois, coupe-t-elle en le voyant se rebiffer.

Départ précipité, une fois de plus.

« Ou bien il ne me croit pas, ou bien il ne veut pas de moi », se désespère la jeune femme en s'enfuyant vers le village…

cinquante-neuf

Retour annoncé

Aller vers soi, devenir soi,
n'est-ce pas le but d'une vie ?

Un bruit, suivi d'un coup de sonnette. James se précipite vers la porte d'entrée. Valentina sursaute et va ouvrir.

— Ah, Mattéo, quelle joie de vous voir. Il y a longtemps !

— J'ai entendu des pas et je me suis inquiété, dit-il en essayant de ne pas se faire renverser par le chien qui le salue à sa façon.

— Entrez. Je suis passée remplir le frigo.

Mattéo s'avance, suivi de James qui ne le lâche pas d'un coussinet.

— Sophia revient bientôt ?

— Oui, je suis soulagée. Ce voyage en Amazonie, toute seule, c'est encore un de ces coups de tête dont elle a le secret !

— Elle tente justement de les percer, ses secrets.

— Ah, vous êtes au courant !

— Je sais qu'elle est allée à la rencontre de son père, réel ou imaginaire, c'est-à-dire d'une partie d'elle-même…

— À vous entendre, vous la connaissez mieux que moi !

— Peut-être, sous l'un ou l'autre aspect.

— Elle vous adore. Vous lui faites un bien fou, Mattéo.

— Elle me fait aussi du bien. Je me sens vivifié à son contact et je me régale de promener James dans la nature.

« Ah, un petit mot pour moi, pense James. Mais pourquoi dit-il qu'il me promène ? C'est moi qui le promène ! Ce que les humains peuvent être inconscients, même les psys, tout compte fait ! »

— Vous croyez que ça lui aura apporté quelque chose d'aller là-bas ? questionne Valentina.

— *Aller vers soi, devenir soi*, n'est-ce pas le but d'une vie ? Pour elle, cela passait sans doute par l'Amazonie.

— Mais n'y a-t-il pas des chemins plus faciles pour aller vers soi ?

— Peut-être... Les chemins qu'on emprunte parlent de parties de soi qu'on veut découvrir et révèlent simplement qui on est. J'imagine que Sophia cherche le masculin qui lui a tant manqué. Je crois qu'elle aspire à trouver sa guidance intérieure et qu'elle a choisi sa façon personnelle et unique d'y accéder.

— Vos paroles m'enlèvent un poids.

— Tout est bien, Valentina. Quoi qu'on fasse, on voyage toujours vers soi-même. Seuls la durée et le confort du trajet diffèrent d'une personne à l'autre. Mais chacun, à son rythme propre, va vers sa destinée, comme Sophia. Alors, détendez-vous. Si on suit le flot de la vie, elle coule, sans trop nous heurter, tandis que si l'on résiste...

« Tout compte fait, je suis le seul à avoir pigé ce truc de la destinée... Quoi qu'il se passe, je suis toujours cool ! », s'enorgueillit James.

soixante

Encore cette question !

Une nouvelle pluie tropicale s'abat sur le village. Les rues sont désertées. L'eau ruisselle des toits en tôles ondulées. Les huttes, recouvertes de feuilles de bananiers, résistent grâce au savoir-faire ancestral des Indiens. Des senteurs végétales accusent leur présence humide et tiède. Sous un parapluie de fortune, Judy progresse en évitant les flaques d'eau. Après un quart d'heure de marche, elle arrive trempée devant chez Miguel. Son tee-shirt lui colle à la peau, son pantalon safari beige est maculé du brun sombre de la terre et ses cheveux, d'habitude si fiers, lui tombent sur les yeux.

« Moi qui voulais être un peu mignonne, c'est plutôt raté ! »

Elle actionne un heurtoir. Pas de réponse. Abritée par le patio qui ceinture la maison, elle fait le tour et tente de voir à l'intérieur. De la lumière, une assiette, quelques reliefs sur la table… Revenue à la porte, elle la pousse d'un coup sec.

— Il y a quelqu'un ? Miguel, vous êtes là ?

Aucun signe de vie. Seulement le vacarme de la pluie.

« Aurait-il eu un malaise ? »

Entendant une autre forme de pluie, elle avance dans la pièce et se retrouve nez à nez avec Miguel qui sort de sa douche, dégoulinant, complètement nu et relax !

— Miguel !
— Ah, c'est vous, Judy ! Mais… vous êtes trempée.
— Pas tant que vous !
— Tenez, prenez ma serviette.
— Non merci, je ne veux pas vous en priver…
— Si, si, séchez-vous, j'arrive…

Il l'abandonne et se dirige vers la chambre. Médusée, elle ne peut s'empêcher de le suivre du regard et d'apprécier la situation…

« Pour être nature, il est nature. Je le croyais moribond et le voilà glorieux comme un phénix… »

Quelques instants plus tard, Miguel réapparaît, habillé d'une chemise bariolée et d'un pantalon blanc. Il avise Judy une photo à la main.

— C'est votre fille ?

— C'est la deuxième fois que vous me posez la question. Je n'ai pas d'enfant.

— Vraiment ?

— Cette jeune fille est morte dans mes bras, il y a trois ans, d'une maladie qui l'a emportée en quelques jours. La réponse vous convient ? C'est vrai que sur le plan de l'âge, elle aurait pu être mon enfant… C'est curieux que vous me parliez de ça maintenant.

— Pourquoi ?

— Parce que je viens de faire la connaissance d'une jeune femme qui prétend être ma fille.

Il s'assied dans un vieux canapé et invite Judy à le rejoindre.

— C'est Sophia, n'est-ce pas ?
— Comment le savez-vous ?
— Une intuition.
— Vous l'avez rencontrée ?

— Quelques instants. Elle était très préoccupée à l'idée que l'on vous ait jeté un sort. À part ça, c'est une jolie femme, avec du caractère. Sur ce plan-là, elle vous ressemble… Vous avez dû avoir un choc !

— De toute façon, je n'y crois pas… Cette histoire est invraisemblable ! Mais, qu'est-ce qui vous amène ?

— Je passais prendre de vos nouvelles. Je vous rappelle que vous étiez malade… jusqu'à hier, apparemment ! Et puis, j'avais envie de vous voir.

— Vous êtes toujours aussi spontanée ?

— Autant que vous à la sortie de la douche…

Troublé, Miguel effleure les cheveux de Judy. Sans artifice, elle constate :

— Je ne sais pas quoi vous dire !

— Judy, vous me plaisez !

— Miguel, je…

Ils se regardent, surpris sans l'être. Tous deux sont pleinement là, dans ce moment suspendu au fil de leurs intensités respectives.

Miguel se penche. Leurs visages sont proches, si proches… Le temps s'arrête. Il la contemple. Elle ferme les yeux. Baiser sensuel et délicat.

La pluie redouble de puissance.

Magie de l'instant, sculpté dans l'écoute et le respect du tempo des sens. Lenteur sacrée, désir vibrant. De caresses en frissons, ils se retrouvent nus l'un contre l'autre. Leurs corps se frôlent, s'orchestrent, se rassemblent.

Soupirs. Vertiges chevillés à la cime du plaisir.

soixante et un

Tu voles, je vole…

Ce qu'on regrette, c'est seulement
l'atteignable non atteint, pas l'inatteignable.

C'est l'atmosphère des grands jours à la cantine de l'aéroport de Ahuano. Le temps est splendide, des tables sont disposées dehors, une musique endiablée rythme les tournées de cervesa. Les employés de la base se sont retrouvés pour faire la fête à Sophia et lui souhaiter un bon retour en Europe. C'est qu'elle en a pris de la place, cette Sophia ! Le bruit a même couru qu'elle serait la fille de Miguel. La curiosité aidant, plein de gens se sont déplacés…

Par la fenêtre du bureau des *Rescatadores*, la jeune femme prend des photos de ce petit monde qui fait désormais partie de ses proches. Elle est triste de devoir quitter tout ça. Mais elle a choisi de repartir, même si ses discussions avec Miguel sont loin de l'avoir satisfaite.

Avec mélancolie, elle s'imprègne une dernière fois de l'ambiance des lieux et vide un fond d'eau sur le palmier nain.

En bas, deux claquements de tôles. Miguel et Juan viennent de quitter le *pick up* pour rejoindre les tables, déjà encombrées de bouteilles vides…

— Holà Miguel, comment vas-tu ?

— Nickel. J'ai eu trois jours de repos.

— Il paraît que tu emmènes Sophia à Quito ?

— Oui, je suis au chômage. Pas de Cessna en service. Pour une fois, ça me convient.

— On l'aurait volontiers gardée ici !

— Je voulais l'épouser mais elle a refusé ! lance Cortes, ce qui déclenche une flambée de gouailleries à son endroit.

L'arrivée de Sophia amène une rupture dans l'animation du bistrot. Les regards se tournent vers elle. Un peu confuse, elle s'assied à la table de Miguel et annonce :

— Une tournée générale !

Une clameur honore cette nouvelle désaltérante, et les conversations reprennent leur cours animé.

— Il faut partir dans combien de temps ? demande la jeune femme.

— Il ne *faut* pas, rétorque Miguel, c'est toi qui as décidé de rentrer !

— C'est vrai. Une bonne partie de ma vie m'attend en Europe : Maxime, ma mère, mon job, mon chien… Elle veut ajouter Mattéo, mais ça coince. Envahie par une bouffée de tendresse, elle pense à cet homme qui lui prodigue ce qu'elle aurait tant voulu recevoir de son père…

« Et dire que mon père est là, à côté de moi, mais qu'il refuse d'admettre l'évidence ! Ne suis-je pas assez bien pour lui ? Ces milliers de kilomètres… Pour quoi ? Pour rien, finalement. Des questions sans réponses, un espoir brisé… Je suis stupide ! »

— Votre vol pour Madrid est à 21 heures, annonce Juan dont les mots extirpent à temps Sophia d'un enlisement dans des pensées ténébreuses. Si vous partez dans vingt minutes, vous serez à l'aise pour votre escale.

— Notre escale ? demande la jeune femme, d'une voix rauque.

— Oui, répond Miguel, loin de voir ce qui se trame, je voudrais te montrer un endroit que j'aime. On pourrait s'y arrêter pour manger. Enfin, si tu veux… C'est sur l'itinéraire.

Le cœur de Sophia se met à battre la chamade... Miguel a planifié et voulu un moment avant leur séparation !

— Alors, allons-y !

□

Ils prennent de l'altitude. Miguel est dans son élément. Il pilote avec aisance son vieux Piper Cub. Sophia s'extasie devant le Rio Napo, les espaces de culture, caféiers, cacaoyers, bananeraies, la forêt tropicale... Elle savoure l'instant, même si les choses ne se déroulent pas comme elle l'avait imaginé. Bizarrement, avec Miguel aux commandes, sa phobie de l'avion s'est évaporée... et les mouvements de l'appareil lui procurent presque un certain bien-être. Après quinze minutes de vol, le pilote effectue une large courbe qui place l'hydravion dans l'alignement d'une rivière, puis il amorce la descente.

— C'est sur ce bout de flotte que tu vas te poser ?

— Bien vu !

— Mais j'ai un avion à prendre à Quito, dans cinq heures !

— Fais-moi confiance, dit Miguel en amerrissant dans une gerbe d'eau qui s'étire à l'infini.

Il effectue ensuite des manœuvres auxquelles Sophia ne comprend pas grand-chose, si ce n'est qu'elle est béate d'admiration. L'appareil navigue au ralenti vers la rive et s'immobilise un peu brusquement contre la berge. Miguel sort l'attacher à un tronc d'arbre. Sophia est euphorique, davantage devant son rêve filial qui reprend de la vigueur que devant la magie du spectacle. Des palmiers géants, des orchidées, des toucans... Un père...

« Ah, si seulement il voulait bien admettre... »

— Tu vois ces lianes, dit-il, leur sève produit le curare, le poison utilisé par les indigènes d'ici, les Quechuas !

— Bien, bien, déclare-t-elle nonchalamment, de plus en plus obnubilée par l'espoir d'un revirement de situation.

« Peut-être va-t-il enfin accepter l'évidence ? »

— Et là, à gauche de cet hévéa, l'arbre à caoutchouc, il y a une termitière… et là, un énorme ficus qu'on appelle aussi l'étrangleur, parce que, pour grandir, il s'enroule autour d'un autre arbre qui lui sert de tuteur. Et là, c'est un palmier tagua, d'où provient l'ivoire végétal, aussi dur qu'une défense d'éléphant…

— Tu les reconnais donc tous…

« Et moi, me reconnaîtra-t-il un jour ? »

— Regarde, Sophia, cet arbre avec ses racines aériennes. C'est un batea kaspi. On l'appelle arbre téléphone. Si tu tapes dessus avec une machette, il résonne. Les Indiens s'en servent pour communiquer entre eux, en pleine forêt.

« Il ne m'a quand même pas emmenée ici pour me faire un cours de botanique ? Je veux savoir. C'est ma dernière chance ! Je fonce, sinon je m'en mordrai les doigts après. *Ce qu'on regrette, c'est seulement l'atteignable non atteint, pas l'inatteignable…* », se convainc-t-elle, en appréciant de plus en plus tièdement la végétation pourtant grandiose.

— Miguel, je voudrais te parler de quelque chose de capital pour moi. C'est difficile, mais je tiens à le faire. Tu es d'accord ?

— Euh, bon.

— Voilà : depuis que je t'ai annoncé que tu pourrais être mon père, je suis déstabilisée, parce que je n'ai pas toute la clarté à laquelle j'aspire. On dirait que tu es à la fois attiré par cette idée et qu'en même temps, tu la refuses, est-ce que je me trompe ?

Miguel ne répond rien. Lentement, il sort d'un frigo box des boissons, des fruits et des galettes de riz.

— Je te dois une explication, finit-il par déclarer.

— Mais je n'attends que ça ! hurle la jeune femme.

— Sophia, tu débarques ici sans crier gare et tu me balances que tu es ma fille. Tu te rends compte du choc ?

— Peut-être pas, mais je sais comment je me sens devant ton déni !

— Toute ma vie, j'ai rêvé d'avoir des enfants, est-ce clair ?

— Eh bien, je suis là ! Pourquoi tu me rejettes ?

— Tu es magnifique, et je rêverais que tu sois ma fille. Je le souhaite à un point que tu ne peux pas soupçonner !

— Mais qu'est-ce qui t'en empêche ? Tu as connu ma mère il y a trente-trois ans. Elle est restée accrochée au souvenir de votre relation pendant des années. À ma connaissance, elle n'est pas un clone de la Sainte Vierge. J'ai donc un père quelque part. Qui ne peut être que toi ! Je suis dévastée que tu le nies... Après tout, dépose-moi tout de suite à l'aéroport. Ce sera mieux pour tout le monde, éclate-t-elle.

— Sophia, écoute-moi. C'est vrai qu'il y a trente-trois ans, j'ai quitté Bruxelles et ma relation avec Valentina. Je voulais accomplir une mission, et je m'y suis tenu. Pour cette raison, je n'ai plus donné signe de vie. Moi aussi j'ai souffert de cette séparation. J'ai souvent désiré reprendre contact avec ta mère. Mais je sentais que mon amour pour elle risquait de l'emporter sur ma détermination à poursuivre mon projet de vie.

— Mais enfin, pas un mot en...

— Laisse-moi continuer. Après avoir quitté Bruxelles, je suis allé en Thaïlande. Plus tard, j'ai rencontré une Thaïlandaise. Nous nous sommes mariés ; nous avons voulu des enfants. Cela n'a pas marché. Notre couple s'est dégradé. Nous nous sommes séparés...

— Ma mère t'a cherché partout !

— Ensuite je suis allé au Brésil et j'ai vécu avec une Brésilienne de la région de Rio. Je voulais être père mais ça ne s'est pas passé. Je me suis séparé, une fois de plus. Puis j'ai abouti en Équateur, à Quito. J'ai rencontré une Vénézuélienne. Là encore, ce fut un nouvel échec dans mon rêve de fonder une famille. J'ai alors subi des examens médicaux qui ont révélé que...

— Que quoi ? implore Sophia, suspendue aux phrases de Miguel.

— Que je suis stérile ! hurle Miguel. Donc, tu *ne peux pas* être ma fille ! Voilà pourquoi je n'arrive pas à te croire !

La jeune femme accuse le coup. Mort de ses espoirs. Son château fort se transforme en un château de cartes qui s'effondre, emporté par un ouragan de déception.

Elle balbutie :

— Excuse-moi, je t'en ai voulu, je ne pouvais pas savoir…

La houle passe, lentement…

— Merci de m'avoir dit que tu aurais aimé que je sois ta fille. C'est un cadeau que je rêvais de recevoir… et en même temps je suis triste.

Miguel lui ouvre ses bras. Elle y plonge. Les bruits de la forêt semblent sceller cet instant d'acceptation… quoique…

Soudain, sans prévenir, elle se dégage d'un mouvement rapide.

— Je vais encore prendre des photos, d'accord ?

— Encore ?

— Oui là, devant l'avion !

Pris de court, Miguel la suit.

— Non, va par là, un peu plus à gauche… oui, recule encore… là, c'est parfait !

Comme d'habitude, il prend son peigne, se coiffe et le remet dans une poche de sa chemise.

— On voit ton peigne. Je te l'enlève, juste une seconde, pour la photo !

— Tu en feras une de nous deux, après ?

— Oui, oui, avec le retardateur. Voilà, regarde-moi…

Sophia coince ensuite son appareil entre deux branches, et des clichés se prennent à intervalles réguliers. Elle pousse Miguel dans l'axe de la caméra, pose devant lui, à ses côtés, assise par terre. C'est un moment de jeu, comme pourraient en passer un père et sa fille…

— On va bientôt devoir rejoindre Quito.
— Déjà !

Miguel monte dans l'avion avec la caisse du pique-nique. Discrètement, Sophia prend le peigne qu'elle a subtilisé, en retire les cheveux qui s'y sont incrustés et les dépose en vitesse dans un mouchoir en papier…

« Je sais, je sens que Miguel est mon père ! »

Pendant le voyage, la jeune femme reste silencieuse, pour une fois… Les mots dénatureraient la grâce de l'instant. Elle se contente d'observer goulûment celui qu'elle a décidé coûte que coûte d'adopter comme père… Miguel est loin de se douter du trophée qui lui a été subtilisé…

« À la génétique de parler ! », pense Sophia triomphante, alors qu'apparaissent au loin les faubourgs de Quito.

soixante-deux

Aveux sidérants

Celui qui ne vainc pas une peur par jour
n'apprend pas la leçon de la vie.

Un panneau d'affichage annonce l'arrivée du vol IB 3206, en provenance de Madrid. Valentina achète des croissants à la boulangerie de l'aéroport.

« Au cas où Sophia aurait une petite faim. Sinon, James se fera un plaisir… »

Alors qu'elle tente de ranger son porte-monnaie, une traction sur la laisse la déséquilibre.

— James !

Le labrador vient de repérer Sophia dans un groupe de voyageurs. Elle regarde dans leur direction et aperçoit sa mère qui tente de contrôler le chien.

— Maman ! James ! Génial de vous retrouver ! Si on allait se promener ? Je ne pourrais pas dormir. J'ai tant de choses à vous raconter ! À dire… À demander, chuchote-t-elle…

— D'accord, ma chérie.

Dans la voiture, Valentina partage les progrès de sa future exposition.

— J'ai revu Arthur Drière. Nous mettons tout au point. Ce projet est stimulant. Je n'arrête plus de peindre.

— À propos, comment est-il ?

— De quoi tu parles ? Du projet ? Ou de…

— Tu sais bien, maman !

— Euh… raffiné, séduisant, cultivé… mais je ne vois pas ce que cela vient faire. C'est un ami, Sophia !

Sophia s'amuse de voir l'émotion que sa mère tente de dissimuler. Elles arrivent dans la forêt de Soignes. Vite, libérer James, le caresser, sentir son odeur. Quel bonheur !

— Je pensais que tu aurais peut-être faim, dit Valentina en lui tendant les croissants.

— Waouw ! Ces odeurs de croissants, de bois, de James… Ah, j'adore mon pays ! Qu'il y fait calme, en plus ! En Amazonie, il y avait un bruit incessant. Des centaines d'oiseaux partout, maman. Tu n'imagines pas le spectacle. Les couleurs, elles aussi, parlaient ! Tu aurais dû voir les rouges des orchidées, les bruns des terres…

Sophia est immergée dans ses souvenirs. Il y a vingt-quatre heures à peine, elle était avec Miguel… Valentina se retient de poser les questions qui lui viennent. Mais Sophia a aussi une question à poser. Concentrée, elle guette le bon moment. D'attente en attente, les deux femmes déambulent sans plus dire un mot. James fait des allers-retours entre l'exploration et la proximité. Seuls le craquement d'une branche morte sur le sol, le halètement du chien et le tintement de ses médailles meublent le silence.

— Maman, lance soudain Sophia, j'ai vécu l'enfer et le paradis en Amazonie ! Miguel est un type colérique et très sûr de lui, en tout cas c'est l'impression qu'il donne, mais je le trouve super ! Il est cool, généreux, téméraire. On a eu un très bon contact… sauf qu'il n'admet pas que je puisse être sa fille.

— Quoi ? Ce n'est pas possible ! Il est vrai que certains hommes paniquent, face à ce genre de nouvelle. Tu dois être déçue. Toi qui avais mis tant d'espoirs dans ce voyage…

— Oui, je suis tombée de haut! Maman, ose Sophia, déterminée à poursuivre sa quête et soupesant chacun des mots qu'elle va prononcer, je vais te poser une question délicate. J'ai peur, je me sens incertaine et très mal à l'aise, mais il y a une vérité que je veux entendre. C'est crucial pour que je puisse progresser sur mon chemin, celui où je tente de *savoir d'où je viens*…

— Je t'écoute, dit Valentina en pâlissant.

Bravement, Sophia plonge:

— As-tu connu d'autres hommes que Miguel à l'époque où tu t'es retrouvée enceinte?

À cette question, Valentina se liquéfie et cherche un appui. Un arbre, abattu comme elle, se trouve à quelques mètres…

— Asseyons-nous, maman.

Valentina respire pour se donner du courage. Puis elle lâche:

— Tu me demandes de lever un voile sur quelque chose que j'aurais préféré garder secret. Une brume passe dans ses yeux. Sa voix faiblit, mais elle poursuit:

— Quand Miguel m'a quittée, je me suis effondrée. J'étais plus qu'amoureuse, j'étais passionnée. Bien sûr, je savais qu'il partirait un jour. D'ailleurs, cela a peut-être amplifié mon amour… Néanmoins, après son départ, j'ai été accablée de chagrin. Je l'aimais pour lui-même, mais aussi parce qu'il était un amant exceptionnel. Je suis gênée de te parler de ça… Il a été le premier homme pour moi, celui grâce à qui j'ai découvert les subtilités de mon corps. Il a pris le temps, tout le temps pour éveiller ma féminité. Nous avons vécu ensemble le corps en joie et le cœur en fête… Ça ne s'oublie pas!

— Merci de me livrer ton intimité, dit Sophia avec douceur.

— Quand il est parti, j'avais 25 ans… j'étais brisée! Et je me suis trouvée dans un manque vertigineux. Il fallait que je fasse quelque chose, que je bouge! Alors, je suis allée à Essaouira.

— Ah, je comprends ton air bizarre quand je t'ai dit que j'allais là-bas…

— Un soir, continue Valentina, je n'en pouvais plus. J'avais l'âme inconsolable et le corps en ébullition… Alors, emportée par mon désir de vivre, le souffle du vent, la caresse du sable chaud, attisée par quelques verres de vin, j'ai dragué un touriste. Nous avons passé la nuit ensemble. Une nuit de plaisir et de guérison. Il me fallait cela pour tourner la page. J'ai mis cet homme, un superbe Scandinave, entre Miguel, encore si présent en moi, et la suite de ma vie… Donc, pour répondre à ta question, oui, j'ai connu un autre homme après le départ de Miguel.

— Alors, il pourrait aussi être mon père ?

— Dans mon cœur, reprend Valentina, tu ne peux être que la fille de Miguel… J'avais d'ailleurs oublié cette aventure avec Nicolaï…

— Nicolaï ?

— Oui, si je me souviens bien, il s'appelait Nicolaï Grundtvig… comme le poète. Il était étudiant à Copenhague… Je ne l'ai plus revu. Mais c'est du passé…

Sous le coup de ces aveux, Sophia est écœurée. C'en est trop ! Si elle avait su, serait-elle partie au bout du monde, à la recherche de Miguel ? Maintenant, les alternatives sont simples : soit Miguel n'était pas stérile à l'époque de sa liaison avec Valentina, et elle a deux pères potentiels… soit ce Nicolaï est bel et bien l'homme qui l'a conçue…

— On rentre ? demande-t-elle brutalement. Merci pour ta franchise, maman. Mais là, j'ai besoin de décanter.

— Je te ramène, murmure Valentina.

James revient hors d'haleine, très conscient qu'il y a du croissant dans l'air. Sophia lui tend le morceau qu'elle tient en main. Il l'engouffre d'un coup sec, mais la pâte n'a pas bon goût… Quelque chose ne tourne pas rond…

« Que se passe-t-il de si épineux le jour de leurs retrouvailles ? », s'interroge-t-il, décontenancé par l'atmosphère ambiguë. Il voit Sophia allumer son portable…

« Elle doit sûrement espérer un message de Maxime… À zyeuter sa tête, je parie que rien n'est affiché sur l'écran… »

soixante-trois

Le plus dur sera l'attente

Vingt fois sur le métier remettez votre ouvrage.
Nicolas Boileau

Sophia abandonne son sac de voyage dans l'entrée, remplit distraitement l'écuelle de James, se jette sur son lit et sombre dans un sommeil profond.

3 heures du matin. Elle ouvre un œil, réalise que le chien est resté enfermé depuis l'après-midi et se précipite dans le hall.

— Oh James, pardon !

Ils descendent dans la rue. L'humidité accentue la fraîcheur du matin. Le temps de visiter quelques arbres et autres réverbères et le golden rejoint sa maîtresse, emmitouflée dans ses pensées. En remontant vers l'étage, elle remarque de la lumière sous la porte de Mattéo.

« Nous serons deux à veiller cette nuit ! songe-t-elle, prête à accomplir un certain travail avant le lever du jour. Mais d'abord, une bonne douche ! »

La jeune femme se délecte de la sensation de l'eau coulant sur sa peau. Même si les noms de Miguel et de Nicolaï créent le chaos dans son esprit. Ces dernières vingt-quatre heures ont été truffées de chocs. Cependant, c'est dans sa nature de relever tous les défis ! Alors, elle ferme les robinets, celui de la douche et celui de son mental foisonnant, et décide de s'atteler à *la tâche !*

Le corps entouré d'une serviette de bain, elle s'assied à la table du living, sort un mouchoir de son sac et y retrouve les cheveux de Miguel. Ils sont là, précieux butin. Sous peu émergera une réponse à *la* question de sa vie :

« Suis-je oui ou non la fille de cet homme ? »

Elle s'empare de quelques cheveux, les dépose sur trois papiers et indique le nom de Miguel Penez. Puis elle effectue la même manœuvre avec ses propres cheveux, et termine l'opération en glissant le tout dans des enveloppes séparées.

« Je vais demander des analyses à deux labos différents. Et s'ils ne sont pas d'accord entre eux, j'aurai encore une stratégie de réserve ! Maintenant, Internet ! »

En deux minutes s'affiche à l'écran tout ce qui concerne les tests de recherche de paternité ainsi que des adresses auxquelles expédier les échantillons. Sophia se penche sur d'austères notions de biologie, tout en songeant à Sébastien.

« Il m'aurait à coup sûr décrit en détail les *techniques de la réaction en chaîne de la polymérase PCR et de l'électrophorèse capillaire qui permettent d'analyser seize marqueurs STR, des fragments courts d'ADN répétés* etc. Et tout à l'heure, à la poste ! Ce ne sera pas évident d'attendre les résultats… Dieu sait pendant combien de temps… Avec les congés du nouvel an ! Miguel, Nicolaï, Nicolaï, Miguel. Je vais devenir folle si je répète ces mantras ! »

soixante-quatre

Quiproquos ou quand le mental s'emballe

La vie dispense sa sagesse
avec une extrême intelligence.

Maxime pédale sans conviction. Sa créativité a du plomb dans l'aile. Comment aborder Sophia ? Il fait le point :

« D'abord, je n'ai pas voulu l'accompagner en Amazonie, ce qui l'a déçue. Ensuite, quand elle était là-bas, il y a eu ce coup de fil qui s'est terminé assez froidement. Et depuis, plus rien… à part un petit SMS pour m'avertir de son retour. Enfin, Mattéo m'a dit qu'aimer, *c'est* être libre et que je peux me détendre, vu que « *La vie dispense sa sagesse avec une extrême intelligence* ». Ça me laisse perplexe et pas du tout détendu, bordel ! J'ai si peur de gaffer que je ne lui ai même pas fait signe hier et voilà que j'arrive chez elle à l'improviste. Comment va-t-elle le prendre ? »

Malgré ses craintes, il grimpe une rue pavée de bonnes intentions… Arrivé au sommet, une idée lui vient :

« Des fleurs ! »

Un bouquet de tulipes rouges à la main, il sonne. Parlophone muet. Deuxième essai. Rien.

« J'aurais dû la prévenir, elle n'est peut-être pas seule ! Et si elle avait rencontré quelqu'un pendant le voyage ? »

Tourmenté par ses idées aussi noires qu'un autan espagnol, il voit le portail s'ouvrir. C'est Mattéo qui sort.

— Ah Maxime, bonjour ! Ne vous fatiguez pas, la sonnette est en panne ! Vous savez, les vieilles maisons…

— Bonjour Monsieur Cascone, Sophia est là ?

— Elle dort encore, je pense… le décalage horaire… quelles jolies fleurs ! Et quelle hâte, jeune homme !

— Ne blaguez pas, je ne suis pas certain qu'elle voudra me voir !

— Mon intuition me dit qu'elle sera bien aise de vous retrouver. Entrez, vous connaissez le chemin.

Cette phrase a redonné un peu de confiance à Maxime. Serrant les fleurs, il frappe chez Sophia. Un craquement de parquet lui fait craindre le pire et espérer le meilleur…

— C'est qui ? demande une petite voix endormie, derrière la porte.

— Maxime !

D'innombrables secondes s'écoulent, insoutenable éternité… Un bruit de verrou, une clef qu'on tourne dans la serrure, une porte qui s'entrebâille… Sophia, le visage chiffonné, lui sourit et l'accueille avec un enlacement d'une langueur difficile à interpréter.

« Est-ce qu'elle dort encore ? Ou bien est-elle heureuse de me retrouver ? », s'angoisse-t-il en lui tendant son bouquet, tel un chevalier rendant les armes à son seigneur.

— Oh, elles sont superbes… Viens dans ma chambre. J'ai besoin de dormir.

— Sophia, écoute-moi…

— Mais Maxime, je suis claquée. On parlera plus tard…

Sans attendre, elle laisse tomber sa chemise de nuit et se glisse sous la couette. Maxime hésite… Ses pensées défilent à mille à l'heure. Il est envahi de jugements sur lui qui le laissent aussi pétrifié que les tulipes étranglées dans sa main.

« Putain, fais quelque chose, connard ! »

« Tu l'as dit ! », ajoute James qui se gausse en l'épiant depuis son panier.

La chevelure blonde est étalée sur l'oreiller, la courbe des reins se devine sous les draps…

— Tu viens ? suggère Sophia, aussi spontanée que s'ils s'étaient quittés la veille.

— Je… Sophia…

— Hum… marmonne-t-elle, déjà assoupie.

Maxime va plonger ses alliées endolories dans un verre d'eau et se glisse près de la jeune femme dont la respiration s'est ralentie. Il écoute le trafic de la ville, le carillon de l'abbaye et son cœur en chamade. Si au moins il pouvait s'endormir !

— Juan, je t'ai attendu ! murmure Sophia qui rêve…

D'un coup, il se redresse. Qui est ce Juan ?

« Je me doutais qu'elle avait rencontré quelqu'un là-bas. Voilà pourquoi je n'ai plus eu de ses nouvelles. Et dire qu'elle fait semblant de rien, c'est dégueulasse ! Il vaut mieux que je me barre, vite fait. Même Mattéo, on ne peut pas lui faire confiance : “*Mon intuition me dit qu'elle sera bien aise de vous retrouver…* ”. Tu parles, c'est n'importe quoi ! »

Sophia émerge un peu du sommeil, et l'aperçoit assis, le regard dans le vide.

— Viens, murmure-t-elle tendrement…

Pas de réaction. Elle tend son bras et lui caresse le dos. Une chape de tensions pulse sous ses doigts.

— Maxime, ça va ?

— Je pars, Sophia. Je vois que je suis de trop. J'ai compris. Je suis stupide d'avoir cru à mes rêves et de t'avoir imaginée différente… Mais non, tu t'en vas quinze jours au bout du monde et tu reviens déjà avec un autre homme en tête !

— Mais qu'est-ce que tu imagines ? Tu es fou ou quoi ?

— Tu parles en dormant !

— Et alors ?

— Alors, la manière dont tu viens de susurrer *Juan, je t'ai attendu* en dit long, voilà tout ! Et je n'ai pas envie d'entendre tes explications…

Maxime se rue hors du lit. Dans sa vigueur, il entraîne la couette qui découvre le corps de Sophia. Il est furieux, contre lui et contre elle, mais ne peut s'empêcher de la guigner au passage.

« Aussi belle qu'une diablesse, c'est évident qu'elle fait craquer tout le monde ! »

Hilare, Sophia rétorque :

— M'enfin, ce Juan, c'est le collègue de mon père, euh… je veux dire de Miguel… quand je t'entends fantasmer que j'ai eu une aventure avec lui, je me marre ! Tu veux voir sa photo ? Viens, j'ai plein de choses à te raconter !

James se demande quand cet imbécile va piger qu'elle ne soupire que pour lui.

Maxime, qui revient de loin, ne résiste plus aux bras qui l'invitent à le rejoindre.

soixante-cinq

Entre ciel et terre

— Cette histoire ne tient pas debout ! dit Judy.

— Pourtant, elle semblait sûre d'elle et convaincue que j'étais son père ! Après notre discussion, j'ai vu une immense amertume dans ses yeux… Et tout à coup, sa tristesse s'est volatilisée, comme si c'était devenu sans importance ! Bizarre, cette Sophia, si imprévisible et attachante…

— C'est ici que ça s'est passé ? demande la journaliste, en parcourant du regard ce coin perdu d'Amazonie.

— Oui, je voulais qu'elle voie l'endroit, un peu comme un cadeau d'adieu.

— Et pourquoi m'as-tu emmenée ici ? C'est mon cadeau d'adieu à moi aussi ?

— Tu pars, Judy. Je voulais te montrer un espace où je me sens bien, où je peux vivre ma force ou ma faiblesse… pour que tu aies presque tout connu de moi.

— Pourquoi me parles-tu sur ce ton ?

— Pour rien. Viens, rentrons. On dirait qu'un grain se prépare.

Ils regagnent le Piper Cub. Miguel prend les devants, sans doute pour dissimuler la tension qui l'habite quand il n'arrive pas à exprimer les choses importantes.

L'hydravion grimpe lentement et atteint son plafond, 3155 mètres. Judy se tait.

« Comment me séparer de cet homme, de son charme, de sa fibre humanitaire… Ma vie est ailleurs et en même temps… »

— Miguel, c'est enivrant de voir ce vieux zinc prendre une telle hauteur et offrir le meilleur de lui-même.

— Je suis comme mon zinc, Judy. Je voudrais t'offrir le meilleur… Si tu restais ici ?

— Tu es un homme de l'air, je suis une femme de terrain ! J'ai besoin de me poser, sans jeu de mot…

— Je sais que tu aimes parcourir le monde… et ton fils doit te manquer…

— Oui, c'est bientôt Noël. Bien qu'il soit déjà autonome, je veux être là s'il a besoin de moi. 17 ans, c'est un âge délicat.

L'avion est poussé à son maximum. Le moteur peine à maintenir cette altitude un peu suicidaire. Les cadrans et autres indicateurs révéleraient – à qui saurait les lire – un réel danger de surchauffe. Miguel se concentre sur le pilotage. Impossible de décrypter ce qu'il vit. Judy est en proie à des turbulences inédites.

— On dirait que Sophia a pris de la place dans ta vie, dit-elle, pour meubler le silence.

— C'est toi qui as pris de la place, Judy.

La journaliste se tait et regarde au loin.

L'appareil s'approche de Ahuano et reprend sa vitesse de croisière. Dès l'atterrissage, Miguel fait le tour de son zinc. Judy l'observe.

— C'est vrai que tu lui ressembles !

— Je le prends comme un compliment ! Tu passes chez moi avant ton départ ?

soixante-six

Rêves d'enfants

Si tu pouvais dessiner ta vie,
à quoi ressemblerait-elle ?

— Silence ! crie Sophia aux jeunes qui courent dans tous les sens sur la scène du théâtre *Le Présent*.

— Voilà ce qui va se passer, annonce Maxime. Vous allez recevoir un masque et le peindre ! Il n'y a qu'une seule consigne : chaque masque doit représenter une action hors-la-loi. C'est clair ? Qui peut me donner un exemple ?

— Pisser sur un flic ! s'esclaffe un petit mec trapu.

— Oui, pas mal ! Quoi encore ?

— Tuer ! crie un autre.

— OK. Comment montrerais-tu ça sur ton masque ?

— Je pourrais dessiner un riot gun !

— Ou plutôt une bonne Kalashnikov, TRRRRRR ! mime un troisième.

— Je vois que vous avez pigé ! Alors, au travail !

Du matériel de peinture est disposé sur la scène. Les enfants s'y mettent. Sophia et Maxime soutiennent leurs inspirations. En regardant ces masques prendre vie, la jeune femme se souvient de sa visite chez Giuseppe Falgucio. S'il voyait ce qui se passe ! Dans un coin, elle aperçoit Caroline, une blondinette toute menue, qui sanglotte :

— Qu'est-ce qui t'arrive ?

— Je voudrais peindre les coups que mon père a donnés à ma mère… Il est en prison pour ça. Et je ne le vois jamais. Alors, je ne sais pas si je dois dessiner un coup de poing, ou quelque chose comme l'absence…

— Tu es triste parce que tu aimerais voir ton papa ?

— Oui, M'dame. Il jouait beaucoup avec moi…

Sophia se tait. Que dire ? Elle connaît bien ce vide…

— Le mien aussi, il est loin. Alors il m'arrive de pleurer comme toi.

— C'est vrai ?

— Eh oui. Tu vois, on a un secret, toutes les deux.

Caroline reprend des couleurs.

— Je pourrais dessiner le poing d'un homme, sans son corps. Comme ça, on verra en même temps les coups et l'absence.

— Super ! l'encourage Sophia, fascinée de voir qu'une douleur s'allège dès qu'on la partage.

Les peintures terminées, Maxime annonce :

— Beau travail ! Et maintenant, la suite !

— Vous êtes invités à participer à un défilé de mode, où vous porterez le masque que vous avez décoré ! enchaîne Sophia.

— Cool, s'écrie un garçon.

— Est-ce que James pourra venir ? lance Lucie d'une petite voix timide.

— Comme de vrais mannequins ? questionne Caroline en ouvrant des yeux extasiés.

— Exact. Vous savez que vous n'êtes pas ici par hasard. On s'est déjà vu quelques fois, vous et moi. Vous avez tous un parent en prison et c'est lourd. Mais vous n'y pouvez rien. Vous n'en êtes pas responsables.

— À l'école, les autres nous regardent comme si on était des mauvais, lâche une petite rousse.

— Justement, lors du spectacle, vous montrerez que vous n'avez rien à voir avec ça. Absolument rien ! En effet, à un moment donné, vous enlèverez votre masque et vous laisserez apparaître votre visage, sur lequel on aura peint le rêve que vous avez pour votre vie.

Silence. Sophia se demande s'ils ont compris.

— Paul, tu veux bien nous montrer ce que tu as dessiné ?

— Des seringues et du pavot.

— Effectivement, c'est interdit. Mais tu vois, les stupéfiants, ce n'est pas ton affaire ! Sous ton masque, il y a toi, Paul, qui n'es pas concerné par la drogue ! Et tu vas représenter sur ton visage ce que tu voudrais accomplir plus tard.

Maxime lance un CD de *Anoushka Shankar*. L'atmosphère incite au rêve.

— Maintenant, fermez les yeux pour écouter la musique… Je vous propose d'entrer dans le « si » magique du théâtre… Demandez-vous simplement : « Si je pouvais créer ma vie, à quoi ressemblerait-elle ? »

— Alors, vous voulez raconter ? s'enquiert Sophia après quelques minutes.

— Moi, je choisis d'être astronaute, pour comprendre les problèmes climatiques ! s'exclame Fatima.

— Et comment imaginerais-tu ton maquillage ?

— Mes yeux seraient des étoiles, une joue serait la planète terre et l'autre montrerait le sol craquelé de sécheresse, comme dans le désert.

— Magnifique !

— Moi, j'aimerais creuser un lac, pour que les gens de mon village puissent y pêcher du poisson.

— Cool, Mamadou.

— Moi, je veux faire un *home* pour chiens. Comment on dessine ça ? demande Lucie.

Une énergie spéciale plane dans le théâtre : les enfants s'observent, se révèlent et se découvrent sous un nouveau jour…

— Bon, il est tard. Restons-en là pour aujourd'hui. Et dans quinze jours, le spectacle !

Un autobus attend dehors. Maxime y fait monter chacun puis rejoint Sophia.

— Tu les as vus quand ils racontaient leurs projets ? demande-t-elle, radieuse.

— Oh oui ! Elle est belle ton idée de les amener vers leurs rêves…

Tout à coup, l'éclairage s'éteint. Le concierge a pensé que tout le monde était parti. Le temps de s'habituer à la pénombre, Maxime et Sophia retrouvent leur loge VIP et son épais tapis rouge.

soixante-sept

Le voir en vrai !

Ouvre ton cœur à la vie et
rends-toi disponible à ses cadeaux...

Assise sur un banc au deuxième étage du musée d'art moderne, Valentina s'absorbe dans la contemplation du Magritte *L'Empire des Lumières*. Par tradition, un jeudi sur deux, elle donne rendez-vous à Claire à 12 h 30 précises devant une œuvre d'art dont elles discutent ensemble, avant de parler chiffons, amours, botanique ou autre.

Claire est en retard. Valentina approfondit sa réflexion.

« Cette expression de la dualité, par la mise en scène d'un ciel de jour avec des ombres et des éclairages nocturnes induit une puissante évocation du mystère... C'est bien là où j'en suis, se dit-elle, dans cette coexistence d'émotions opposées où je suis tiraillée entre le passé et le futur... Comment fait-il pour créer l'équilibre parfait que je ne parviens ni à peindre ni à trouver en moi ? »

— Je n'ai pas vu l'heure passer, excuse-moi, dit Claire essoufflée en rejoignant Valentina. Et pour se garer dans ce quartier, c'est l'enfer. Il y a longtemps que tu es là ?

— Il y a bien longtemps que je suis *là*, répond-elle le regard perdu dans la profondeur de la toile, *là* dans cette ambivalence entre l'ombre et la lumière, entre la joie et la tristesse...

— Quelque chose ne va pas, Valentina ?

— Je suis heureuse que Sophia ait retrouvé son père. C'est vital pour elle ! Tu vois, c'est ma partie *lumière*, répond-elle, l'œil brillant d'émotion. Et je suis en même temps bouleversée de renouer avec ce passé que je sens à nouveau battre dans mes veines, comme si c'était hier que Miguel m'avait quittée. Mais bon, l'essentiel est que j'ai enfin réussi à sortir de mon silence.

— Val chérie, j'étais certaine que tu ne le supporterais pas. Je m'en veux d'avoir fait des recherches pour toi sur Internet !

— Tu as offert un cadeau grandiose à Sophia, c'est ce qui compte. Moi, à mon âge, c'est sans importance. Viens, allons déjeuner.

— Attends, laisse-moi jeter un cil ! Ce tableau est archi-connu, mais je suis émue de le voir en vrai…

— C'est bien ce que je redoute… de le voir en vrai !

— Qu'est-ce que tu racontes ?

— Miguel… J'ai peur qu'il débarque ici sous prétexte de rendre visite à Sophia !

— Toi, quand tu as une idée quelque part…

— Je suis comme ce réverbère allumé qui éclaire en plein jour ! Tu imagines l'inadéquation, le paradoxe, l'inutilité…

— Oh là là, le cafard n'est pas loin ! Viens, je t'invite au bistrot du coin.

— Claire, je suis touchée de voir l'énergie que tu déploies à vouloir me soutenir dans mes coups de blues, mais il faut que je plonge, pour écouter toutes ces émotions qui affleurent, afin de passer ensuite à autre chose.

— Tu penses à Arthur Drière ?

— Je pense à dessiner ma vie – ou ce qu'il en reste – en accord avec qui je suis aujourd'hui. Alors Arthur, Anatole ou Archibald, là n'est pas la question.

— Ce tableau me donne une idée, enchaîne Claire. Tu vois ces reflets dans l'eau ? Imagine que je suis une Ephydriade, une nymphe des eaux douces, et que je t'offre une baguette magique, que fais-tu ?

Valentina réfléchit :

— Version 1 : Miguel vient à Bruxelles. Il est célibataire, disponible, retombe amoureux de moi et nous nous retrouvons, enrichis d'un vécu de trente ans. Sophia voit ses parents vivre ensemble, s'aimer… une vraie famille ! Nous nous installons à la campagne, je peins, il donne des cours de pilotage ici et là et nous faisons l'amour comme au premier jour… Bref, la carte postale d'un bonheur sans nuages et…

Valentina, qui tient Claire en haleine, la voit se décomposer. Elle poursuit :

— Et rassure-toi, je blaguais, c'était seulement pour voir la tête que tu ferais !

— Je commençais à douter de ta santé mentale ! Et la version 2 ?

— Je tire sagement un trait sur le passé et j'accueille le présent. J'ouvre plus que jamais mon cœur à la vie et me rends disponible à ses cadeaux… quels qu'ils soient !

— J'aime ta version 2, mais c'est le *sagement* qui m'inquiète…

— J'ai dit *sagement ?* Tu es sûre ? Ça m'étonnerait, ce n'est pas mon style ! Tu vois, il va falloir que je creuse davantage…

soixante-huit

Vision trouble

On est surtout fasciné par
ce qu'on n'a pas encore déployé en soi.

Les vagues du Pacifique déferlent sur la plage ensoleillée. Judy est en avance à son rendez-vous. Après ce voyage en Amazonie, elle a envie de humer l'air du large, d'être décoiffée par le vent, d'entendre le grondement du ressac, de retrouver ses racines californiennes. Les pieds dans l'eau, elle ferme les yeux face au soleil et accueille les tumultes qui l'habitent. Quinze jours de reportage, une aventure, mille questionnements et deux syllabes qui résonnent dans sa poitrine: *Miguel...*

Son moral est au zénith! Même son boss Armando, pourtant contrarié par les dépassements budgétaires, est resté happé par les séquences enregistrées à Ahuano et à Huachita. En particulier lorsqu'il a vu ce pilote halluciné, grabataire dans un coin de jungle et entouré de gosses qu'il était supposé secourir. «Cela pourrait faire un bon taux d'écoute, je vais reconsidérer ma décision! Faites-moi donc une maquette», avait-il concédé à la journaliste.

Elle quitte la plage pour rejoindre Glenn au snack des surfeurs.

«Il est ponctuel, dans un quart d'heure, il sera là.»

Par la baie vitrée, elle aperçoit deux jeunes qui se tiennent par la taille. Elle croit reconnaître un déhanchement familier. Mais les silhouettes sont en contre-jour. «Serait-ce Glenn?» L'autre a de longs cheveux. Pas moyen de distinguer leurs visages. La réverbération du soleil brouille sa vision.

Au moment où elle veut s'approcher de la vitre, une jeune fille vient prendre la commande.

— Voici la carte; le plat du jour, ce sont des spaghettis aux clams. Vous êtes seule?

— Non, j'attends quelqu'un. Je voudrais une *Bud* s'il vous plaît.

Le temps que la serveuse s'en aille, Judy aperçoit Glenn, qui court seul vers le restaurant.

« Aurait-il fait une nouvelle conquête? J'espère qu'il va me raconter. Et j'ai aussi plein de choses à lui dire… »

— Salut, mom, tu es en avance!

— Oui mon grand, je me suis promenée et j'avais hâte de te voir! Toi aussi, tu t'es baladé?

— Qu'est-ce que tu as commandé?

— Des spaghettis aux coquillages, ça te tente?

— Super! Alors ton montage?

— Je t'ai apporté des photos. Regarde. Bien sûr, il manque le son, les odeurs, les moustiques…

— Impressionnant! C'est l'avion réparé avec la pièce dans ta voiture?

— Oui! Là, c'était avant qu'il ne se crashe sur la rivière!

— Et lui, c'est qui?

— C'est le pilote, Miguel, un très chouette type.

— Et cette nana?

— Une Européenne, qui prétend être sa fille. Une histoire compliquée… Elle est mignonne, n'est-ce pas?

— Bof, pas mal… Et sur cette photo, il te donne des cours de pilotage? Vous avez l'air proches…

— Ah oui? Montre-moi? C'est vrai que cet homme m'a touchée. Il sait ce qu'il veut. C'est un être à la fois fort et plein de faiblesses. Si tu viens au studio, tu en verras davantage.

— Et là, cool au bord de la rivière ! Il a l'air sympa ton pilote…

— Ce n'est pas *mon* pilote. Même s'il est attachant… C'est grâce à ce genre de personnage qu'une émission accroche le public. Ce fut une belle rencontre… un peu comme toi, avec Sheela.

— Il t'a fait quelque chose, dis donc !

— On ne peut rien te cacher ! Mais parle-moi de toi, qu'est-ce que tu deviens, mon grand petit loup ?

— Mon scooter est réparé, grâce à toi, maman !

— Mais encore, raconte, depuis le temps qu'on ne s'est plus vu !

— J'arrive, je passe me rafraîchir…

Glenn est remué. Comment annoncer ce qu'il vit ? Et parler à son père, c'est peine perdue… C'est un homme rigide, engoncé dans une pensée binaire traditionaliste et loin de la tolérance nécessaire…

« M'a-t-elle vu sur la plage ? Comment va-t-elle réagir ? Tant pis, à la première occasion, je lâche le morceau ! Et, si elle le prend mal, je lui raconterai que c'est une blague… »

De son côté, Judy est perplexe. C'est comme si Glenn voulait lui cacher quelque chose. Leur complicité est d'habitude au rendez-vous, mais là, elle perçoit une ombre entre eux.

« Va-t-il me parler de cette fille ? »

— Je t'ai commandé un plat du jour, ça te convient ?

— Yes.

— Et ton escrime ?

Glenn, tendu, se souvient de son cours d'escrime. « *Garder l'équilibre en étant maître du jeu, feindre de reculer pour avancer plus vite…* »

— Je suis aussi attiré par quelqu'un… lance-t-il incertain.

— Toi aussi, mon grand ! Et comment s'appelle-t-elle ?

— Bill…

— Bill ?

— Tu as bien entendu. Tu nous as vus sur la plage, non ?

Judy blêmit, manque de renverser sa bière, avale machinalement une gorgée et répond :

— Heu, j'ai vu deux silhouettes, dont une te ressemblait… mais de là à penser que…

— C'est ce que je craignais ! Tu es choquée ?

— Je suis surprise… mais prête à t'entendre…

Silence… Remettre ses idées en place. Gérer le choc de cette nouvelle… Accueillir son fils sans le juger, tout en l'aidant comme elle peut… mais selon quels critères ?

« J'essaie de mettre de l'ordre dans ma vie et voilà que Glenn m'annonce qu'il a rencontré *quelqu'un* et que ce quelqu'un est un garçon ! Comment réagir ? Je suis déchirée entre *la norme* et la compréhension de mon fils, quelle que soit sa voie. Heureusement qu'il y a cette connivence entre nous. »

— Glenn, tu veux me parler de ce qui t'arrive ? Ou bien ça te gêne parce que c'est ta vie privée ?

— Ça me gêne, mais je voudrais quand même en parler. Bill et moi sommes ensemble au cours d'escrime et ces derniers temps…

— … vous vous êtes rapprochés ?

— Un peu… je suis surpris, maman ; cette attirance pour un garçon, je ne sais pas quoi en faire. Pourquoi ça me tombe dessus ?

Glenn regarde sa mère. Il s'est dévoilé et attend une réaction. À elle de s'exprimer.

— Cela peut se passer, Glenn, quand on grandit.

— J'ai l'impression d'être *hors norme.*

— J'entends…

— C'est grave, tu crois ?

— Tu sais, dans sa transformation vers l'état adulte, un garçon cherche à trouver « l'homme » en lui. Et, s'il a du mal à le développer, il sera attiré par ceux qu'il côtoie. On est surtout fasciné par ce qu'on n'a pas encore déployé en soi.

— Et ce serait quoi pour moi ?

— Essaie de voir ce que tu reçois de cette amitié et ce qui t'attire chez Bill.

— C'est difficile. Mais je veux bien essayer… Je l'admire : il est fort, concentré, solide… et moins compliqué que les filles. Sheela, quand je ne lui parlais pas au moins une heure par jour au téléphone, elle en faisait un drame. Qu'est-ce que tu en penses ?

— Rien ! J'aspire à comprendre. Pas à évaluer. Tu te sens plus fort au contact de Bill, c'est ça ?

— Oh oui ! Il m'encourage et me donne confiance en moi. Avec papa, c'est le contraire ! Je ne suis jamais à la hauteur. Il voit sans cesse ce que je pourrais faire de mieux !

Judy fulmine ! Elle sait à quel point l'encouragement est vital pour un ado.

— As-tu dit à ton père que tu as besoin d'être encouragé ?

— J'ai essayé, mais c'est pas facile ! Il a toujours autre chose en tête. Ma réussite scolaire, son travail qui lui prend tout son temps… et le soir, il est épuisé…

— Et moi je ne suis presque jamais là ! C'est dur, j'imagine… Que pourrais-je faire pour te soutenir, Glenn ?

— Rien. C'est déjà bon de te parler sans être jugé. Sinon, je me sentirais très seul.

— Je suis là, quelle que soit ta voie. Je suis soulagée et j'admire que tu t'exprimes sur un sujet aussi personnel.

— J'espérais que tu me comprennes, mom. Un de mes amis s'est suicidé, tellement il se trouvait coupable…

— Si tu veux bien, dans les semaines à venir, nous parlerons de ce qui se passe pour toi.

— OK ! Mais pas tous les jours… et c'est moi qui déciderai quand, d'acc ?

— On verra ! Laisse-moi y réfléchir.

Judy se promet de garder le lien avec son fils, quoi qu'il fasse et quoi qu'il vive. Et dire qu'elle adhère aux chemins conventionnels…

— Au prochain tournoi d'escrime, on joue en équipe contre l'Université de San Diego. Bill sera là. Tu viendras ? Il est un des meilleurs…

— Promis, lance-t-elle avec effort.

— Tu ne repars pas en Équateur ?

— Nnnon, mon grand…

La reporter a les os glacés. Tout tremble en elle.

« Adieu Miguel… tu es entré dans mon cœur à un mauvais moment ! Et bonjour la vie, sous toutes ses facettes ! »

Elle remarque que Glenn a l'œil attiré par une serveuse mignonne à croquer. Ça la détend un peu, mais elle sait que, sans en avoir l'air, elle devra être très attentive à accompagner son fils dans le passage de ce cap délicat…

soixante-neuf

Défilés de rêves

Ce qui compte, ce n'est pas ce que tu as été,
mais le désir de ce que tu veux être...

— *News In Fashion* —

Julien Havelange et son équipe prient

Madame Valentina Grandville

d'assister au défilé de la collection d'été

« Linea di Giorgio »

Dans les salons « The Ball Room » de l'Hôtel Tropical

Le 7 janvier à 20 heures

R.S.L.P.

7 janvier, 10 heures.

Le carton d'invitation dans une main, une tasse de thé dans l'autre, Valentina rêve devant la cheminée du salon. Le miroir du trumeau lui renvoie une mine morose. La sonnerie du téléphone l'extirpe de sa lassitude :

— Allô ?

— Valentina, je ne vous dérange pas ? C'est Arthur Drière.

— Arthur ! Comment allez-vous ?

— Bien, chère amie, bien… J'aimerais vous inviter à la galerie, pour avoir votre avis sur l'accrochage en cours, qu'en pensez-vous ?

— Arthur, vous me prenez au dépourvu, mais, au fond, pourquoi pas ?

— Nous pourrions y passer en fin de journée ?

— Ce soir, je ne peux pas. J'assiste au défilé de mode de *News In Fashion*, la société où travaille ma fille. Elle s'est fort impliquée dans la préparation de cet événement… D'ailleurs, vous pourriez m'y accompagner ! Nous irions d'abord à la galerie et ensuite au défilé.

— Un défilé de mode ? J'avoue que je n'ai pas l'habitude de ce genre d'événement. Mais pourquoi pas ? Je viendrai vous chercher à 18 heures, cela vous convient ?

— C'est parfait ! À ce soir.

Ressuscitée, Valentina file vers la garde-robe et se lance dans un travail insurmontable : se choisir une tenue pour la soirée.

17 heures.

Hôtel Tropical, The Ball Room, répétition générale.

Julien s'affaire autour des mannequins, vérifie les coiffures, les vêtements, les accessoires. Les éclairagistes règlent les lumières avec des projecteurs poursuite, des stroboscopes et autres lasers multicolores. Des essais de sono transpercent les tympans, avec quelques effets larsen qui font sursauter les plus placides. Sophia cumule les rôles avec l'aide de Maxime.

— Ah, Sophia, content de vous voir ! dit Julien, en passant en coup de vent des coulisses aux loges d'habillage. J'espère pour vous que ça va marcher, si vous voyez ce que je veux dire !

— Pas de problème ! répond-elle en essayant de se la jouer cool.

— Je vous rappelle que je vous cède mon podium pendant quinze minutes, pas une de plus ! Et que mon investissement soit un succès, ajoute-t-il en la fusillant du regard.

— Oui Julien, et merci encore pour le quart d'heure.

La mise en place technique commence.

18 heures.

La répétition s'est bien déroulée. Les mannequins se sont déplacés comme prévu. À part l'une ou l'autre imprécision qui leur a valu quelques coups de gueule de Julien. Les enfants ont scrupuleusement suivi les indications de Maxime, ni trop vite ni trop lentement.

19 heures.

Les jeunes se retrouvent au maquillage, devant de grands miroirs entourés de lampes. Comme au cinéma ! Chacun s'apprête à illustrer sur son visage le rêve de sa vie. Paco demande des nuages et un avion. Il veut devenir pilote. Caroline voudrait des moustaches de félin. Lucie choisit deux chiens pour ressembler aux animaux dont elle va s'occuper plus tard. Frank, qui rêve de sauvetages héroïques, opte pour des flammes et une échelle.

19 h 45.

Julien s'agite avec une fébrilité qui va influencer son taux de cholestérol. Les spectateurs prennent place. Sophia aperçoit Mattéo en discussion avec un homme assis à côté de lui. Elle file en vitesse le saluer.

— Ah, Sophia, je vous présente Urbain. Il a bénéficié d'une sortie pour son comportement exemplaire depuis des mois. Il vient voir sa fille, la petite Lucie.

— Super ! Vous allez être fier d'elle ! Je vais lui dire que vous êtes là.

— Euh, il y a longtemps qu'elle ne m'a pas vue... J'ai peur que ça la perturbe ou qu'elle ait honte de moi...

— Urbain, intervient Mattéo, « *Ce qui compte, ce n'est pas ce que tu as été, mais le désir de ce que tu veux être...* »

20 heures.

Quelques mesures d'un CD de Tango argentin créent une ambiance envoûtante. Les retardataires s'installent. Du côté des mannequins, la tension monte.

« Stress en coulisses, strass sur la scène... », pense Sophia.

Julien vérifie, revérifie et sur-vérifie. Il transpire comme un cheminot pelletant le charbon dans un foyer de locomotive.

La salle plonge dans l'obscurité.

— Monsieur Cascone...

— Oui Urbain...

— J'ai le trac.

— Tu y tiens beaucoup, à ta petite Lucie...

À quelques rangées de Mattéo, un monsieur très prévenant tente de trouver deux places près de la scène. Le vieil homme sourit en reconnaissant la dame qui l'accompagne.

— À la prochaine transition musicale, rideau ! annonce le régisseur.

Les modèles sont prêts à faire leur entrée.

20 h 05.

Sur un tempo de derbouka, la première volée de mannequins s'avance, exhibant les ensembles blancs et écrus photographiés à Essaouira. Applaudissements.

Julien s'éponge le front. Jusqu'à présent, tout va bien.

Nouvelle salve de belles créatures... Les conceptions de la maison, réalisées dans des matières vaporeuses, flottent au vent de huit ventilateurs allumés en bord de piste. Réponse favorable du public.

Julien tombe le veston et se prépare à lancer la suite. Sa moustache demeure en cet instant le seul vestige de l'élégance dont il est coutumier. Son cœur bat à tout rompre. Se sentant chanceler, il cherche un appui. Sophia remarque sa défaillance et lui apporte une serviette imbibée d'eau fraîche. Il s'y enfouit le visage et vocifère :

— Quinze minutes, Sophia, pas une de plus !

— Vous êtes inquiet, Julien ?

— Trêve de bavardages, on enchaîne !

Autre décor de lumière. Pour cette phase, la pianiste russe *Rénara Akhoundova* a composé une ballade alternant rythmes slaves et ondulations romantiques. Des couples présentent des vêtements amples et glamours, à la fois élégants et décontractés, dans l'air du temps. La mise en scène est chaleureusement approuvée. Après les ensembles pour la plage, les tenues de cocktail et les robes de soirée, arrivent, en clôture de défilé, les *mariages à la campagne.* Julien entend l'appel du public qui veut voir le créateur de ces nouveautés.

Il a à peine le temps de se rhabiller qu'il est emmené par quelques mannequins. Le voilà sous les flashes des photographes.

— Merci, dit-il, ce travail est celui de toute une équipe et vos appréciations lui sont destinées… Mais la soirée n'est pas terminée ! En coulisses, il y a des jeunes qui ont le trac, comme moi tout à l'heure ! Alors, je vous invite à découvrir une page de rêve, du rêve haute couture qui, dans sa vérité, ne nécessite sûrement pas de retouches. Je vais suivre avec vous ce défilé imaginé par l'une de mes assistantes. Et, après cela, rendez-vous au bar !

Les rythmes slaves font place à un rap décoiffant. Des jeunes font leur entrée.

Maxime prend le micro.

— Ils ont 8, 10, 12 ans… Ils sont venus vous parler d'eux, vous montrer qui ils sont…

Mouvement de houle dans le public qui ne s'attendait pas à ça. Au deuxième rang, Valentina glisse dans l'oreille d'Arthur Drière :

— Cette partie du défilé, c'est l'idée de ma fille !

Arthur, agressé par ce rap ravageur qui n'est certes pas sa *cup of tea*, répond poliment par une mimique sceptique.

Maxime poursuit :

— Vous pensez qu'ils sont des hors-la-loi ? Vous trouvez qu'ils sont à rejeter car leur dégaine et leur musique vous heurtent ? Alors, regardez bien !

Les enfants s'avancent. Ahmed arbore des poignards ensanglantés. Lucie montre sur son masque un couteau symbolisant la violence. Rachel porte une couronne de carboglace qui dégage une fumée blanche, pour représenter les drogues... À la fin du rap, chacun s'immobilise. Nouveau décor sonore : quelque chose de planant, qui évoque la naissance, comme l'éclosion d'une fleur, s'allie à un changement d'éclairage, projetant des tons pastel. Un à un, chaque jeune se dirige vers le centre.

Maxime annonce :

— Voici Ahmed. À 7 ans, il a vu le sang couler, celui de sa mère. Il quitte ce cauchemar, parce qu'il opte pour un monde de paix et de justice. Ahmed rêve d'être avocat !

Pendant les mots de Maxime, le garçon enlève son masque et laisse apparaître les rameaux d'olivier dessinés sur son visage. Certains spectateurs commencent à comprendre. Applaudissements timides.

Sophia poursuit :

— Lucie, 8 ans, a vécu dans la peur de la violence. Ce soir, elle quitte son passé et se branche sur son futur. S'occuper d'animaux. Lucie exhibe son visage décoré de deux chiens.

Applaudissements plus nourris. Urbain a la larme à l'œil.

— Merci Mattéo de m'avoir invité ici.

— C'est toi que tu peux remercier, Urbain. Tu fais ce qu'il faut pour t'en sortir et tu t'en sortiras.

Sophia raconte Rachel et son rêve de solidarité. Les présentations se succèdent. Le public est attentif. Julien digère son succès, tout en découvrant des étoiles de fierté dans les yeux des enfants. Valentina s'émeut, ce qui permet à Arthur Drière, quelque peu remué, de lui caresser le bras. Après dix-huit minutes, les enfants quittent la scène. Explosions de joie derrière le rideau. Strass en coulisses, stress pour Sophia… Julien l'interpelle :

— J'ai deux mots à vous dire.

— C'est à cause du dépassement de temps ?

— Vous me faites concurrence, Sophia, avec votre défilé masqué…

— Nous pourrions nous associer si vous le souhaitez.

— Je ne plaisante pas ! Je me félicite de vous avoir fait confiance. Nous devrions créer une ligne de mode pour les moins de 12 ans. Les vôtres sont exemplaires. Vous pourriez les embaucher pour le prochain défilé… Mais de grâce, choisissez autre chose que du rap !

Au loin, Sophia aperçoit sa mère en grande conversation avec un homme…

« Hum ! Elégant, séduisant… »

Au moment où elle sent Maxime mettre la main sur son épaule, elle voit Arthur Drière poser la sienne sur l'épaule de Valentina…

soixante-dix

Offrir ses trésors

Les conflits dans le monde sont le miroir
de nos conflits intérieurs non résolus.
Eckhart Tolle

L'appartement de Mattéo est sens dessus dessous. Des caisses sont éparpillées de tous côtés. Quelques-unes, prêtes à partir, s'empilent dans un coin. D'autres, béantes, attendent d'être remplies. Des dizaines de bouquins jonchent le parquet, ce qui oblige le vieil homme à se déplacer avec précaution.

« Ces livres ont fait leur temps en ma compagnie, se dit-il en triant les trésors de sa bibliothèque. Ils seront plus utiles à mes amis prisonniers. Ici, ils prennent la poussière… »

Mattéo fait de la place, comme si le moment était venu de garder seulement l'essentiel. Chaque ouvrage qu'il prend en main a un poids, une texture, une odeur qui lui rappelle un souvenir, une émotion, un enseignement. Il a préparé plusieurs tas qu'il destine à des personnes précises, Sayid, Urbain, Sophia… et complète avec soin la pile attribuée à la jeune femme.

« Ceci peut l'intéresser : *L'Existence Illusoire* selon *Peter Manschafft : Nous ne percevons pas la réalité. Nous percevons seulement l'idée que notre cerveau s'en fait.* Une telle approche pourrait l'aider à relativiser sa vision du monde, elle qui s'emballe si vite ! »

Il s'arrête de temps en temps pour se plonger dans la lecture d'un auteur. C'est comme un adieu à l'écrivain et à sa pensée.

« Ah, celui-là, elle va adorer ! *Eckhart Tolle. "Les conflits dans le monde sont le miroir de nos conflits intérieurs non résolus..."* Quant à cet essai sur le couple, il m'avait touché dans son message : "*Ton couple est un précieux fil conducteur pour la rencontre avec toi* ". À l'aube d'une relation importante, cela pourrait l'inspirer. J'aimerais aussi lui offrir le livre d'*Éric Baret, De l'Abandon.* C'est un de ceux que j'emporterais sur une île déserte. Il dit que "*La réponse à certaines questions vient quand il n'y a plus personne pour les poser* ". Où ai-je bien pu le ranger ? »

Il est tard. Mattéo accuse la fatigue, mais il rayonne en imaginant ses précieux ouvrages entamer une nouvelle existence, pour engendrer d'autres espoirs et stimuler de nouvelles réflexions.

soixante et onze

Vol gracieux

Trouver son père... Se trouver soi-même ?
Qu'est-ce qui compte réellement ?

Au lac du bois de la Cambre, Sophia et James accomplissent leur rituel quotidien. Le parc et ses vieux hêtres sont parés de givre.

« Que de changements depuis six semaines ! Maxime, le défilé des jeunes, la *Communication Empathique* chez *News in Fashion* », se dit-elle en courant.

Dès le tour suivant, le golden est largué.

« À quoi bon se dépêcher, si c'est pour revenir au même point ! », maugrée-t-il, hors d'haleine.

Après vingt minutes, Sophia ralentit. James, à la traîne, fait semblant de pister un lapin, histoire de ne pas perdre la face.

La jeune femme prend dans sa veste le courrier attrapé hier en triple vitesse et qui est demeuré *poche restante.* Une lettre aux timbres inconnus… C'est l'Équateur… Elle arrache le dos de l'enveloppe et se lance dans la lecture du texte.

Chère Sophia,

Même si je manipule plus volontiers le manche à balai que la plume d'oie, je prends le risque de t'écrire, sans doute maladroitement !

Ton départ a créé un vide. Nous aimions t'avoir ici. À la cantine, on parle souvent de toi. Cortes veut toujours t'épouser ! Ta photo prise devant l'avion est épinglée au bar. Quand je la vois – et je la vois souvent – je suis nostalgique de l'exubérance de celle que j'aurais voulu appeler « ma fille ». Te rencontrer m'a bouleversé même si je n'ai pas trouvé les mots qui t'auraient rassurée quant à mon souhait d'être ton père. J'ai aimé notre escale au bord de la rivière et que tu découvres mon coin de jungle favori.

Ici, la vie continue. Les jeunes rescapés ont été soignés et pris en charge. Grâce à Juan, qui a fait un superbe boulot, plusieurs d'entre eux ont pu retrouver un parent.

Quant au mal mystérieux qui m'avait terrassé, il s'est volatilisé. Je regrette que tu m'aies vu dans ce piteux état.

Je suis retourné plusieurs fois à Huachita. Nous avons pu évacuer près de deux cents personnes.

Je m'inquiète car il faudra encore du temps et des moyens avant de terminer la construction du lieu d'accueil. Pedro est resté parmi nous et y travaille chaque jour. Les deux avions de la compagnie sont réparés. Du coup, Juan est moins irritable. Tu as son bonjour. Il te garde une bière au frais, « pour quand tu reviens »…

Judy est rentrée à Los Angeles. Elle s'inquiétait pour son fils. Que ça doit être bon de pouvoir s'en faire pour « son » enfant…

Ma chère Sophia, je te laisse… La philosophie n'est pas mon fort. Donne-moi de tes nouvelles de temps en temps.

Je te souhaite une excellente année et mille bonnes choses avec ton ami Maxence. Dis à Valentina que j'ai aimé rencontrer sa fille.

Je t'embrasse,

Miguel

PS : Et si je venais un jour en Europe, qui sait, nous pourrions nous revoir ?

« Que ça doit être bon de pouvoir s'en faire pour son enfant… Mon souhait d'être ton père… »

Ces phrases magiques résonnent dans la tête de Sophia. Son cœur explose de joie. Des pépites dans les yeux, elle gesticule devant les canards qui s'envolent. James, ne s'étonnant plus de rien, arbore une babine éplorée.

« *Celle que j'aurais voulu appeler ma fille...* Eh bien Monsieur Penez, vous allez avoir une fameuse surprise quand les labos m'enverront leurs conclusions... Moi, je sens que vous êtes mon père ! Bientôt donc, vous pourrez commencer à vous en faire pour *votre* enfant. Ce sera fabuleux... J'imagine le titre à la une des journaux : *Grâce à une mèche de cheveux, une jeune femme retrouve son géniteur émigré depuis trente-deux ans en Amazonie ! Va-t-il la reconnaître ou bien cette pauvre orpheline devra-t-elle subir le rejet d'un homme sans cœur ?* Ah, ces êtres qui procréent et refusent leurs responsabilités ! Cela va émouvoir bien des chaumières... Je deviendrai la « *Répudiée d'Équateur* » qui se console avec son vieux chien... »

« *Ton ami Maxence...* Il m'a écoutée ou quoi ? Et ma mère... Comment va-t-elle réagir si elle apprend que Miguel envisage de venir en Europe ? »

Sur le chemin du retour, Sophia sent poindre en elle un étrange pressentiment. Sans savoir pourquoi, elle hâte le pas.

« Il s'est passé quelque chose ! »

Tout de suite, elle songe à Mattéo dont le cœur accuse un certain âge... À sa mère, un accident ? À Julien et son hypertension ? À Maxime... Le temps de compléter la liste des drames potentiels, la voilà devant son immeuble.

— Mattéo ! Quel soulagement ! Vous allez bien ? demande-t-elle en l'apercevant, un journal à la main.

— Sophia, vous êtes toute pâle ! Ça ne va pas ?

— Je me suis laissée emporter par une appréhension stupide. J'ai cru qu'il était arrivé quelque chose de grave. À vous, à ma mère, ou... Je vais d'ailleurs lui téléphoner de ce pas. Je vous laisse.

Sophia relève en vitesse le contenu de sa boîte aux lettres. Des publicités, une invitation à une galerie d'art. Soudain, elle s'arrête devant une enveloppe brune, à l'en-tête d'un laboratoire.

Serait-ce là l'objet de son pressentiment ? Hier, un envoi de Miguel, aujourd'hui…

Elle fait demi-tour et ressort vers les étangs. James y perd son latin mais la suit avec plaisir. C'est curieux comme ce pli la chipote ! Est-ce son intuition féminine ? Ou quelque faculté développée en Amazonie ? La jeune femme se dirige vers son banc préféré et décachette l'enveloppe. Enfin ! Déjà vingt jours d'attente !

Par la fenêtre de son bureau, Mattéo l'observe. Elle lit et relit le même texte. Ça dure un temps infini. Le golden tourne autour de sa maîtresse, comme s'il y avait quelque chose d'anormal. Le vieil homme se lève pour mieux distinguer ce qui se passe.

Sophia lâche soudain sa missive et s'agrippe au banc. Ce que Mattéo n'aperçoit pas, c'est la larme qui coule sur sa joue, une larme jaillie du plus profond de son être. Une saute de vent et voilà que le papier s'échappe. Le vent le soulève et l'entraîne dans les airs. La jeune femme tente de le rattraper puis se ravise et observe le vol gracieux de cette nouvelle qui lui tenait tant à cœur. Coïncidence, la feuille survole l'étang et s'y pose avec précision, douceur et légèreté, comme l'hydravion de Miguel sur le Rio Napo.

« C'est un signe, se dit-elle. À vérifier ! »

Rentrée dans son appartement, elle tente de joindre l'autre laboratoire. Après quelques palabres, on lui promet finalement un fax avec les conclusions de l'analyse.

Attentive à son ressenti, Sophia se découvre soudain très placide. Ces résultats ne seraient-ils plus si essentiels que ça ?

« J'ai cherché mon père jusqu'au bout du monde, et maintenant l'issue de ces tests devient secondaire. Trouver son père… Se trouver soi-même ? Où en suis-je ? Qu'est-ce qui compte réellement ? »

soixante-douze

Échanges entre philosophes

Une des clés pour un monde meilleur :
créer en soi un espace de bienveillance

À l'étage du dessous, Mattéo est au téléphone avec le responsable de la prison. La conversation est animée. Le directeur veut des explications car Urbain répand des rumeurs qui créent des remous parmi les détenus. L'histoire du spectacle de la petite Lucie a circulé dans toutes les cellules et en a bousculé plus d'un. Alors que leur échange se poursuit, des chocs bizarres et une musique tonitruante font soudain vibrer les plafonds.

— Monsieur, pouvons-nous reprendre cette discussion plus tard ?

— Mais certainement, Monsieur Cascone, je vous remercie dès à présent de tous les apports bénéfiques que vous procurez aux prisonniers. Rappelez-moi jeudi matin.

À peine a-t-il raccroché que James fait irruption pour demander du secours au seul être un peu pondéré de cette maison, à part lui, ça va de soi. Mattéo comprend l'urgence et monte les escaliers à sa suite. Il entre chez Sophia. Les décibels l'assaillent. Dans le salon, il aperçoit la jeune femme qui danse comme une hystérique sur une musique « de jeunes », une espèce de salsa. Elle lui saute au cou.

— Sophia, qu'est-ce qui vous arrive ?

— Je suis *libérée !* crie-t-elle, en poursuivant ses déhanchements travoltesques, un verre de mousseux à la main.

— Sophia, je ne vous entends pas, tente d'articuler Mattéo.

Soudain, elle remarque son air inquiet. James, à ses côtés, affiche une moue réprobatrice. Ce tableau coupe net son élan. Elle baisse le son, prend le fax du laboratoire, remplit un verre, et tend le tout, dans le désordre, au vieux psy.

— Mattéo, c'est merveilleux, je n'avais pas de père, et voilà que j'en ai deux !

— Sophia, de grâce, calmez-vous ! Vous avez deux pères ? Mes félicitations !

— J'ai reçu la réponse que j'attendais ! Miguel serait mon géniteur à 98,6 % de probabilités. Un deuxième labo confirme cette évaluation à 99,2 %. J'ai donc un père qui crèche en Équateur et que j'ai vu, de mes yeux vu ! crie-t-elle, sérieusement éméchée.

— J'en suis heureux pour vous Sophia. Et… votre second père ?

— Mais c'est vous, Mattéo ! Vous êtes mon père de cœur, mon guide, depuis huit ans. Toujours là pour m'éclairer sur la vie et sur moi-même. Vous m'avez fait découvrir votre monde, celui de la bonté d'âme, de la bienveillance et du lâcher-prise. Combien de fois n'ai-je pas pensé à vous quand j'étais en Amazonie ! Vous m'avez accompagnée partout. J'étais divisée entre la quête de mon père biologique et mon amour pour vous, ma référence immuable et rassurante !

Après cette tirade, Sophia vide la bouteille dans son verre, qui déborde autant qu'elle. Mattéo rosit, plus que d'habitude…

— Sophia, je suis reconnaissant de vos paroles, mais je crains que vous n'ayez eu trop d'émotions. Vous devriez vous reposer… Allez vous étendre. Je me charge de promener James.

James a compris et se rue dans les escaliers avant qu'un changement de programme ne le coince dans l'appartement. Mattéo referme doucement la porte.

L'énergie de Sophia est retombée. Elle s'assoupit.

— Mattéo, murmure-t-elle dans une demi-torpeur, sans s'apercevoir qu'il est parti, j'ai autre chose à vous confier... Quand mon père apprendra et acceptera que je suis sa fille, il sera libéré d'un sortilège ! Génial, n'est-ce pas ?

Au pied de l'immeuble, Mattéo croise le facteur.

— Monsieur Cascone. Quelle bonne mine ! Vous revenez de vacances ? À propos, pourriez-vous me garder les timbres d'Équateur ? C'est si rare d'en voir !

— Avec plaisir, Léon. Quelque chose me dit que, désormais, votre collection va s'étoffer !

□

James avance lentement, car, lorsqu'il promène Mattéo, il réduit la cadence par égard pour le vieil homme. Cependant, celui-ci dispose d'une réelle résistance et il n'est pas rare qu'ils fassent deux fois de suite le tour du lac. Cinq kilomètres au total !

« J'aimerais être aussi dynamique que lui à son âge », songe James préoccupé par les pointes d'arthrose qui le font souffrir à l'occasion.

Au coin de la rue, Mattéo s'arrête chez le marchand de journaux. Pour se brancher sur le monde et savoir ce qui s'y passe. Un bref échange avec le boutiquier et en route vers le bois.

— Alors, mon cher James, que penses-tu de tout cela ?

— Je suis catastrophé par le comportement de ma maîtresse. Vous avez noté son extravagance ? Et cette démesure... non, vraiment, veuillez lui pardonner, Mattéo ! Je me fais du souci pour elle.

— Bah, c'est la fougue, l'excès, l'enthousiasme de sa jeunesse ! Il faut reconnaître qu'elle a subi des chocs, ces dernières semaines, alors que nous sommes restés peinards dans nos habitudes. Moi, dans l'écriture du livre et toi, dans tes vacances campagnardes !

— Votre compréhension à son égard montre votre magnanimité, Mattéo.

— Certes, mon bon chien. Mais quelque chose m'impressionne…

— Allez-y, vous savez que vous pouvez tout me dire… je ne répéterai rien…

— Oui, j'ai confiance dans ta discrétion. Il s'agit de Sophia… Sénèque a dit que « *Ce n'est pas parce que les choses sont difficiles qu'on ne les fait pas…*

— *… c'est parce qu'on ne les fait pas qu'elles sont difficiles* ». Je connais ! se pavane le golden. Et pourquoi pensez-vous à cela ?

— Parce que Sophia rencontre des difficultés… et qu'elle les traverse. J'admire cette force de caractère, malgré quelques outrances !

— Justement, Mattéo. Ses excès m'inquiètent. J'ai peur que ses amoureux ne tiennent pas le coup. C'est que j'en ai déjà vu défiler quelques-uns. Nicolas, Cédric, Sébastien… Tous des catastrophes. Par contre, ce Maxime me plaît ! Et vous, comment le trouvez-vous ?

— Il m'inspire confiance. Et, en même temps, je veux rester réaliste. Peu importe qui on épouse parce que, de toute façon, on découvrira que c'est quelqu'un d'autre…

— Mattéo, si je peux me permettre – puisque nous sommes entre êtres sensés – ce qui me plaît chez vous, à part le biscuit qui est encore dans votre poche, c'est votre compassion envers les êtres vivants.

— J'avais oublié ! Voilà, dit Mattéo en lançant la friandise au chien. Tu sais, James, créer en soi cet espace de bienveillance est pour moi une des clés d'un monde meilleur.

— Est-ce que par hasard vous n'auriez pas été un aigle dans une de vos incarnations précédentes ?

— Qu'est-ce qui te fait penser à ça ?

— C'est que j'aurais beaucoup aimé être un aigle… Et que vous jetez un regard perçant sur la condition humaine, sans oublier la masse *impériale* de choses que vous connaissez ! Mais surtout, Mattéo, vous avez la connaissance du cœur…

— Je trouve la connaissance sans amour sèche et l'amour sans connaissance pure folie. Alors, je tente d'allier les deux.

— Au sujet de « deux », vous n'auriez pas par hasard un autre biscuit ? Les émotions, ça creuse…

Mattéo fouille dans ses poches. Rien ! Alors, il se baisse, plonge ses mains rugueuses dans le poil doré de James et le caresse de ses yeux tendres.

Notions de CNV

Les dialogues de ce livre ont trouvé leur principale source d'inspiration dans le processus de communication intitulé « *Communication NonViolente*® » ou CNV® mis au point il y a plus de trente ans par Marshall B. Rosenberg, Docteur en psychologie clinique, afin de prévenir ou de guérir la violence et la rupture de dialogue avec les autres et avec soi-même. Ce processus est notamment inspiré des principes de non-violence de Gandhi et de l'écoute sans jugements selon Carl Rogers.

— Si vous avez aimé la manière dont Sophia, Mattéo et Valentina parlent, sentent, agissent et conçoivent leur vie et si vous souhaitez acquérir certaines de leurs façons de faire et d'être…

— Si vous en avez assez de vivre dans un monde de cynisme, où prévalent la compétition, le profit à court terme, la consommation à outrance et la peur de manquer…

— Si vous êtes fatigué de côtoyer des êtres humains survoltés, coupés d'eux-mêmes et des autres, ou si vous vous surprenez de temps à autre à fonctionner comme un robot…

— Si vous aspirez à développer des habiletés pour contribuer à l'émergence d'un monde de paix, de bienveillance et d'équité…

… alors ce texte vous concerne.

L'intention et la méthode de la CNV y seront brièvement exposées. Des explications sur les dialogues de certains chapitres du roman et des liens avec ceux-ci seront élaborés afin de vous permettre de découvrir cette façon d'être en relation avec vous-même et autrui.

1) C'est quoi, la CNV® ?

La CNV est une façon de penser, de parler et d'agir au service d'une intention de bienveillance, autant pour soi que pour l'autre.

Cette approche réalise la conjonction de deux arts, l'art de cultiver la bienveillance et l'art de s'exprimer d'une façon qui stimule celle-ci. Il en découle tout naturellement une manière d'être en relation qui favorise la paix, la coopération, l'épanouissement de l'être humain et le développement de son intelligence émotionnelle.

La CNV est une attitude de vie qui se fonde sur la conviction qu'en étant relié à notre humanité profonde, nous pouvons à la fois aboutir au meilleur résultat dans un contexte donné et respecter l'ensemble des personnes concernées. Elle constitue un outil puissant pour améliorer les rapports humains et résoudre les situations conflictuelles.

□

La CNV s'appuie sur le constat que, chez toute personne, les émotions et les sentiments sont générés par des besoins fondamentaux et universels, plus ou moins satisfaits.

Elle se vit sur deux plans :

- le premier, le fondement de la démarche, c'est cette intention de bienveillance et la recherche d'une qualité de relation ;
- le deuxième est une façon de communiquer qui sert le premier.

Elle est constituée de:

- deux volets: *soi et l'autre* (voir point 4);
- quatre étapes:
  1. Observation des faits, de façon neutre
  2. Identification et expression des sentiments
  3. Découverte des besoins à l'origine des sentiments
  4. Formulation d'une demande claire, concrète et négociable

Ce processus repose sur différentes aptitudes qui seront détaillées plus tard, dont principalement:

- l'*auto-empathie* ou écoute de soi, de ses besoins;
- l'*honnêteté* ou expression de son propre vécu sans juger ni agresser quiconque;
- l'*empathie* ou accueil respectueux du vécu de l'autre;
- la *gratitude* ou capacité de célébrer les beautés de la vie.

Selon Patrick Viveret, philosophe et essayiste altermondialiste: *«Nos problèmes planétaires actuels résultent d'une triple rupture consommée: celle de l'homme avec lui-même, avec son prochain et avec la nature.»*

En nous apprenant à connaître et à exprimer nos émotions et nos besoins, en nous aidant à nous relier à l'autre et à accueillir les besoins qu'il/elle tente d'exprimer, quelle que soit sa façon de le faire, la CNV représente un moyen de choix pour contribuer à résoudre les problèmes planétaires actuels. Elle est enseignée et utilisée à travers le monde entier dans des domaines aussi divers que la famille, l'éducation, la santé, le monde de l'entreprise et des organisations, la justice, la politique…

2) Principes sur lesquels se fonde la CNV

Toute action est toujours entreprise pour combler un besoin. Chaque être humain cherche à répondre à ses besoins, plus ou moins consciemment, quels que soient la couleur de sa peau, son degré d'instruction, son appartenance religieuse, politique, sexuelle, etc.

C'est plus sain de satisfaire ses besoins par la coopération que par la rivalité ou la domination, et le monde se porterait mieux si les êtres humains cherchaient à combler leurs besoins en collaborant les uns avec les autres plutôt que dans un esprit de compétition.

S'ils n'y sont pas contraints, les êtres humains aspirent à contribuer au bien-être et à la qualité de la vie et sont vraiment heureux quand ils y parviennent.

3) Les deux volets du processus de la CNV : soi et l'autre

Dans toute interaction complexe ou désagréable, il existe quatre questions très simples, qui, lorsqu'on se les pose, augmentent les chances de créer de la pacification et de la clarté entre les personnes concernées.

- Deux questions sur SOI (ou *auto-empathie* suivie éventuellement de l'expression de soi ou *honnêteté)* :
    1. *Qu'est-ce que je ressens ?*
    2. *À quoi est-ce que j'aspire ?*

- Deux questions sur L'AUTRE (ou *empathie*, écoute de l'autre) :
    1. *Que ressent la personne qui agit comme cela ?*
    2. *À quoi aspire-t-elle ?*

➔ Sophia et Maxime : chap. 44

Il est clair que si l'on veut créer de l'harmonie dans les relations, il s'avère plus puissant de se demander ce que les gens sentent que de juger ou d'évaluer ce qu'ils sont…

4) Quelques aspects et théories de la CNV illustrés dans le roman

L'auto-empathie

➔ Mattéo et Sophia, chap. 12 – Sophia et Sébastien, chap. 28 – Sophia et le médecin, chap. 38 – Julien et Gaëtan, chap. 43
« La Vraie Sagesse, c'est d'entrer en relation avec l'autre à partir d'un espace de respect de soi. »
« C'est en allant au cœur de soi-même que l'on trouve sa résonance avec l'autre. »

L'*auto-empathie*, c'est l'accueil de ce qui se passe en soi. C'est un temps que l'on prend pour s'écouter, afin d'être conscient de son propre vécu et d'y prêter attention, particulièrement dans des contextes difficiles.

Pour cela, on se demande : « *Comment est-ce que je me sens ? À quoi est-ce que j'aspire ?* » Et l'on reste avec ces questions jusqu'à ce qu'une clarté se fasse en soi et/ou jusqu'à ce qu'on ressente un soulagement physiologique à l'inconfort du moment.

➔ Sophia, chap. 18
…Bon, comment est-ce que je me sens ? Découragée et énervée, fatiguée et sans élan, déconcertée, étonnée, inquiète, irritée… Pfffff, quelle liste ! Alors, quels sont mes besoins non comblés quand je vis tout ça ? […] *Si je suis énervée et irritée, est-ce parce que j'ai besoin d'encouragements et de compréhension ?* […] *Pourquoi suis-je déconcertée ? Serait-ce parce que je ne comprends pas sa manière de voir les choses ?* […]

Tout en trouvant le processus un peu artificiel, Sophia s'aperçoit qu'elle est plus détendue. Une clarté s'est faite.

On peut voir que, grâce à l'auto-empathie, il est possible de clarifier ce qu'on vit, ce qu'on veut et les demandes qu'on pourrait faire pour rencontrer nos besoins.

Dans ce sens, il s'agit d'une forme de « bon égoïsme », car l'attention que l'on se donne à soi-même nous apaise et nous permet ensuite d'accueillir plus aisément l'autre.

Dans l'auto-empathie, on prend le temps de perdre du temps, pour en gagner par la suite…

L'honnêteté

Sous l'angle de vue de la CNV, l'*honnêteté* est la capacité d'un être humain d'exprimer ce qu'il vit, ce à quoi il aspire et ce qu'il demande, sans jugement, ni reproche, ni agressivité.

En effet, si quelqu'un se sent critiqué, cela affaiblit notre capacité à obtenir de la collaboration ou à résoudre un conflit, et ce, même si la critique est fondée.

Ainsi, dès que l'on aura clarifié ce qui se passe en soi, on pourra, en fonction du contexte, choisir que dire et/ou demander aux personnes concernées.

L'expression honnête se déroule classiquement en quatre étapes qui sont respectivement : l'observation neutre du contexte, l'expression du (des) sentiment(s), l'expression du (des) besoin(s) et la formulation d'une demande.

➔ Sophia et Sébastien, chap. 28 – Sophia et Miguel, chap. 61

— *Miguel,* […] *depuis que je t'ai annoncé que tu pourrais être mon père, (observation) je suis déstabilisée, (sentiment) parce que je n'ai pas toute la clarté (besoin) à laquelle j'aspire. On dirait que tu es à la fois attiré par cette idée et qu'en même temps, tu la*

refuses, (observation et sentiments supposés chez l'autre) est-ce que je me trompe ? (besoin implicite de clarté et demande)
Miguel ne répond rien. Lentement, il sort d'un frigo box des boissons, des fruits et des galettes de riz.
— Je te dois une explication, finit-il par déclarer.

L'empathie

L'empathie est une qualité d'écoute et de présence à l'autre, à ses sentiments et à ses besoins, sans vouloir l'amener quelque part et sans souvenir du passé.

Marshall Rosenberg

L'*empathie* est une attitude de vie dans laquelle on tente de voir l'autre comme un être humain et de créer avec lui une qualité de connexion. C'est avant tout une qualité de présence et de langage qui :

✷ ***apaise la souffrance***

➔ Mattéo et Sophia, chap. 32

— Je vois, dit Mattéo qui sent un changement d'énergie. Il se tait pour laisser à la jeune femme le temps de se poser. Dans ce cadre sécurisant, elle lâche :
— Ma mère a peut-être retrouvé mon père !
Puis des sanglots jaillissent. Ils viennent de loin. Mattéo accueille à la fois la tristesse du manque, la joie et l'espoir de cette révélation et la vulnérabilité du moment. Il reste silencieux. Simple présence lénifiante. La sérénité revient….

➔ Autres exemples : Sophia et Lucie, chap. 1 – Sophia et Caroline, chap. 66

✷ ***désamorce la violence***

➔ Mattéo et le clochard, chap. 2

— T'en as pour longtemps ? grogne le clochard. Putain, même chez les morts on n'est pas tranquille… On se fait rembarrer de partout !

— Vous aimeriez qu'on se mette à votre place ? (besoin supposé)
— Arrête avec tes airs mielleux, dit l'homme en crachant par terre. Qu'est-ce que tu peux comprendre à des gens qui finiront dans la fosse commune ?
— Dans ce monde pourri, difficile de croire à la bienveillance ? (besoin supposé) continue Mattéo interpellé par l'amertume du clochard.
Pas de réponse…
— Des gens qui ont tout, même un tombeau, c'est pas juste… (besoin supposé de justice ou d'équité) {…}
Un sourire s'esquisse sur le visage ravagé du clochard.
L'atmosphère s'allège.

✷ *aplanit les différends*

➔ Sophia, Julien et Gaëtan, chap. 43

Par l'expression et l'écoute de leurs besoins respectifs, Gaétan et Julien, avec l'aide de Sophia, parviennent à résoudre leur différend. En lisant ce chapitre, on observe que l'empathie est la capacité de se mettre au diapason de ce que l'autre vit, avec neutralité, ou mieux, avec bienveillance. Il ne s'agit donc **pas** de l'approuver ni de faire ce qu'il/elle demande, mais d'avoir l'attitude et les mots justes qui lui montrent que son vécu est accueilli sans jugement.

Si l'on crée une relation empathique, on construit le respect, la considération et la confiance, et ceux-ci ont plus de pouvoir pour débloquer des situations difficiles que l'utilisation de n'importe quelle technique visant à obtenir un résultat sans se préoccuper d'autrui.

Si, lors d'un conflit, on montre à quelqu'un qu'on le comprend et qu'il se sent compris, quelque chose s'ouvre en lui, ses défenses s'abaissent et il devient plus ouvert au dialogue et à la recherche de solutions créatives.

➔ Sophia et le médecin, chap. 38

Il y a une chose qui désamorce la violence et crée le lien et la coopération entre les êtres humains, c'est lorsque l'on tente de les comprendre au niveau de ce qui est le plus important pour eux, c'est-à-dire ce qu'ils ressentent et ce qui donne un sens à leur vie (leurs besoins).

En résumé, l'empathie se déroule classiquement en quatre étapes : l'observation neutre du contexte, l'expression du (des) sentiment(s), l'expression du (des) besoin(s) et la formulation d'une demande *(voir exemple 1 ci-dessous)*. Parfois ces étapes se limitent à l'expression des sentiments et besoins *(voir exemple 2 ci-dessous)*.

L'essentiel dans l'empathie est la qualité de présence offerte.

➔ Exemple 1 : Sophia et l'agent de police, chap. 1

Monsieur l'agent, quand vous voyez une femme distraite au volant, (observation) vous êtes inquiet ? (sentiment supposé) Vous aimeriez qu'on ait conscience des risques que courent les piétons ? (besoin supposé : conscience d'autrui) (Ici, le « ? » exprime implicitement la demande suivante : « Est-ce que c'est ça, monsieur l'agent ? »).

➔ Exemple 2 : Sophia et Sébastien, chap. 28

— Tu es excédé ? (sentiment supposé) Tu aimes quand c'est plus cool, (besoin supposé : détente) j'imagine ?

— Évidemment. Avec toi il faut tout analyser, s'interroger sur le pourquoi du comment, c'est gonflant ! Et pour arriver où ? On se le demande !

— Tu serais prêt à creuser si c'était moins rasoir (sentiment supposé : ennui) et si tu étais sûr que ça mène quelque part ? (besoin supposé : aboutissement, amélioration)

— Tout à fait ! J'ai besoin – comme tu dis – de détente et de légèreté […].

Dans l'exemple 2, on peut voir que l'empathie de Sophia pour Sébastien aide celui-ci à s'ouvrir et à s'exprimer en termes de besoins, ce qui amène de la clarté quant à ce qui se passe pour lui. Dans ce cas, même si ça ne résout pas le fond de leur différend, cela leur permet de faire le point et, au minimum, d'être conscients qu'ils n'ont pas les mêmes besoins au même moment.

La « danse » complète en CNV

Lorsque, au cours d'une interaction, s'expriment à la fois l'empathie et l'honnêteté, on parle alors d'une « danse complète » entre deux personnes ! Celle-ci est très souvent génératrice de créativité, de collaboration, d'écoute, de respect mutuel, etc.

➔ Sophia et le médecin, chap. 38 : empathie suivie d'honnêteté

✷ ***Empathie***

— Docteur, j'imagine que ma demande est à vos yeux déplacée. Peut-être êtes-vous choqué parce que vous avez besoin de respect des compétences de chacun ? C'est cela ?

L'homme, insaisissable, grogne :

— Le médecin ici, c'est moi !

— Vous aimeriez qu'on vous laisse jouer votre rôle ?

— Cela va de soi, Madame ! Il s'agit de mon métier et je sais ce que je fais !

— Vous voudriez qu'on reconnaisse votre savoir-faire, docteur ?

— Absolument. On dirait que vous mettez en doute mes compétences...

— Si je comprends bien, vous avez besoin de confiance dans la pertinence de votre diagnostic ?

— Tout à fait, conclut le médecin qui se déride imperceptiblement.

✷ ***Honnêteté***

Le voyant plus calme, Sophia poursuit son objectif:
— Quand je vous entends dire cela, je suis perplexe. J'aimerais que vous sachiez que ma requête n'a rien à voir avec une mise en cause de vos compétences, docteur. Il s'agit seulement de mes craintes et de mes responsabilités, qui sont lourdes pour une femme de mon âge. Je suis préoccupée par l'état de cette jeune fille et cela me rassurerait si elle recevait un suivi constant. Je vous prie donc de bien vouloir considérer mes inquiétudes et de la faire entrer dans l'hôpital de la ville.

✷ ***Respect mutuel émergeant***

— Bon, bon, je repasse dans deux heures et si ça ne va pas mieux, je verrai ce que je peux faire.
— Merci de votre compréhension, vous m'enlevez un fameux poids, docteur, ajoute Sophia, qui se félicite de sa persévérance.

Les besoins, «diamants» du processus CNV

« Tout ce qu'on fait, c'est pour aller à la rencontre de nos besoins. »
« Un besoin a plus besoin d'être reconnu qu'assouvi. »
Marshall Rosenberg

Selon l'acception de la CNV, ce terme «besoin», qui est assez pauvre pour exprimer la richesse et la profondeur de ce qu'il comprend vraiment, désigne aussi bien ce qui est indispensable à notre vie que ce qui lui donne de la sécurité et du sens. Il englobe à la fois nos besoins vitaux, tels que manger, boire, dormir…, nos besoins de sécurité, comme la sécurité affective ou la sécurité d'appartenir à un groupe, et nos besoins d'épanouissement, comme le besoin de sens, de réaliser pleinement son potentiel… (voir plus loin la liste des besoins).

Les besoins sont essentiels dans le processus de la CNV parce qu'ils constituent un terrain sur lequel les êtres humains peuvent se retrouver et se comprendre : au niveau des besoins, le conflit est impossible car c'est un niveau qui amène à la compréhension mutuelle et au non-jugement. En effet, les besoins sont universels et semblables entre les êtres humains. Il n'existe pas d'homme ou de femme qui puisse se passer de respirer ou de boire – pour parler du plan physiologique –, ou se passer d'être en relation, de recevoir de la compréhension pour ses joies et ses peines et de jouir de sa liberté de choix, pour n'en nommer que quelques-uns. Donc, ce qui risque d'engendrer les conflits, c'est la stratégie que chacun utilise pour rencontrer ses besoins et non les besoins eux-mêmes !

Il est important, comme le dit Sophia au chapitre 43, de différencier le besoin de la demande, la demande étant une stratégie visant à satisfaire ses besoins.

L'expression de la colère

➔ Sophia et Mattéo, chap. 4

— *Et qu'avez-vous fait pour changer ?*

— *Un jour, j'ai décidé d'arrêter d'incriminer les gens et les circonstances pour mes problèmes et j'ai inversé l'orientation de mon énergie. J'ai choisi de l'utiliser pour moi plutôt que contre l'autre.* [...]

— *Et que faites-vous alors, quand vous êtes très énervé ?*

— *Je commence par me taire ! Sinon je risque de dire n'importe quoi ! Puis j'écoute ma frustration et j'essaie de voir ce que je veux pour moi, au lieu de me laisser envahir par ma rage contre l'autre.*

Selon la CNV, la colère est le signe que l'on est coupé de ses besoins et que l'on est « dans sa tête » occupé à juger l'autre en se disant des phrases du genre: « Il aurait dû; elle n'aurait pas dû; il a tort; elle est égoïste, incompétente, etc. »

Cette sorte de colère est destructrice, car elle est coupée de la vie; il est donc important de la transformer en une énergie au service de la vie. Pour cela, il existe un processus simple et puissant en six étapes:

1. D'abord se taire, voire quitter les lieux afin de ne pas empirer les choses.
2. Puis, si nécessaire, écouter nos jugements sur l'autre car ils sont la cause de notre colère et expriment de façon tragique et maladroite nos besoins non rencontrés.
3. Ensuite chercher nos besoins non rencontrés dans la situation (« *Elle est égoïste* » parle par exemple d'un besoin de partage ou d'être pris en compte) et les accueillir un à un.
4. Observer en soi l'émergence de nouveaux sentiments, car la colère est comme un couvercle qui dissimule d'autres sentiments comme la tristesse, la peur, l'impuissance, etc.
5. Chercher quelle demande on peut faire ou se faire pour rencontrer nos besoins.
6. Aller exprimer nos sentiments, nos besoins et éventuellement notre demande à la personne concernée.

➔ Sophia et Sébastien, chap. 16

La jeune femme est si désemparée par la virulence de son émotion qu'elle se réfugie dans le pipi-room, pour s'offrir en vitesse une écoute de secours. Là, elle s'aperçoit qu'elle se sent perdue, triste et prête à exploser! (sentiments)... elle voit qu'elle veut à la fois préserver la relation avec Sébastien et garder le cap sur ses rêves. (besoins) Elle se jure de faire sous peu le bilan de cet imbroglio relationnel de plus, (demande à elle-même) pour y mettre de la clarté. (besoin).

Comment recevoir un « non » ?

➔ Valentina et Sophia, chap. 45

— Bon maman, alors on fait quoi si quelqu'un ne veut pas en parler ?

— Ce qui m'aide, quand cela m'arrive, c'est de me rappeler que le non n'existe pas. Celui qui dit « non, je ne veux pas en parler », dit en fait oui à autre chose. En sachant cela, je peux renouer le dialogue si je suis à l'écoute de ce à quoi il tient, ce à quoi il dit oui. Par exemple, s'il veut parler seulement s'il a l'assurance qu'il n'aura pas de reproches, et que je respecte ça, son non peut devenir un oui. Tu vois pourquoi ?

— Clairement. Il s'agit de connaître les besoins derrière les refus et de les prendre en compte, n'est-ce pas ?

Les notions de choix, d'élan et de « devoir » vues sous l'angle de la CNV

➔ Sophia et Mattéo, chap. 22

— Comment pouvez-vous affirmer qu'il est essentiel de faire les choses par élan plutôt que par devoir ? [...] *On doit, un point c'est tout, on n'a pas le choix !*

Selon Marshall Rosenberg, nous avons toujours un choix, même si ce choix est parfois limité ou inconfortable. Au minimum, nous avons la liberté de choisir comment penser, comment se sentir et lequel de nos besoins rencontrer. Bien sûr, cela implique d'être au clair avec ses priorités, d'accepter certains renoncements et d'apprendre à gérer ses frustrations lorsqu'on fait le choix de privilégier un besoin plutôt qu'un autre. De cette façon, nous prenons responsabilité pour notre vie et nous sortons du rôle de victime, tout en devenant l'artisan de notre propre vécu.

Il est primordial de faire les choses par élan plutôt que par devoir. Notre énergie sera très différente selon que nous nous relions à ce que nous «*devons*» faire ou à ce que nous «*choisissons*» de faire parce que nous *aspirons à*... Ainsi, si on se relie à ses besoins et que l'on se dit «*Je choisis*» au lieu de penser «*Je dois*», l'humeur avec laquelle on effectuera nos activités, même les plus rédhibitoires, sera davantage vivifiante!

Par exemple, si une maman épuisée se lève la nuit pour rassurer son enfant qui fait un cauchemar, son attitude sera très différente selon qu'elle pense «*Je dois, je n'ai pas le choix, c'est mon rôle de mère*» ou qu'elle se dit «*Je choisis de me lever parce que j'aime contribuer au bien-être de mon enfant*».

La gratitude

«L'appréciation positive est aussi importante pour un être humain que le carburant l'est pour une voiture. Cela fait aller de l'avant!»
«Quand on se concentre sur le beau, le plein, on a davantage d'énergie pour aller rencontrer les choses difficiles.»

L'empathie n'est pas inscrite dans nos cellules une fois pour toutes. Elle renaît chaque jour si nous prenons soin de nos besoins. La gratitude et la célébration des beautés de la vie sont deux façons de prendre soin de nous-même et des autres.

Si vous avez envie de contribuer à un monde meilleur, voici un moyen puissant que vous pourriez utiliser dès maintenant: exprimez quotidiennement votre gratitude de la façon suivante à quelqu'un qui vous a fait plaisir (cela peut être vous-même ou quelqu'un d'autre):

1. Dites-lui ce qu'il/elle a fait en termes d'observation.
2. Exprimez ensuite les sentiments que vous éprouvez en y repensant.

3. Précisez les besoins que l'action de cette personne a comblés chez vous.

➔ Mattéo et Monsieur Deprez, chap. 12
— *Monsieur Deprez, poursuit Mattéo, avez-vous encore un instant ? Je tiens à vous exprimer ma gratitude. Quand j'entends que vous offrez à mes prisonniers tous vos invendus du trimestre (observation) – normalement destinés au pilon, mais quelle horreur ! – je me sens réjoui (sentiment) de pouvoir contribuer, grâce à votre générosité, à l'éducation et au divertissement des détenus. (besoin)* […]
— *Ce sera pour Noël.*

Nos sentiments lorsque nos besoins sont satisfaits

à l'aise, absorbé, admiratif, affection (plein d'), alerte, allégé, allègre, amical, amour (plein d'), amoureux, amusé, animé, apaisé, appréciation, ardeur (plein d'), attendri, attentif, aux anges, aventureux, bien, bien disposé, bouleversé, calme, captivé, centré, chaleureux, charmé, comblé, compatissant, concentré, concerné, confiant, confortable, content, courageux, curieux, d'humeur espiègle, de bonne humeur, décontracté, délassé, délivré, détendu, déterminé, ébahi, ébloui, égayé, élan (plein d'), électrisé, emballé, émerveillé, émoustillé, empressé, ému, en confiance, en effervescence, en expansion, en extase, en sécurité, enchanté, encouragé, énergie (plein d'), énergique, enflammé, engagé, enjoué, enthousiasmé, enthousiaste, entrain (plein d'), épanoui, espiègle, espoir (plein d'), étonné, étourdi, éveillé, exalté, exaucé, excité, expansif, extase (en), exubérant, fasciné, fier, fortifié, gai, galvanisé, gonflé à bloc, gratitude (plein de), grisé, harmonie (plein d'), heureux, hilare, impliqué, insouciant, inspiré, intéressé, intrigué, joyeux, jubilant, léger, libre, liesse (en), lumineux, mobilisé à, motivé, nourri, optimiste, ouvert, paisible, paix (en), partagé, passionné, pétillant, plaisir (qui a du), proche, radieux, radouci, rafraîchi, ragaillardi, rassasié, rasséréné, rassuré, ravi, ravigoté, rayonnant, réceptif, réconforté, reconnaissant, régénéré, réjoui, relaxé, remonté, rempli (d'espoir), revigoré, satisfait, sécurisé, sensibilisé, sensible, serein, sidéré, soulagé, stimulé, stupéfait, sûr de soi, sur le qui-vive, surexcité, surpris, tendresse (plein de), touché, tranquille, transporté de joie, triomphant, victorieux, vie (plein de), vivant, vivifié, zen.

Nos sentiments lorsque nos besoins sont insatisfaits

à bout, abasourdi, abattu, accablé, affamé, affligé, affolé, agacé, agité, ahuri, alarmé, amer, angoissé, anxieux, apeuré, appréhensif, assoiffé, atterré, blessé, bloqué, bouleversé, cafardeux, chagriné, choqué, colère (en), concerné, confus, consterné, contrarié, courroucé, craintif, crevé, crispé, curieux, débordé, déchiré, déconcerté, décontenancé, découragé, déçu, défait, défensive (sur la), dégoûté, démonté, démoralisé, démuni, dépassé, dépité, déprimé, dérangé, dérouté, désabusé, désappointé, désarçonné, désarmé, désemparé, désespéré, désolé, désorienté, déstabilisé, détaché, distant, distrait, douloureux, ébahi, ébranlé, écœuré, effaré, effondré, effrayé, embarrassé, embêté, embrouillé, ému, endormi, énervé, ennuyé, enragé, épouvanté, éprouvé, épuisé, éreinté, essoufflé, étonné, exaspéré, excédé, exténué, fâché, fatigué, fourbu, fragile, frustré, furieux, gêné, glacé, grognon, haineux, hésitant, honteux, horrifié, horripilé, hors de soi, humeur sombre, impatient, impuissant, incertain, incommodé, inconfortable, incrédule, indécis, indifférent, inerte, inquiet, insatisfait, insécurité (en), insensible, insouciant, intéressé, intrigué, irrité, las, lourd, mal, mal à l'aise, malheureux, maussade, mécontent, méfiant, mélancolique, morose, navré, nerveux, paniqué, paresseux, partagé, peiné, perdu, perplexe, perturbé, pessimiste, préoccupé, réservé, résigné, réticent, rompu, sans élan, saturé, sceptique, secoué, sensible, seul, sidéré, sombre, soucieux, souffrant, stupéfait, submergé, surmené, surpris, tendu, terrifié, terrorisé, tiède, tiraillé, tourmenté, tremblant, triste, troublé, ulcéré, vexé, vidé, vulnérable.

Mots à proscrire

...car ils sont en fait la somme d'un sentiment,
et d'un jugement sur l'autre ou sur soi-même.

abandonné, abusé, acculé, accusé, agressé, agrippé, arraché, assailli, attaqué, bafoué, bête, blâmé, bousculé, bridé, calomnié, coincé, contraint, coupable, déconsidéré, délaissé, dénigré, détesté, dévalorisé, diffamé, diminué, dominé, dupé, écarté, écrasé, empoisonné, entraîné, escroqué, étouffé, excité, exploité, fautif, floué, forcé, foulé aux pieds, harcelé, humilié, ignoré, importuné, inadéquat, incapable, incompétent, incompris, indésirable, indigne, insulté, invisible, isolé, jeté, jugé, laissé pour compte, lamentable, largué, maltraité, manipulé, materné, médiocre, menacé, méprisé, minable, minorisé, mis en cage, mis sous pression, négligé, nul, obligé, offensé, pas accepté, pas aimé, pas cru, pas entendu, pas important, pas voulu, pas vu, persécuté, piégé, piétiné, pressuré, pris en faute, provoqué, rabaissé, refait, rejeté, répugné, ridiculisé, roulé, ruiné, sali, sans valeur, stupide, trahi, trompé, utilisé, vaincu, violé, volé.

Quelques besoins que nous avons tous en commun

Subsistance. Respirer, boire, manger, dormir, éliminer…

Sécurité et protection. Sécurité affective et matérielle, confiance, réconfort, soutien, soins…

Liberté. Autonomie, indépendance, exercer son libre arbitre, spontanéité, exercer son propre pouvoir, choisir ses rêves, ses valeurs, ses buts…

Loisirs. Défoulement, détente, jeu, récréation, ressourcement, rire…

Identité. Cohérence, accord avec ses valeurs, affirmation de soi, appartenance identitaire, authenticité, confiance en soi, estime de soi/de l'autre, évolution, respect de soi/de l'autre, intégrité…

Participation. Coopération, concertation, co-création, connexion, expression, interdépendance, contribuer au bien-être ou à l'épanouissement de soi/de l'autre, contribution à la vie, don…

Relationnels. Appartenance communautaire, attention, communion, compagnie, contact, empathie, intimité, partage, proximité, amour, affection, chaleur humaine, délicatesse, tact, honnêteté, sincérité, respect, tendresse, confiance, communication, appréciation, harmonie, réconfort, acceptation…

Accomplissement de soi. Expression de soi, réalisation, choix de ses projets de vie (valeurs, opinions, rêves), évolution, apprentissage, besoin de sens et de signification, de réaliser son potentiel, conscience, créativité…

Sens. Clarté, compréhension, discernement, orientation, signification, transcendance, unité, communion, sens…

Célébration. Appréciation, contribution à la vie (de l'autre/de la mienne), partage des joies et des peines, des deuils et des pertes, ritualisation, reconnaissance, gratitude…

Spiritualité. Beauté, inspiration, paix, transcendance…

Message de l'auteur

Si vous tentez d'apprendre ce nouveau langage :

- Soyez persévérant/e et patient/e avec vous-même. En effet comme toute approche concernant le vivant et les humains, la CNV vous offrira des succès (comme Mattéo avec le clochard, chap. 2 ; comme Sophia avec le médecin, chap. 38) et mettra aussi en évidence tantôt ses propres limites, tantôt les vôtres… (comme Sophia avec Sébastien, chap. 16).
- Souvenez-vous que l'apprentissage d'une nouvelle langue requiert de la pratique et du temps !

Je vous souhaite bon vent sur cette route qui, avec son lot de miracles et d'embûches, vous rapprochera, je l'espère, comme elle l'a fait pour moi, de votre liberté intérieure et de votre humanité la plus profonde.

Ophain, août 2008

Contacts

Site Internet : www.annevanstappen.be
Adresse mail : avs@annevanstappen.be

Pour en savoir plus sur la CNV :
www.cnvbelgique.be
www.nvc-europe.org
www.cnvc.org

Allégories des personnages

Sophia
La tumultueuse qui cherche la paix

James
Le philosophe impertinent

Mattéo
Le sage accompli

Miguel
Le baroudeur altruiste

Valentina
La dame secrète qui cherche la transparence

Sébastien
Le cartésien obtus

Maxime
L'aventurier qui vit l'instant

Julien
Le fin limier proactif

Claire
L'amie fidèle

Juan
L'associé joueur

Judy
L'obstinée sensible

Lorenzo
Le timide qui s'affirme

Remerciements

Ce livre a vu le jour en grande partie grâce à la collaboration et la créativité de Michel van Bellinghen.

Il a trouvé son inspiration initiatique principalement dans trois sources : Marshall Rosenberg, fondateur de la Communication NonViolente© ou « CNV », Éric Baret et Eckhart Tolle.

Je les remercie pour la clarté, la conscience et l'amour qu'ils apportent à ma vie.

Merci à David Servan-Schreiber pour ses conseils éclairés, ses encouragements et sa contribution désintéressée au déploiement de ce roman.

Et à Jean Jauniaux, ma reconnaissance pour ses enseignements d'écrivain et ses commentaires ciselés quant à mes premiers élans littéraires…

Pour leurs précieuses lectures et relectures, ainsi que leur soutien engagé et constant, un immense merci à : Anne Bourrit, Alia et Antoine Cardyn, Gérard et Julie Conton, Christiane Goffard, Michelle Guez, Martine Henry de Frahan, Pascale Kral, Valérie Moreau, Vincent Raquet, Bernadette Simon, Jean-Marc Simon.

Ma sincère gratitude à tous ceux qui, à leur manière, ont contribué à l'aboutissement de cette belle aventure.

Table des matières

Achevé d'imprimer sur rotative par l'Imprimerie Darantiere à Dijon-Quetigny
en janvier 2010 - Dépôt légal : février 2009 - N° d'impression : 29-1779

Imprimé en France

Dans le cadre de sa politique de développement durable, l'imprimerie Darantiere a été référencée IMPRIM'VERT® par son organisme consulaire de tutelle. Cette marque garantit que l'imprimeur respecte un cycle complet de récupération et de traçabilité de l'ensemble de ses déchets.